HISTOIRE
DE LA
CAMPAGNE FRANÇAISE

COLLECTION TERRE HUMAINE
DIRIGÉE PAR JEAN MALAURIE

HISTOIRE
DE LA
CAMPAGNE FRANÇAISE

GASTON ROUPNEL

PLON

La présente édition reproduit dans son intégralité le texte original, à l'exception des illustrations hors-texte.

L'édition complète (photographies, annexes), dans TERRE HUMAINE est toujours disponible. Le lecteur trouvera en fin de volume la liste des titres de la collection TERRE HUMAINE.

ISBN : 2 - 266 - 01339 - 4

A mon fils
en souvenir de ses pères,
paysans de Normandie,
du Maine et de Bourgogne

AVANT-PROPOS

Trois systèmes d'économie rurale se partagent la France.

Au sud du Massif Central, les villages groupés exploitent une campagne irrégulière de dessin, variée d'aspect, et dont les champs, toujours libres dans leur forme, ne furent jamais très rigoureusement astreints à des règlements généraux de culture.

A l'ouest, le Massif Armoricain et ses confins sont un pays d'habitats dispersés et de champs généralement enclos.

Enfin, à l'est de cette région de dispersion humaine et au nord du Massif Central, dans tout le Bassin Parisien, le Nord et l'Est de la France, prédomine un système ordonné. Le village y rassemble toute la population rurale; et le territoire agraire, qui s'étend autour de chacune de ces agglomérations, est partagé en de nombreuses parcelles, longues, minces et parallèles, groupées par blocs massifs. Cette disposition parcellaire était toujours et reste encore parfois associée aux usages de la vaine pâture et de l'assolement triennal.

Cette campagne à l'aspect rubanné est celle des « vieux terroirs ». Elle est essentiellement la vraie « campagne ». Elle remonte à une époque beaucoup plus ancienne que ne l'ont su ou osé soupçonner les historiens. Elle correspond à une ère de civilisation définie de caractères précis. Elle relève d'une organisation systématique du travail agricole dans le cadre d'un régime qui fut originellement communautaire, et dont les vestiges construisent le régime domanial du Moyen Age.

Cette campagne « organisée », aux villages groupés, aux champs « allongés et associés » n'est pas spéciale à la France. On la retrouvait en Allemagne occidentale, dans les Pays-Bas, et en Angleterre.

Telle qu'elle subsiste en France, elle présente des traits encore suffisamment précis pour nous en faire retrouver le système et reconnaître les principes. L'étudier dans ses origines historiques, dans ses caractères techniques, dans ses conséquences sociales et morales, c'est le but du présent ouvrage. J'ai été ainsi nécessairement amené à laisser de côté le régime méridional où prévalent, à côté des influences rurales du Nord, les traditions urbaines des sociétés méditerranéennes. Et d'autre part, j'ai à peu près négligé les pays bocagers de l'Ouest où le grand système d'agriculture qui nous intéresse n'a pénétré qu'en son déclin et de ses ruines.

Cet ouvrage n'est donc essentiellement qu'une étude de la campagne des vieux terroirs. Je me suis efforcé d'en situer les origines, de rechercher les vestiges qui en subsistent, et, à la lumière de ces témoignages, de retrouver les traits caractéristiques de cette ancienne campagne, de rendre ainsi manifeste tout ce que cette œuvre eut d'unité grandiose, de puissance ordonnée et de rigueur systématique.

C'est la matière des cinq premières parties : les Origines, les Témoignages, la Forêt, les Champs, les Chemins.

J'ai été obligé de réserver un développement particulier (sixième partie) à l'histoire de la vigne, *trop tardivement introduite dans notre pays pour avoir pu s'y adapter au régime traditionnel.*

La septième partie, consacrée à une étude des villages, *achève la description du système ancien, dont je montre par après l'extension, l'évolution et l'altération (huitième partie).*

Dans la neuvième partie, je me propose de retrouver, sous les survivances qu'en présente le Moyen Age, le régime social *qui s'adapta à ce mode ancien de traiter la terre.*

La dixième partie, enfin, est une sorte de conclusion *où j'essaye de dégager, des influences générales qu'exercèrent la société et la vie rurale, les grands traits du caractère moral de ce taciturne paysan, venu du fond des âges avec une âme tout imprégnée encore de ces lointains souvenirs.*

Telles sont les intentions, la disposition, le sens général de cette œuvre. Mais je souhaite qu'elle apparaisse moins comme un exposé doctrinal et une théorie des origines que comme l'explication naturelle et humaine susceptible de donner aux aspects généraux de cette campagne leur sens et leur valeur.

Puisse cette campagne parler à tous comme elle me parle maintenant à moi-même!... Puissent ces vues jetées sur ses origines, ses aspects et son histoire, aider à retrouver, dans les calmes traits et les sobres lignes du paysage rural, l'ordre humain qui émeut!... Aider chacun à recueillir dans son âme ce qui flotte d'humain sur ces champs des hommes enclos dans le songe du vieil horizon, est-ce une suffisante justification de cet imprudent et difficile labeur?... Je me plais un peu à l'espérer.

Mais que cette « poésie des champs » ne nous empêche pas de reconnaître les douces rigueurs que ce sol exerça. Cette terre, mise au service de l'homme, en a réciproquement asservi la Société et régi l'Esprit. Les lignes chancelantes de l'Histoire n'ont de réelle fermeté que d'être les institutions fixées sur la charpente de cette campagne, dont nos patries sont les horizons grandis et la terre exaltée.

Qu'il me soit permis de rappeler à mon maître, M. Paul Desjardins, qu'il a joué son rôle dans la naissance de cette œuvre!... C'est dans cette abbaye de Pontigny, toute baignée alors du flot des blés mûrs, sous la présidence et par l'initiative de M. Paul Desjardins qu'ont été faites les conférences dont cet ouvrage est la mise au point et la coordination. L'accueil fait à ces idées, lors de cette « semaine de la terre », par un groupe d'auditeurs choisis et d'étudiants amis, m'encourage aujourd'hui à livrer au public cette explication générale, et à essayer d'envelopper de cette atmosphère des champs les origines et l'aube de notre histoire.

Mon dernier mot sera pour remercier ceux qui m'ont prêté leur appui. Mon cher Maître, M. Petit-Dutaillis, à qui je dois déjà tant, a bien voulu me communiquer de précieuses notes sur les institutions domaniales du Moyen Age. Des amis, des collègues m'ont assisté de leurs encouragements et de sympathies. M. de Saint-Jacob m'a apporté d'utiles documents d'archives; et Mme Griffon m'a aidé dans la révision des épreuves.

Mais pourquoi ne pas l'avouer?... Je suis redevable moins à une documentation manuscrite ou imprimée qu'à des observations personnelles. Ce sont trente années d'investigations faites à même le sol qui m'ont procuré la matière essentielle de ces études. Ce sont aussi les lointains souvenirs de la vie, éclairés de la tradition qu'une vieillesse chère a transmise à ma jeunesse, qui ont entretenu à mon insu l'animation et l'émotion de ces pages.

I

LES ORIGINES

I

LES ORIGINES ÉTRANGÈRES

Une nature que l'homme a façonnée à son service, qu'il a composée de ses œuvres et emplie de ses tâches..., voilà ce qui nous définirait la campagne cultivée. Cette rustique création est le grand ouvrage des hommes. Partout ailleurs, dans les villes, sur terre, sur mer, dans le ciel même, l'effort humain est toujours intermittent et accidentel. L'homme disperse et détaille son œuvre sur l'Espace et le Temps; il brise et éparpille son activité aux lieux sensationnels et aux péripéties de l'Histoire. Il l'inscrit en fonction incessante d'une humeur qui varie au gré du génie intime et désordonné qu'il porte en lui. Et même les œuvres de l'esprit ne sont pas le moindre témoignage de ce désordre et de ces spasmes du labeur humain.

Mais la création de la campagne, c'est l'œuvre humaine accomplie dans la continuité de toutes les générations; c'est l'œuvre humaine qui, développée sur le thème naturel des calmes saisons, réalise la conquête du sol, et l'adaptation de la terre aux besoins et aux volontés de l'homme. Labourage et pâturage; les tâches les plus anciennes et les plus durables... Tâches quotidiennes comme le pain et la nourriture... Tâches régulières comme le battement des heures et des jours entre le Soleil et la Terre... C'est le vieil ouvrage qui n'a jamais cessé depuis les temps d'origine où l'homme a reçu communication de son destin de peines et de labeurs; et c'est l'ouvrage qui durera autant que l'être sur terre.

Tout ce qui est de l'homme a la vie précaire et caduque. Seule, la campagne qu'il créa reste l'œuvre qui dure à jamais.

⁂

Il est étrange que cette œuvre n'ait pas encore été racontée, ou du moins n'ait pas été présentée sous le sens synthétique de son ensemble et dans l'enseignement général qu'elle comporte. Certes, on s'est souvent efforcé de montrer la contrainte que l'homme subit des choses, l'inexorable autorité avec laquelle la Nature lui impose ses paisibles rigueurs et ses douces violences. Et déjà il est possible de placer, sous les lueurs de lucides formules, le rapport qui existe entre l'activité humaine et les lieux qui la contiennent. Mais il est d'autres causes créatrices et directrices d'activité humaine que celles qui s'exercent des choses sur l'homme. La création dont l'esprit est seul à rendre compte, et dont les intentions sont aussi affirmées que l'unité et l'harmonie en ont été méconnues.

Car cette œuvre rurale, cette construction champêtre que l'homme a introduite et établie sur le domaine de la nature, cette construction de la campagne agricole, c'est une œuvre dont il n'a pas été fait d'histoire.

⁂

A vrai dire, on n'a senti que confusément la nécessité d'expliquer ces réalités. Ce sont en effet des choses avec lesquelles l'homme entretient une familiarité si facile, qu'elles ne semblent pas comporter de causes, ni solliciter de discussion. Les champs, les prés, les vieux chemins, les vergers et les buissons, les carrefours, les lisières, les forêts, la verte étendue de pâtures..., tout cela est d'un usage si ancien, d'une habitude si bien prise avec l'homme, que nos contemplations y appliquent plus de rêverie inactive que de curiosité interrogative. Et nous y sentons plus de poésie que de problèmes. Ce sont les vieilles choses qui ont vécu avec l'homme. Nous nous croyons en règle avec elles en leur abandonnant les méditations de l'âme; et nous y aimons la douceur rêveuse d'une durée sans mémoire et des âges sans nom. Sous ces grands arbres, aux feuillages apaisés par le soir, sur ces chemins aux herbes usées sous le pas des siècles, tourne le cortège recueilli des souvenirs. Et le ciel, sans poids et sans fin, couvre cette ancienne terre. Tout est dit, semble-t-il, quand on a goûté cette paix et senti son mystère.

Et pourtant tout est à dire. Tout est à dire sur ces champs familiers. Le problème et l'énigme sont partout fixés sous l'immobilité de la campagne française. L'explication est due à tous les éléments de ce domaine rural; et chacun d'eux soulève d'une main aussi volontaire le secret des âges que telle ou telle intrigue de la vie des cours ou de l'activité des chancelleries. Toute cette vieille campagne avec ses choses au repos, ses horizons voilés, et ses chemins à souvenirs, est tout entière un mystère aussi plein de nos origines que l'Histoire même.

Mais si les éléments qui constituent la campagne agricole nous paraissent plus la matière de la méditation que de la science, il faut reconnaître qu'une autre raison a pu détourner le zèle de l'historien. Et cette raison mérite considération, puisqu'elle pose la question préalable, c'est-à-dire le problème de l'historicité de cette campagne.

En effet, on n'est pas tenté de faire une investigation historique appliquée aux divers éléments qui composent la campagne agricole, parce qu'ils ne nous semblent pas ressortir d'une création rationnelle, d'un système, d'une intention.

D'abord, nous méconnaissons leur antiquité.

Nous les apercevons en traits si chétivement posés à même le sol, qu'ils nous semblent toujours prêts à s'en effacer, et nous leur attachons des durées menues comme leur aspect. Et parce qu'ils nous paraissent intimement associés aux fins humaines, nous croyons leur faire leur part en associant leur vie à nos quelques générations et à nos brièvetés; leur décrépitude nous semble aussi hâtive que leur signification nous paraît humaine.

Non seulement la campagne nous semble récente dans sa configuration, non seulement nous établissons une correspondance entre ses aspects fugitifs et nos vies écourtées, mais nous pensons nous y retrouver plus complètement encore dans le désordre de nos volontés individuelles et de nos fantaisies personnelles. Chacun des éléments qui compose le territoire cultural nous paraît l'œuvre de l'individu isolé et libre dans sa volonté créatrice. Ce serait dire que chacun de ces éléments nous paraît l'œuvre du caprice et du hasard.

A vrai dire, en effet, il nous est impossible de concevoir la campagne agricole sous un autre régime que celui de la propriété individuelle. Or, ce régime actuel comporte la libre disposition individuelle des terres et du sol. En tout pays, à tout moment, nous voyons la fantaisie d'un propriétaire introduire la modification, changer l'aspect des lieux, transformer une exploitation. L'un plante un verger; l'autre met en culture une pâture; un tel arrache sa vigne; un tel autre la plante. Celui-ci reboise; celui-là défriche. Partout, sous nos yeux, nous voyons sur le finage d'incessantes transformations que déterminent les volontés des propriétaires : calculs prévoyants ou soucis d'épargne, erreurs ou négligences, fantaisies imprévues ou intentions raisonnées. Pas d'autre loi que celle de l'individu. Pas d'autre règle que celle de l'humeur. Sur cette terre lacérée par les droits de l'individu, déchiquetée de lanières particulières, chacun est à chaque pas un propriétaire, maître d'un coin de sol, despote d'un peu de glèbe, souverain d'un peu de terre et de poussière. Et il en fait à son gré du blé, du vin ou des ronces.

Nous avons alors le sentiment que ce régime de liberté et de désordre est celui dont tous les siècles passés ont fait la facile application. Campagne et propriété nous paraissent termes indissolublement liés. De tout temps chacun a été libre de sa part de sol, d'y distribuer les cultures, libre d'en aménager les dessertes, libre d'y bâtir sa demeure à la commodité de ses transports et à la convenance de ses goûts. Les champs les plus primitifs auraient ainsi la même histoire que les champs les plus récents. Un labeur individuel arracha, parcelle par parcelle, la glèbe nourricière aux étreintes de la forêt naturelle. Le territoire agricole se serait constitué par la juxtaposition de ces conquêtes individuelles. Aucune discipline n'en aurait déterminé l'ordre constructif; et cette conquête d'un sol, dont l'appropriation était naturelle et préalable, n'aurait ses origines qu'en des zèles de propriétaires.

Alors, dans ce cas, il n'y a pas d'histoire possible, pas d'histoire à faire de la campagne. Depuis les origines jusqu'à maintenant, celle-ci serait une création désordonnée et incessante. C'est l'individu qui la suscite, et c'est la fantaisie isolée qui la règle. D'innombrables intentions variées, sinon contradictoires, la créent et la modifient sans cesse dans sa nature, dans sa configuration et dans ses aspects. La campagne serait faite comme est faite la foule, avec des unités indépendantes, c'est-à-dire avec des parcelles culturales vouées chacune à une origine et à une aventure particulières.

Mais nous savons déjà qu'il n'en est pas ainsi. Et d'abord il nous est facile de restituer aux paisibles étendues de nos champs, les calmes étendues d'une durée sans nom et sans mémoire.

Il n'y a pas de jeunesse sur cette terre des champs, ou du moins les éléments récents y sont rares; et ils nous affirment, à leur seul aspect, qu'ils sont des tard-venus et des intrus mal à leur place dans une société de choses investies du caractère solennel des âges d'origine. N'allez donc pas trop loin pour contempler sur nos campagnes des témoins de la fondation!... A chaque pas, devant vous, autour de vous, à vos pieds, se lève, d'un geste terre à terre qui le soulève à peine du sol, le témoin authentique. Il n'a rien de pathétique, et pourtant il est irréfutable. A chacun de nos pas, nous heurtons les ruines d'une campagne primitive. Mais il n'est pas besoin qu'un aspect de décrépitude ou de dépérissement vienne nous avertir de l'antiquité des témoignages. Bien des choses actuelles toujours debout, toujours actives, sont la persistante continuation des éléments primitifs de la campagne. Nos villages restent fidèles au site primitif; sous la substructure de nos routes les plus neuves et les plus fréquentées, persistent souvent les traces millénaires enfouies dans leurs fondations. Les habitudes humaines n'ont pas beaucoup changé. Les choses sont à leur place ancienne. Le relief, toujours le même, apporte, aux mêmes lieux sensationnels où percent les sources, le même groupement des eaux, la même rencontre des routes, et le même rassemblement de foyers et d'humains...

Tous les sites antiques sont là; les tracés persévèrent; les champs sont les mêmes; les pâtures sont de toujours; et la lisière de la forêt est encore celle dont les feuillages frissonnaient devant les premiers labours humains...

Cette campagne française a partout cette vieillesse!... Partout le même âge!... Partout une même date écrasée sous les siècles, et une même naissance vénérable!... Partout cette campagne apparaît ainsi d'origine unique, et par conséquent s'avère construction systématique et fondation rationnelle.

Dans la plus grande partie de l'Europe occidentale, les traits matériels sont en effet en tous lieux les mêmes. Partout le sol porte le témoignage de cette unité de l'œuvre; partout s'y affirme l'identité des desseins et l'analogie des résultats. Comme nous le verrons dans tout notre développement, et sans qu'il nous soit possible de nous soustraire à l'évidence des multiples témoignages, c'est toute une civilisation agricole, étendue sur une aire immense, créée de toutes pièces, d'une composition ordonnée et rationnelle, et réalisée depuis la plus haute antiquité dans un régime catégorique, dégagé des ébauches préparatoires et des expériences préalables!...

Cette étude ambitionne de rétablir dans ses droits cette antique civilisation agricole, dont le sol conserve les traits et porte les ruines, dont l'homme a reçu toute sa détermination sociale, et qui contenait ainsi la genèse de nos institutions, comme elle était déjà la matière première de nos vies spirituelles, et comme elle reste la substance de nos plus profonds et de nos plus troublants souvenirs. Et tout ce que nous allons tenter d'écrire n'aura d'autre intention que de démontrer cette unité, cette puissance et cette persistance de l'œuvre primitive, de cette χοινη antique et rurale dont les ruines restent actives, dont les formes restent animées, et dont les destinées continuent. Mais, alors, puisque cette définitive construction rurale, puisque cette fondation décisive de l'agriculture, manifeste partout le plan et l'unité d'une œuvre, il faut bien qu'elle corresponde à des intentions créatrices et qu'elle ait ses créateurs.

La création de la campagne est l'œuvre caractéristique de notre Occident. Elle est la nature et l'esprit de sa civilisation. Elle lui est aussi particulière que le développement de la πόλις fut propre aux sociétés méditerranéennes. Les labours, les emblavures, les pâtures, les chemins dans les terres, sont un ouvrage aussi empli de significations ethniques et de destinées réalisées que les acropoles de la Grèce.

Car cette civilisation d'Occident est strictement rurale. Les villes n'y sont qu'une fondation tardive. Elles y conservèrent la forme et la physionomie matérielle de leurs origines rustiques. Elles y restèrent longtemps sous l'influence des mœurs rurales, et imprégnées de l'esprit que la terre engendre dans l'homme.

Car ici l'homme est fils du sol qui lui grava et lui colora les traits de sa face et de son âme. Ici c'est sans cesse et partout que la terre « s'est faite homme ». En cette Europe de l'Ouest, nous n'avons de race que d'être les descendants du défricheur primitif. C'est la fondation de cette campagne qui nous rassemble dans les mêmes origines, dans les mêmes souvenirs forts. C'est elle qui nous constitua nos ancêtres en une communauté en leur imposant la communauté d'une grandiose entreprise... Nous sommes le plus vieux peuple de paysans de l'Histoire : c'est cela notre race!...

Mais l'œuvre fut si grande, que pour lui trouver d'abord les conditions et le champ de sa réalisation, il faut non seulement lui livrer le passé, l'étendue des temps néolithiques..., mais aplanir cette immensité, y supprimer l'accident et la péripétie, mettre au calme complet ces siècles anciens, en un mot faire régner la paix sur ces millénaires sans histoire qui n'ont pris de nom que par les tombes des morts.

La fondation de la campagne fut une œuvre de longue durée, qui n'a pu s'élaborer que dans la vaste quiétude des temps sans violence et d'un milieu au repos. L'œuvre a exigé un effort systématique, dont la continuité et la régularité impliquent un régime de paix.

Ce régime de paix fut celui des sociétés occidentales à l'époque néolithique et jusqu'à la fin de l'âge du bronze.

Généralement on se refuse à admettre que l'antique humanité ait pu connaître un repos et une paix qu'ignorent nos siècles. Pour beaucoup d'historiens, les temps néolithiques et énéolithiques, en raison des transformations qui s'y manifesteraient, semblent des époques de troubles et d'invasions. On n'aperçoit en ces âges barbares que conflits tragiques, luttes de peuples, rivalités de clans, constant et brutal désordre. «... Que de guerres alors! Que de massacres! L'esclavage était le sort du vaincu, dont la horde s'éteignait peu à peu...(1) ».

Cette fureur barbare, cette irritation belliqueuse, nos plus anciens textes historiques la démentent pourtant. Le Marseillais Pythéas visita les mers et les côtes de l'Europe occidentale jusqu'au Nord de la Norvège. « Il descendit plus de cent fois à terre, et chaque fois on le traita en ami, lui montrant le pays et lui donnant des guides (2) ». Les Celtibères de l'âpre Ibérie faisaient fête au voyageur. Les Germains de l'Elbe saluèrent dans les Romains de Tibère des hôtes divins. L'anecdote relative à la fondation de Marseille n'est pas moins significative. Et tous les récits des Anciens s'accordent ainsi pour reconnaître aux peuples du Nord un juste renom de bienveillance et d'équité.

Evidemment ce ne sont là que témoignages partiels, recueillis déjà au seuil de la tardive Histoire. Mais bien antérieurement à ces écrits, les faits parlent.

Les temps néolithiques nous apparaissent, en effet, dans cette merveilleuse continuité qui dénonce des âges sans troubles. Les industries y évoluent dans leurs types d'une manière si régulière que nous sommes bien obligés d'y reconnaître une évolution dont nulle perturbation n'est venue interrompre ou inquiéter le cours. Pas une fois, en ces millénaires, une apparition soudaine dans l'outillage ou le mobilier funéraire ne vient révéler une arrivée violente, faire apparaître le geste brutal de l'Histoire. Ces lentes transformations, ces graduels perfectionnements ne sont pas la conséquence de

(1) Jacques de Morgan, *l'Humanité préhistorique* (Paris, 1921, p. 6).
(2) Julian, *Au seuil de notre histoire* (Paris, 1928, p. 159).

brusques irruptions; et nul envahisseur victorieux n'est venu imposer ses redoutables bienfaits.

Dès le début du néolithique, c'est dans l'Occident même, et sur place, que se sont élaborés les éléments d'une technique nouvelle née des lieux, et qui puisa ses origines aux traditions des âges anciens et aux souvenirs indigènes. Et toute la suite des temps, jusqu'au premier âge du fer, nous montre que la plupart des progrès accomplis dans l'outillage sont les seuls effets d'une industrieuse activité. Jusqu'à la fin du second millénaire, nous sommes dans les âges calmes. Même quand agissaient les influences extérieures, elles arrivaient sans violence. La propagation des découvertes s'est faite avec une lenteur réglée aux paisibles mouvements de l'activité mercantile. Elles arrivèrent par lente diffusion qui s'exerçait grâce à d'actives relations commerciales. L'introduction notamment des premiers métaux ne s'associe à aucune perturbation ethnique. Elle fut le résultat d'un colportage ingénieux. Et cette expansion civilisatrice, qui gagne de proche en proche, est bien le témoignage des influences pacifiques qui règlent alors le monde européen. Les inventions ont cheminé en prenant leur temps et en s'attardant aux étapes propices. Les modèles industriels, les procédés métallurgiques, les métaux, les mots, les mythes, les rites, les symboles... même les hommes... ont été de ces voyages heureux.

Même les hommes!...

S'il n'y a pas eu de tragiques secousses, cela ne signifie pourtant pas une stabilisation ethnique, la stérile immobilité d'un milieu sans renouvellement soustrait aux influences excitatrices du dehors. S'il n'y a pas eu de brusques envahisseurs, il y a eu arrivée constante d'initiateurs.

C'est au début de l'âge néolithique, dans la période azilienne-tardenoisienne, que commencent à apparaître, dans notre pays, les hommes nouveaux, qui hâtèrent l'élaboration d'une nouvelle civilisation, en généralisant les habitudes de la vie agricole et en créant les sociétés des peuples agriculteurs.

Ces hommes nouveaux, de type brachycéphale, n'apparaissent pas en masses compactes ni en bandes désordonnées. Leur établissement se fait par infiltration lente, progressive, paisible, comme si les éléments de vie meilleure qu'ils apportaient eussent été suffisants pour leur ouvrir les routes, leur ménager le passage, leur assurer l'accueil.

En l'état actuel de nos connaissances, il est presque possible maintenant de suivre la lente extension de cette race essentielle.

Elle semble avoir progressé de l'est vers l'ouest. On la trouve établie en Suisse à l'époque du néolithique archaïque. Elle y domine alors presque exclusivement. Au néolithique moyen, elle y est déjà sensiblement diminuée, et mélangée de nombreux éléments dolichocéphales, sans doute du type *homo nordicus.* Au néolithique supérieur, elle a en partie cédé la place aux grands envahisseurs blonds du Nord. Et, dès cette lointaine époque, s'annonce ainsi, déjà, la complexité anthropologique de la Suisse actuelle (3).

Cette situation centrale, la grande race brachycéphale l'avait donc progressivement abandonnée pour prendre extension par ailleurs.

L'extension essentielle se fit vers l'Ouest.

Au début du néolithique, notre pays apparaît peuplé encore de ses anciennes races paléolithiques, où prédominent le grand dolichocéphale de Cro-Magnon et l'homme à petite taille et à long crâne de Laugerie-Chancelade.

Le premier de ces types se rencontre exclusivement dans les grottes sépulcrales de la Lozère, qu'explora le Dr. Prunières, et dont les gisements appartiennent au néolithique inférieur. En d'autres grottes moins anciennes, apparaissent déjà quel-

(3) Boule, *l'Homme fossile,* p. 346.

ques rares exemplaires du type brachycéphale (4). Celui-ci s'affirme davantage dans les grottes artificielles de la Marne (5). Par après, toutes les analyses anthropologiques des temps néolithiques nous montreront une proportion de plus en plus accrue du type brachycéphale; de substitution ethnique en substitution ethnique, de vastes territoires, comme le Plateau central, en arriveront à être presque exclusivement du domaine de l'homme à tête ronde (6).

L'époque du bronze a vu l'apogée de sa race (7). Sur toute la France du Nord, de l'Est et du Centre, se manifeste alors la prépondérance des grands brachycéphales néolithiques. A la même époque, leur type constitue un centre puissant au sud-est de la Belgique, et il s'étend sur les Ardennes et le plateau lorrain; il s'établit et domine dans la Grande-Bretagne qui était restée jusque-là à l'abri des pénétrations étrangères; enfin, il achève de conquérir la prépondérance dans l'Allemagne du Sud.

A l'époque tardive où la race achève ainsi de réaliser son extension, nous la voyons dominer de son type ethnique le vaste territoire qui s'étend des plaines lombardes aux montagnes d'Ecosse, et des confins de l'Armorique à la Forêt de Bohême.

Mais ce qu'il y a d'essentiel dans cette extension, c'est moins son ampleur que son allure. Il a fallu toute la durée des temps néolithiques et des âges du bronze pour que la race nouvelle réalisât son

(4) Il faut renoncer à tirer quelques conclusions précises des séries squelettaires de Solutré.

(5) Les fouilles du baron de Baye ont permis de reconnaître dans ces grottes un important métissage (22,7 % de mésaticéphales et 27,3 % de brachycéphales).

(6) On ne peut faire état de l'ancienne statistique dressée par Salmon qui prétendait trouver 22 % de brachycéphales dans l'ensemble connu des sépultures néolithiques (V. Pittard, *les Races et l'Histoire*, p. 155).

(7) La physionomie ethnique de la France à l'âge du bronze est assez difficile à déterminer. Le rite de l'incinération, qui existait depuis longtemps en Armorique, se généralise sur presque toute la France à l'âge du bronze IV. Du moins, s'est-il conservé assez de sépultures des trois premiers âges du bronze pour nous permettre d'affirmer la grande prépondérance du type à crâne large.

établissement en France. Sa progression en Allemagne est plus lente encore. Elle y arrive dès les temps néolithiques associée à des éléments du type dolichocéphale méditerranéen. Mais à l'époque des premiers tombeaux en rangées (Reihengräber), les brachycéphales ne sont qu'une minorité en Bavière (15%), et surtout en Wurtemberg (2%). Et c'est seulement à l'âge du bronze qu'en prévaudra le type.

La lenteur dans la propagation du type ethnique a été telle que souvent celui-ci s'est comme perdu en chemin. Il s'altère à mesure qu'il se propage. Il chemine assez lentement pour que se fasse l'assimilation avec le milieu. Sur ces calmes trajets, les mélanges ont ainsi le temps de se faire. Les brassages s'opèrent. Et au tardif résultat final, c'est un type de métissage qui l'emporte(8).

La nature de cette progression exclut l'hypothèse de l'invasion, des déplacements en masse. L'établissement de la race à crâne large ne fut pas beaucoup différent sans doute des substitutions ethniques auxquelles nous pourrions assister de nos jours. Mais leur calme lenteur les soustrait le plus souvent à notre observation et nous les fait méconnaître. Pour tout dire, il serait aussi vain d'apercevoir, dans ces transformations ethniques, les effets de tragiques péripéties, que de considérer comme de belliqueux envahisseurs les misérables immigrants qui sont depuis un siècle allés chercher aux Etats-Unis un refuge et un foyer nouveau. Et c'est bien en effet sous les apparences d'une lente et pacifique émigration individuelle, qu'il faut nous représenter l'établissement en Europe occidentale des ancêtres dans le crâne large desquels méditait déjà tout le génie de la race blanche.

Et ce qu'ont réalisé finalement ces antiques immigrants, ce n'est point le massif établissement, en

(8) C'est ainsi qu'en Bavière, les Reihengräber, qui nous montrent seulement 15% de crânes larges, nous livrent une porportion de 50% de sujets mésaticéphales.

pays conquis, d'un groupe victorieux, mais une formation composite où l'étranger et l'indigène ont lentement associé et confondu leurs races, où se sont mêlés les sangs, et où les mémoires réconciliées et les aptitudes réunies ensemble ont construit des âmes et des espérances nouvelles. C'est cela que nous appelons un peuple, quand l'unité ethnique, qu'impose le sang, s'est effacée, pour ne laisser prospérer que la communauté entretenue par les mêmes œuvres de vie et par les mêmes souvenirs.

Vieilles nations d'Occident, vous êtes d'une matière fondue dans le creuset du premier bronze. L'alliage initial a mêlé en vous le vieux sang indigène des chasseurs du renne et l'âme apportée par l'émigrant. Vous avez en vous la secrète intimité des lieux où vous plongez plus de dix mille ans de racines humaines! Et vous avez en vous le voyageur ancien avec ses nostalgiques souvenirs venus du fond du monde!...

Mais au juste cette race initiatrice a-t-elle jamais été une race?

Ces brachycéphales à crâne large nous sont à peu près impossibles à isoler. Nulle part nous ne les trouvons à l'état d'élément pur. Dès leur plus lointaine apparition, ils se présentent déjà en composition, établis dans des pays dont ils ont accepté l'humanité et la nature, adopté le milieu, subi les influences.

Quand nous les avons rencontrés à l'origine, ils nous apparaissaient comme une masse dense établie dans les vallées septentrionales des Alpes. A cause de cela, on en a parfois appelé le type l'*homo alpinus*. Mais les Alpes ne sont vraisemblablement pas leur habitat primitif. A travers les vallées styriennes et carinthiennes, à travers les plateaux bosniaques, on relève leurs traces et on retrouve leur sang(9). Et par les fortes attaches des régions

(9) Dans les régions bosniaques, l'époque préhistorique nous montre un quart de brachycéphales, et une forte proportion de mésaticéphales; en Styrie, 76,4 % de brachycéphales; en Carinthie, 65 %.

illyriennes, nous les voyons se prolonger vers l'Orient au plus loin de l'épais continent, s'y dégrader dans de confuses et amples formations ethniques (10), s'y achever en masses innombrables et mouvantes, que n'ont jamais pu fixer les vastes steppes d'Asie.

L'aire de l'extension nous apparaît ainsi d'une étendue continentale. De la Mongolie aux confins du Massif Armoricain, c'est un même flot qui s'étale sur les plateaux de l'Asie centrale, qui se rétrécit aux vallées européennes, qui se disloque dans les massifs alpestres, pour prendre enfin sa densité et sa tardive immobilité dans l'Europe occidentale. Ou plutôt, c'est moins là une suite de foules semblables qu'une sorte de constante migration intérieure développée sur l'arène des plaines continentales, régularisée par son mouvement même, entretenue dans une mobilité et dans unc paix régies par la calme abondance de cette plane immensité.

Alors entrevoyons un instant ce monde qui nous accable!...

Qu'importe si toutes ces foules constituent encore une unité ethnique, et si le type physique y a gardé ou perdu son homogénéité!... L'homme à large crâne a subi sans résistance ces milieux impérieux, et son adaptation lui a fait des vies et des âmes diverses..., si différentes qu'à peine ose-t-on le reconnaître d'une contrée à l'autre. Est-ce encore, fut-il jamais une race... ce flot humain qui se colore de tous les sols qu'il immerge?...

Mais à défaut d'une individualité ethnique – qu'il est plus téméraire de nier qu'il n'est facile de la prouver – l'homme à large tête ronde a reçu de sa zone d'habitat l'aptitude générale qu'elle lui pouvait communiquer.

Tandis que dans le Midi méditerranéen la mer sollicitait l'homme, tandis que dans les forêts du

(10) Là encore, leur type a supplanté les anciens types dolichocéphales (V. Boule, *l'Homme fossile*, p. 356).

Nord persévérait le régime des clans chasseurs, au Centre, dans la géante clairière de l'ancien continent, se développait l'humanité des troupeaux et des champs. C'est là que l'homme dégagea son aptitude à vivre du sol pour lui-même et pour ses troupeaux.

Mais suivant les milieux, l'aptitude générale particularisa ses effets. Et de l'Est à l'Ouest, la vieille race à tête ronde se fit une vie à la convenance et une âme à l'image des lieux. De l'Est à l'Ouest, se développe l'expérience complète et se succèdent les trois thèmes essentiels de l'accord entre l'homme et le sol. De là procèdent les hordes mongoles..., les bœufs et les chars du Scythe..., les champs et les foyers de nos paysans...

Là-bas, au loin, vers l'Est, c'est l'Asie ! la steppe !... la large piste d'herbe pauvre où le nomade plie et déplie sans cesse sa tente !... Les hordes instables y ont vécu du mouvement incessant de leurs rapides troupeaux. Et toute limite flotte à jamais sur la plane arène emplie de galops, d'impatiences et d'éternels tressaillements : lieux immenses qui n'ont jamais pu immobiliser et calmer l'homme !...

Mais au centre de l'aire, ce sont les régions de la « Terre Noire »... La fertile steppe a imposé la valeur et les ressources de son profond terroir sombre. Ces plaines sans gibier furent le pays des précoces labours et de la première agriculture. C'est là que l'homme à crâne large a pris l'expérience de la terre, et contracté avec elle le premier pacte. Mais malgré tout, la steppe sans limites laisse errer lentement les troupeaux du gros bétail; et l'homme, ralenti, n'est pas encore tout à fait arrêté.

C'est plus à l'ouest que se fera la fixation complète.

Là, dans nos pays, plus de morne étendue plate. Le sol cesse de s'enfuir et d'entraîner les clans. Tout est petit compartiment, vallon, coin blotti, cadre intime. Chaque lieu sous ses coteaux, sous ses bois, a sa source, a sa fée, attend ses champs. Là, l'homme ne peut presque pas faire un pas sans être pris et arrêté pour toujours.

Alors regardez l'émigrant! Le voici qui arrive, force lasse qui marche depuis des siècles, histoire à la dérive, société qui flotte sur l'immobile étendue des steppes!...

Depuis des siècles, depuis des millénaires peut-être, associant sa marche au geste du soleil, il pousse, il glisse avec lenteur de l'est vers l'ouest ses générations avec leurs troupeaux. Venu des étendues molles, il avance en des pays de plus en plus accidentés. Progressivement devant lui, le sol se lève; peu à peu le relief grandit; et lentement les monts lui naissent devant les yeux. Et à mesure que l'image continentale se troublait, il ralentissait sa marche, et il immobilisait un peu plus longtemps à chaque fois ses troupeaux et ses champs passagers. Et, venu sans doute des lieux qui chassent toujours, le voici enfin arrivé aux lieux qui retiennent à jamais!... Là, se fait le dépôt et se pose le bagage de l'âme errante!... Là, va s'appliquer l'expérience élaborée sur les longs parcours où la terre dépouillée est vouée aux graminées et appelle les céréales!

Là, va se faire la fixation des aptitudes acquises! Là, va se faire l'établissement : le foyer des hommes, l'étable des bêtes, les champs qui ne bougent plus!... Là, va se développer et s'épanouir, dans la soudaine maturité d'une société au repos, la science des troupeaux et de l'agriculture!...

Sur cette terre de France qui arrête sans cesse, voici que l'émigrant lui aussi s'arrête!... Le voici voué à cette terre!...

Voyez maintenant : le vieil homme est partout à l'œuvre!... Il construit ses maisons. Il bâtit ses chemins; village par village, se compose le vieux pays. Champ par champ, la campagne se fait. Campagnes par campagnes, se décident les grands aspects et les contrées. Partout les bois naissent, le sol se dépouille, l'horizon s'éclaire, et la terre de France a déjà partout son clair sourire; il ne lui manque plus que ses clochers, ses voix d'allégresse et de glas, ses voix dans les cieux.

Mais déjà le mort n'est plus la ruine vaine. Il est l'hôte éternel. On lui donne une tombe avec des fondations. On lui construit bientôt le toit indestructible du dolmen. La maison du vivant se bâtit. Un à un, sur l'ancienne Gaule, les foyers allument leurs braises inspirées. Les dieux ne sont plus des bêtes de clans; mais l'humanité commence à dresser sur le sol, à élever vers les cieux, une image d'elle qu'elle grandira toujours (11).

Les temps nouveaux sont venus!... L'initiateur est à l'œuvre!

Mais même avant son arrivée, l'œuvre n'était-elle pas déjà commencée?...

(11) Le totémisme a disparu avec la fin des temps archéolithiques. Dès le début des temps néolithiques commence à apparaître une sorte d'anthropomorphisme. Beaucoup des objets trouvés dans les gisements sont d'une taille si anormale qu'on peut les considérer comme des offrandes cultuelles à un être ayant forme, vie et mœurs de l'homme.

II

LES ORIGINES INDIGÈNES

Cependant, avant que l'agriculture devînt chez nous, sous l'influence de la race venue de l'Orient, un système généralisé, elle était née déjà spontanément chez les vieilles races d'Occident.

Dans l'antique Ligurie, l'agriculture semble chez elle comme si elle y était née. Voyez en effet l'ingéniosité et l'exactitude avec laquelle le territoire agricole sculpta ses cadres en accusant le relief, et ne moula ses étendues claires que sur de douces formes terrestres!... Voyez ce que fut cette prise de possession de la terre, qui ne fut pas seulement une admirable exploration superficielle du sol, mais qui en éprouva partout la matière profonde et la nature intime!...

A voir tout cela, on peut l'affirmer, les premiers agriculteurs ne firent que continuer chez nous une activité entretenue depuis longtemps, et la vie agricole fut le résultat normal, l'expression nécessaire et l'application spontanée d'une expérience depuis toujours en marche. L'agriculture chez nous est poussée des sèves indigènes, et née comme le fruit de cette terre.

L'agriculture fut, dans nos pays, l'adaptation naturelle avec le sol d'une humanité qui était déjà depuis longtemps attachée au sol.

Le fait qui domine toutes ces origines de l'agriculture, c'est en effet le caractère sédentaire des tribus qui peuplèrent notre pays aux temps néolithiques. Peut-être même, l'homme n'a-t-il ici jamais connu les formes de la vie nomade. Dès les âges archéolithiques, l'immobilisation d'un groupe humain était peut-être faite sur chaque unité de territoire. Et ces chasseurs de rennes à l'époque magdalénienne qui, sur les parois des grottes périgourdines et pyrénéennes, ont gravé les processions sacrées de l'animalité, étaient sans doute déjà depuis longtemps immobilisés sur les parages de leurs creuses retraites par des morts et des dieux.

En tout cas, dès les débuts des temps néolithiques, la tribu et le clan sont fixés à des lieux constants. Et ce serait ainsi à dire que le site humain est le même depuis une antiquité plus vieille que tous les souvenirs.

La cause de cette précoce sédentarité, ce qui fixa l'homme, ce qui l'attacha au sol, ce n'est pas une décision ou une direction qu'il puisait dans son génie propre. La puissance fixatrice, elle siège en chaque coin de cette future France. Elle est la grâce autoritaire de cette nature. Chaque lieu est un territoire complet où l'homme trouve, au raccourci de ses moyens, tout l'Univers nécessaire, toutes les formes du relief, les sous-sols variés, les aptitudes qui se complètent. Partout, ce sont les mêmes doux mouvements du sol coupés de hardis traits brefs. Partout, la terre est à la mesure et à la convenance de nos besoins et de nos goûts, et non moins adaptée aux troublants calculs de nos intérêts qu'à la douceur et aux tourments de nos rêves.

Nous avons quelque peine à nous représenter ces aspects et ces temps lointains. Volontiers, il nous plaît de croire que les lieux n'ont reçu leur agrément que de la civilisation. Nous n'imaginons pas que tout était riant déjà, aux jours anciens, sur les terrasses neuves de nos vallées, et que l'austère matin humain était une aube comme les nôtres, avec la même claire vivacité des airs!... Cette terre, encore mouillée de ses frais limons glaciaires, était déjà ce que nous la voyons et ce que nous la sentons. Et partout, l'homme y était déjà fixé sur chaque terroir par des liens éternels.

Mais ce qui l'attacha, ce ne fut pas seulement l'émotion de la mémoire héréditaire où s'est rassemblé ce que les contemplations humaines ont reçu du pays. La vie sédentaire était imposée par les conditions mêmes de la vie primitive, par les nécessités professionnelles des chasseurs et des pêcheurs.

La vie de chasse et de pêche, et l'organisation tribale ne sont en effet nullement incompatibles avec la vie sédentaire. Bien au contraire. Il est vrai que dans les grandes régions homogènes – savanes soudanaises, steppes asiatiques – la vie nomade reste possible; la tribu peut se déplacer sans que ses déplacements lui retirent son expérience d'une nature et de lieux qui se répètent sans cesse(12). Mais dans nos pays tout se varie; d'un canton à l'autre, le relief change; et, à chaque pas, la forêt renouvelle ses aspects, modifie sa nature, ses sous-bois, son régime de faune, la vie secrète de ses hôtes, les mille habitudes de son gibier.

Chaque forêt est un petit monde, une cité animale mystérieusement close et régie, toute percée de minuscules avenues, animée d'infimes ruelles, parcourue de grêles sentiers inquiets. Chaque espèce y a ses refuges traditionnels et ses itinéraires héréditaires, ses frayés spéciaux, ses issues particulières, ses entrées réservées. Dès les temps les plus anciens, chasser, c'était ainsi connaître son bois, en avoir battu tous les halliers, y avoir relevé pas à pas

(12) Même dans nos régions, aux derniers temps du paléolithique, a prévalu chez les tribus de chasseurs un nomadisme à grand rayon. La steppe avait remplacé la forêt, et l'homme y vivait de la chasse des herbivores coureurs et migrateurs. Mais au néolithique, quand la forêt rentra occuper nos sols, la tribu se fixa sur ces lieux alors qu'ils commençaient eux-mêmes de fixer leur aspect définitif. L'homme y resta chasseur, mais y devint sédentaire. Et ainsi, pourrait-on dire, c'est l'arbre, qui en fixant l'homme, fut la cause du champ.

les traces et les passages, y avoir reconnu les défilés où s'échappe la proie, les postes d'affût. Chasser, c'était connaître toute la vie intérieure de sa forêt, les arrivées et les départs du grand gibier, les voies et les mouvements du petit peuple des bêtes; chasser, c'était être le vieil habitué des lieux, et en avoir reçu, comme les autres êtres, la traditionnelle initiation. C'est de la même manière complète et subtile que le pêcheur primitif pratiqua les rivières et les étangs, qu'il établit ses embûches dans les eaux..., qu'il explora les parages poissonneux..., qu'il connut les populeux refuges submergés, et tout le secret mouvement qui règle, sur l'heure et les saisons, l'aventure de la vie en chaque petit coin sous le saule ou les joncs.

Cette connaissance particulière de la forêt et de la rivière, cette pénétration du secret de la vie animale, cette vigilante et attentive méditation de chaque lieu et de chaque vestige, l'homme des temps anciens l'a eue. Ce fut pour lui question de vie ou de mort que de posséder l'intime pratique des lieux. Ce lui fut une nécessité que d'y appliquer toute sa vie et d'y vouer sa descendance.

Mais cette pratique des lieux, qui vient de donner à l'homme sa petite patrie, va lui donner ses longues destinées. Et parce que s'était éprouvée la fidélité de l'homme à la terre, celle-ci lui ouvrit son sein et lui livra sa fécondité.

Aux origines de l'agriculture, il n'y a pas seulement l'excitation de l'éternelle recherche humaine ou le souci de satisfaire à des besoins alimentaires; c'est de la terre, depuis longtemps interrogée par l'homme, qu'est sortie la sollicitation qui lui attacha l'homme.

Dans cette fréquentation bien des fois millénaire que le clan des chasseurs entretenait toujours avec les mêmes lieux, s'élabora l'expérience particulière qui prépara l'exploitation du sol et l'imposa.

Ces nombreux siècles de familiarité entre l'homme et la terre réalisèrent la communion des sens humains avec le sol, et investirent l'être de l'instinct animal des choses et des lieux. Ce n'est pas vainement que l'homme eut ses méditations millénaires appliquées toujours à la même parcelle de monde, close par le même étroit horizon. Buisson par buisson, l'homme apprit à déchiffrer le livre de la nature, et à interpréter la végétation en valeur du sol. Il sut apprendre des plantes le secret du terroir. Il sut pourquoi la forêt manquait ici de souffle, et pourquoi par ailleurs elle était dans l'enivrement de ses sèves, lançait ses futaies, et jetait au ciel de vertes fusées de vie. A retrouver sans cesse la piste dans l'imperceptible émoi des brins d'herbe, l'homme s'apprit à connaître le végétal, et à entendre, sous ces superficielles révélations, les rumeurs souterraines, le murmure d'une onde enfouie, la sourde résistance des bancs rocheux. Le sous-sol lui devint clair et apparent comme une surface exhibée. Il en connut les valeurs, les infertilités, les aptitudes, les veines cachées, les humeurs secrètes. A l'écoute de toutes les voix intérieures sorties à chaque pas de chaque coin de sol et montées aux frissons des feuillages, il devina partout la fortune de chaque terre; il en soupçonna l'obscure résistance ou l'évidente allégresse; et il en obtint les mâles promesses.

L'agriculture est née de cette longue expérience primordiale, et la partie pratique de sa science a été, jusqu'au début de l'époque moderne, l'exploitation du legs hérité des primitifs. La vie agricole en France reposa sur la longue tradition qu'animaient les origines.

L'antique expérience prospéra longtemps, suffisamment nourrie de ses fortes origines pour n'avoir plus à se renouveler. Mais à la fin tout s'épuise, même les plus riches fonds spirituels. Et la tradition – qu'inspirait la longue ferveur des âges, mais qui avait trop reçu la consécration des temps pour savoir s'exercer et s'entretenir – céda peu à peu aux lassitudes de l'esprit, troubla sa mémoire, obscurcit ses souvenirs, et finit engourdie dans la routine.

Cependant cette antique et intime familiarité que l'homme entretint avec la terre, ne lui fut pas seulement une vaine science du sol, mais lui apprit les ressources de la production naturelle, lui donna la révélation d'une nature utile apte à guérir ses maux ou capable d'apaiser sa faim. C'est dans les longs siècles de l'apprentissage préalable que l'homme en arriva à connaître les propriétés des simples et à rechercher les racines alimentaires(13).

Depuis longtemps d'ailleurs, la forêt lui livrait ses ressources de fruits et de graines (14). Mais dès une époque très ancienne, il a déjà su sans doute favoriser, par de primitifs procédés de mise en état du sol, la croissance de certaines plantes trop peu abondantes à l'état naturel pour être susceptibles d'une utilisation pratique.

Les premiers végétaux cultivés par l'homme furent en effet ceux qu'il faut traiter par grandes quantités pour en tirer parti. A l'ère de la cueillette ou de la quête, succède donc l'ère des plantations et des récoltes. L'une des premières plantes cultivées fut ainsi le lin, dont l'espèce à feuilles étroites (*linum angustifolium*), croît encore spontanément dans nos régions méridionales. Avant d'avoir ses céréales et ses moissons, l'homme des temps néolithiques a sans doute eu ses jardins de racines et ses

(13) Dans les tribus de chasseurs australiens, la recherche des racines sauvages est encore maintenant une des principales occupations des femmes. (V. Déchelette, *Manuel d'archéologie préhistorique, celtique et gallo-romaine*, Edition de 1908. t. I, p. 229).

D'autre part les motifs végétaux, que les Magdaléniens représentèrent sur des os ou des bois de renne, nous sont la preuve que le néolithique avait déjà connaissance d'une flore utile à ses besoins. Il serait faux, en effet, de ne voir en ces reproductions qu'un décor végétal, une fantaisie de l'Art. Là, comme dans la représentation de la vie animale, nous surprenons le secret des rites anciens. Par la figuration ou le dessin, l'homme croyait donner vie ou réalité à la plante ou à l'être dont la possession lui était utile (V. ces représentations de végétaux dans Déch., t. I, p. 228).

(14) Noisettes, prunelles, fraises, poires, faines, châtaignes d'eau, et maints autres fruits, entrant dans l'alimentation des tribus (Déch., t. I, p. 342).

plantations de lin(15). Plus tard, il apprendra les propriétés alimentaires de certaines graminées, et il commencera d'ensemencer ses champs, de récolter l'orge et le mil.

Ces premiers champs sont encore la brève éclaircie dans la forêt, et presque partout, le sol sans soleil reste encore enseveli sous sa couverture de futaies, chargé de l'ombre lourde de l'antique sylve.

A ses origines en effet, chez les clans qui continuaient leur vie traditionnelle de chasseurs, la culture ne fut qu'une activité complémentaire(16); et, dans la même mesure, les produits de la terre n'étaient qu'un appoint aux venaisons du chasseur.

Les premières clairières furent, tout autant que des chantiers de labeur rustique, des lieux d'affût et des tirés. C'est sur ces espaces dépouillés, où paissaient les troupeaux domestiques et où l'on cultiva le mil et le lin, que le chasseur venait attendre ou surprendre une proie attirée par la végétation nouvelle et tentatrice, les racines succulentes, l'orge qui lève, les graminées en fleurs, les grains mûrs.

... Ces premières clairières en appellent-elles d'autres?... Cela n'est pas évident...

Peut-être en effet, l'homme aurait-il longtemps encore traîné toute la misère de ses traditions, sans se pouvoir affranchir du passé et se vouer à de nouvelles destinées. En tout cas, même s'il n'était pas resté de trop funestes survivances de la vie ancienne, il eût été presque impossible de faire accepter des clans une vocation exclusive aux pénibles labeurs de l'agriculture.

Cette association des deux modes d'existence, vie de chasse et vie agricole, aurait sans doute pu

(15) Le chanvre était encore inconnu des néolithiques. Bien qu'ils aient su filer et tisser la laine, c'était le lin leur principal textile.

(16) Je ne parle pas ici de l'élevage qui pendant longtemps s'accommoda de la forêt. Jusqu'au début des temps modernes, la forêt fut une pâture de la même manière que les landes et les prés.

persister longtemps. Les champs se seraient alors créés selon le hasard des besoins. La campagne se serait lentement élaborée, comme une entreprise toujours partielle et inconstante, soumise au déterminisme irrégulier des lieux et des circonstances.

Mais le miracle se fit. Voyez : il n'y avait encore que d'éparses éclaircies, et voici que partout la clairière grandie s'ouvre dans l'allégresse d'une neuve et complète campagne ! Voici que la terre est entrée en massives formations au service de l'homme ! Et voici que la vie nouvelle prend tout entier l'homme, et en emplit l'existence des tâches passionnées et des rudes travaux de la terre !...

Mais cette généralisation de la vie agricole, cette soudaine extension du champ, cette invasion d'espaces clairs, cette ruée au soleil de la terre affranchie, cette brusque décision de nouvelles destinées, tout cela ce n'est pas l'œuvre torpide du temps ; c'est l'œuvre suscitée par une race en possession déjà d'une vocation strictement agricole et d'une expérience complète de la culture. C'est l'œuvre de la race brachycéphale.

Cette expérience complète, recueillie sur la longue route continentale, fut une adaptation incessante de la vie agricole et pastorale à des lieux divers et à des climats variés. Née de la vie à demi errante sur les grandes étendues herbeuses, cette aptitude à vivre du sol s'est, à chaque pas de la migration vers l'Ouest, fortifiée de tous les obstacles et de toutes les résistances dont elle triomphait. Venue des plaines et des steppes, la race s'adapta aux vallées et à une nature forestière ; et les champs, que la tribu jetait jadis nonchalamment chaque année sur de nouvelles étendues vierges, elle les entra et les fixa la hache à la main dans la forêt. Et à mesure que l'homme à tête ronde, en marche vers l'Occident, pénétrait entre des reliefs de plus en plus vigoureux, son territoire agricole, jadis éparpillé et informe, se groupait dans un cadre, s'y affermissait dans la rigueur d'un contour gravé pour ne plus s'effacer, et s'y achevait dans l'autorité et l'harmonie d'un système calculé et éprouvé pour une expansion universelle.

La fondation de la campagne est la systématique entreprise née de la rencontre et du mélange des rudes populations indigènes avec le peuple nouveau venu de l'Est. Notre système agricole est né de l'association de ces deux forces complémentaires.

Les brachycéphales, infiltrés peu à peu sur le territoire, y ont apporté une science générale, l'ingéniosité d'une activité apte à tous les lieux, leur goût de l'ordre et de l'aménagement général, leur sens de la société.

L'indigène, lui, mettait au fonds commun de l'association sa connaissance profonde d'un sol particulier, un instinct animal des choses et du pays, l'âpre attachement à un terroir.

De ces deux hommes si dissemblables, l'un avait la rudesse d'une terre qui se défend; l'autre portait dans sa mémoire les images et les souvenirs du Monde. Les deux races entraient en collaboration chacune avec son expérience singulière de la terre et du sol. L'une en avait cette expérience lucide et superficielle recueillie sur la grande surface claire du continent. L'autre en avait la farouche expérience immobilisée depuis toujours sur un même sol, entrée aveuglément en lui, et toute en profondeur.

Les deux tempéraments s'affirment en toutes les formes d'activité. Avec l'émigrant a pénétré une vie plus riche et plus générale, le sens d'une collectivité plus grande, un esprit nourri des lointaines visions et de souvenirs toujours renouvelés. Et il est dans l'homme actuel la part de notre âme qui rêve et grandit toujours vers le lointain.

L'autochtone, lui, est dans cette France paysanne l'énergie rude des lieux. Il est le fonds de constance, l'esprit d'épargne et de résistance. Il est ce qui ne bougea jamais, la fidélité sauvage à la terre. Il est dans notre âme la forte fondation morale scellée sur la pierre...

Ces deux races : l'une, souffles et clartés venus de loin!... L'autre, la roche en place!...

Nous portons sur notre histoire, et chacun de nous porte encore en lui, les deux races et le double legs. Le règne alternant de ces deux génies dissemblables règle l'ascension sociale et rythme le passage des générations. Et selon que l'on est plus ou moins libéré de la terre, s'efface ou s'affirme l'une ou l'autre de ces deux influences originelles. Chez l'urbain triomphent l'esprit de corps, le sens de la collectivité et une allégresse sociale. Le paysan, lui, reste la force taciturne et l'âme solitaire.

Le plus souvent, les deux génies, que peut dissocier parfois le déracinement, restent indissolublement unis dans leur alliage. Car l'alliage a la précieuse qualité de ces compositions que la nature élabore lentement. Les deux races se sont pénétrées par une fusion pacifique où chaque élément se présentait avec toute sa prospérité.

Dans cette composition ethnique, l'autochtone et l'envahisseur ont l'un et l'autre grandi de tout ce que chacun complétait chez l'autre. L'ensemble vaut mieux que le total des parties; et le composé multiplia les valeurs qu'il additionnait.

C'est pourquoi il n'est pas très facile de discerner, dans la grande œuvre rurale réalisée par le peuple complexe, les parts respectives des deux éléments associés en lui.

Pourtant on y peut reconnaître – grandies de l'assistance qu'elles se sont réciproquement données –, les deux influences qui y sont réunies et conciliées. L'œuvre porta la double empreinte de ses deux origines. Dans ses lignes d'ensemble, elle traduisit l'influence étrangère, et elle marqua le détail du signe âpre de l'autochtone.

La race brachycéphale n'a pas inventé l'agriculture. Elle ne l'a pas davantage apportée sur la terre de la future Gaule. Elle l'y a trouvée déjà établie.

Mais l'activité agricole n'était encore qu'une activité complémentaire. Les champs n'étaient encore que des clairières partielles dans la grande sylve. Généraliser cette activité et s'en composer la vie, universaliser cette clairière et en composer la campagne : voilà l'œuvre de l'homme à tête ronde!... Il n'apporta pas un nouveau régime de vie : mais il lui donna l'extension systématique qu'il a conservée.

De la race de l'Est procèdent donc surtout les vastes clairières, où l'émigrant a rétabli ces espaces dépouillés dont l'ampleur était familière à ses anciennes contemplations, et qu'entoure cet horizon lointain dont l'image dominait dans les souvenirs.

Le village est entouré de ces étendues claires. Les maisons et les édifices sont groupés dans la proximité la plus étroite. Ce sont les villages en tas (haufendörfer).

Nous sommes si familiarisés avec cet aspect du village groupé que nous y voyons volontiers une habitude naturelle à l'homme. Or, à l'époque historique, à mesure que l'agriculteur s'éloigne d'une certaine influence originelle, il revient davantage à ses instincts naturels. Et ce qui s'accuse alors, c'est la tendance, non pas au rassemblement des habitats, mais à leur dispersion. Même dans le cas de groupement villageois, l'homme ne consent à introduire sa demeure dans l'agglomération que si elle reste associée à son domaine et contiguë à sa terre.

Le village aggloméré est en réalité le témoignage des influences ethniques qui ont présidé à l'élaboration de nos campagnes. La race fondatrice a réuni et fixé ses logis, réuni et établi ses troupeaux, de la même manière qu'elle plantait jadis ses tentes, rassemblées au centre du morne horizon, et qu'entourait l'étendue hostile. Notre village, fixé pour toujours au centre de sa terre dépouillée, est encore maintenant l'image attardée de ces tentes groupées que le nomade plie et déplie chaque soir et chaque matin. Dressé au milieu de l'étendue, à notre insu il porte pour nous, en son attitude et en son isolement, la confuse signification d'être encore le camp sur la plaine, la halte du soir, le rassemblement craintif des logis d'une nuit sur l'éternelle steppe, l'homme accablé par l'immensité et la solitude!...

Mais ce logis lui-même n'a-t-il pas d'analogie avec les hâtifs abris de la vie nomade? On a remarqué que la maison paysanne a eu, jusqu'à l'époque moderne, une singulière et constante précarité. Souvent bâtie de torchis, couverte de chaume, elle rappelle l'abri primitif. Le paysan, qui aurait dû construire pour que son « héritage » fût le legs des générations, a bâti sa demeure comme si elle était le logis d'une saison. Et la hutte, où le charbonnier vivra pendant la durée d'un été, est singulièrement analogue à la pauvre maison qu'un tâcheron bâtirait pour sa vie et sa postérité.

Ce qui précise encore davantage cette tradition paysanne, c'est que la richesse et la solidité du mobilier font contraste avec la précarité de la maison. Les pauvres chaumières du Rouergue abritaient encore, il y a quelques années, des meubles en bois dur du temps de la Ligue, des meubles qui avaient « usé plusieurs maisons » (17). C'est encore là, une survivance des temps de vie normale où la richesse est essentiellement mobilière.

Mais dans l'étendue des champs eux-mêmes, nous retrouverons plus affirmée encore la tradition particulière à la vie pastorale.

Le groupe des demeures a autour de lui le groupe des champs. Le village est entouré par la clairière culturale.

Cette clairière culturale est le témoignage de la manière puissante dont l'homme a su traiter la terre. L'ampleur de ce défrichement initial nous accable. Son étendue a souvent débordé les forces

(17) A. Monteil, *Description de l'Aveyron*, t. I, p. 123 (cité par Babeau, *la Vie rurale sous l'ancien régime*, p. 21).

de l'homme historique. Et depuis cette décisive conquête originelle faite sur la forêt, le laboureur a plus cédé de terrain qu'il n'en a conquis.

Dans l'ensemble pourtant, cette clairière culturale reste la même qu'aux temps originels. Et depuis des millénaires, les mêmes lisières boisées l'entourent et les mêmes chemins la parcourent.

En une certaine manière nous pourrions dire que les mêmes champs la composent.

La campagne originelle était, tout comme la nôtre, découpée en nombreuses parcelles et lacérée partout de ces multiples lanières parallèles. Chacun de ces champs a pu varier et avoir sa fortune particulière, l'aspect de l'ensemble reste néanmoins le même. Seul diffère le régime de l'exploitation. Tandis qu'en effet, de nos jours, chaque parcelle est propriété privée et a son indépendance de culture, à l'origine, l'ensemble des champs était soumis à un régime de propriété collective et d'exploitation communautaire. L'association villageoise, fondée pour le défrichement et l'élaboration de la clairière, s'était continuée en une association de culture.

C'est dans l'établissement de ce système collectiviste, de ce régime de discipline qui exclut l'initiative individuelle, que nous reconnaissons l'influence de la forte organisation tribale, entretenue dans la race qui avait derrière elle les longues traditions de la vie nomade et pastorale. Et comme nous le verrons, ce sont de ces disciplines de la terre que sortiront un jour ces organisations territoriales du féodalisme dont procèdent nos états, nos sociétés et nos nations. Et de même, c'est dans la dissolution de ce régime originel, c'est dans la substitution de la propriété privée à la propriété collective, que nous reconnaissons l'influence de cet autochtone qui avait derrière lui la farouche tradition de la vie individuelle. Il ne cessa de solliciter le régime originel à l'évolution qui devait donner à chacun sa terre et sa tâche particulière, et libérer l'individu en lui bornant sa vie et son champ.

Car l'âme aussi, en lui, se limita comme l'étendue matérielle. Le paysan fut de tout temps l'homme d'un coin de sol; et les bornes de son champ lui deviendront un jour des génies d'une assistance plus chère et plus certaine que les dieux illimités du Ciel.

Et ainsi, dans cette lumineuse clairière sur la sombre forêt des premiers âges, nous trouvons déjà fixés les germes de la double évolution qui organisera en haut les destinées générales, et qui en bas enracinera l'individu dans la puissance obstinée de ses origines. Sur le territoire villageois flottent déjà les formes élémentaires qui grandiront et contiendront les états et les patries. Mais le champ, c'est l'individu avec l'indépendance de sa poignée de terre et la solitude de son âme.

III

DE LA PRÉHISTOIRE A L'HISTOIRE

A l'époque où la campagne achève de s'élaborer, la clairière culturale nous apparaît comme une vaste étendue plus ou moins circulaire qui entoure le village, et dont une faible partie seulement, variable chaque année, est livrée aux labours. Ceux-ci sont l'œuvre collective de toute la population villageoise. Chacun sans doute est déjà astreint journellement à la tâche commune. De ce labeur quotidien procède une unité apparente, la détermination d'une sorte de parcelle qui n'est pas encore la propriété privée, mais qui en dessine le champ.

Cette civilisation rurale, ces champs associés autour d'un village groupé, cette campagne au type caractérisé, ces laboureurs organisés en une communauté agraire, ce système si général et si précis..., fut l'œuvre de ce peuple dont les origines complexes se sont révélées à nous. Cette civilisation rurale a en effet son aire d'expansion qui se juxtapose sur le territoire où s'est lentement élaboré ce peuple neuf.

L'aire des villages groupés et aux champs associés – disons plutôt « aux champs en société » – correspond exactement au territoire sur lequel s'est opéré le mélange ethnique dont les vertus ont créé un Occident nouveau.

A la fin des temps néolithiques, ce territoire comprend la France septentrionale, moins l'Armorique, c'est-à-dire le Bassin Parisien, les régions agricoles du Massif Central, nos provinces de l'Est. Il s'étend sur la Belgique, les régions rhénanes, l'Allemagne occidentale et méridionale, et la Suisse. Au début de l'époque du bronze, le système réalise son maximum d'expansion en pénétrant et en occupant l'Angleterre.

Cette zone agricole, avons-nous dit, c'est celle sur laquelle les métissages ont constitué le peuple de l'agriculture organisée. C'est ainsi la présence de types mésaticéphales et brachycéphales qui nous renseignera. Au champ d'extension où se rencontrent les crânes larges, correspondent l'aire du régime agraire et le territoire de la nation agricole.

Les régions agricoles du Massif Central appartiennent à ce type ethnique de métissage.

Mais aux Cévennes apparaissent de nouveaux mode de culture, en même temps que le crâne brachycéphale y disparaît presque des gisements de l'époque néolithique. De même, au bord occidental du Massif Armoricain, s'est arrêté le village groupé, en même temps que s'y effaçaient les vestiges de la race à tête ronde.

En Armorique, la concordance dans l'allure déclinante des deux expansions se précise singulièrement. Les sépultures armoricaines de la période néolithique décèlent à peine la très rare apparition du type brachycéphale (18). Et à l'âge du bronze, de même que les vieilles races paléolithiques forment encore le bloc de peuplement, la forêt reste, sur ces confins de l'Armorique, un massif compact où n'ont pénétré encore que de rares clairières culturales (19).

(18) Selon M. Hervé, à l'ouest d'une ligne allant des sources de la Garonne à l'embouchure de la Seine, « on ne trouve que des dolichocéphales du type primitif des Baumes-Chaudes, dolichocéphales demeurés sensiblement purs, sans aucune trace d'une pénétration brachycéphale » (Hervé, *les Brachycéphales néolithiques, Rev. des Etudes anciennes,* 1895, p. 24).

(19) V. Musset, *le Bas Maine,* Paris, 1917, p. 223.

Vers l'est, la limite atteinte par la zone agricole et la complexe nation agricole semble être l'Elbe. Et là, au bord du grand fleuve, comme à l'ouest au bord sévère du Massif Armoricain, disparaissent, avec les larges crânes, les vestiges des villages anciens et les derniers noms ligures.

Si les limites d'extension concordent, l'allure de la propagation est la même pour le type ethnique et pour le système agricole.

De même que la race initiatrice est venue de l'Est, c'est de l'Est qu'est venu le principe du régime agraire.

Le plus ancien gisement qui nous ait livré des crânes brachycéphales se trouve sur les plateaux du Jura Souabe, à Ofnet, près de Nordlingen, en Bavière. Là, dans des gisements de l'époque azilienne superposés à des couches de l'âge du renne, on a retrouvé huit crânes d'une extrême brachycéphalie (20).

Or ces pauvres plateaux calcaires de l'Alb souabe étaient, aux temps néolithiques, couverts d'une végétation uniquement herbacée. Et c'est sur ces territoires naturellement déboisés, où le grand gibier était rare et où la Nature donnait l'exemple de la végétation des graminées, que les néolithiques ont installé leurs premiers établissements sédentaires agricoles. Là, « sur les espaces désencombrés, se créèrent les vieux villages à terroir morcelé, les parcelles étant groupées en quartiers, et ceux-ci en soles (Gewanndörfer) » (21).

Aux plus lointaines origines se manifestent ainsi

(20) V. la description de ces crânes dans Schliz : « Die vorgeschichtlichen Schädeltypen des deutschen Länder in ihren Beziehungen zu den eizelnen Kulturkreizen der Urgeschichte. (*Arch. für Anthropol.*, Bund IX, Braunschweig, 1910.)

(21) V. Marc Bloch, La vie rurale : problèmes de jadis et de naguère (*Ann. d'hist. économique et sociale*, 15 janvier 1930, p. 107). L'enquête botanique relative au caractère de la végétation de l'Alb souabe aux époques préhistoriques a été le premier ouvrage de Gradmann, l'amorce significative de toute son œuvre. M. Marc Bloch donne précisément une bibliographie des travaux essentiels de cette œuvre dans la note 2, p. 106, de l'article que nous indiquons.

les concordances entre le type ethnique et un régime déjà caractérisé de l'exploitation du sol.

Ces steppes de l'Alb souabe, où seraient apparus les premiers villages, étaient entourées de reliefs accentués où de plus abondantes précipitations atmosphériques maintenaient les formations végétales de la forêt. L'agriculture les contourna sans y pénétrer (22). Mais elle s'installa dans les sèches terrasses du plateau bavarois et dans les vallées suisses. Et c'est de là que partit vers l'ouest cette conquête du sol associée si exactement à la marche lente et à l'itinéraire parcouru par l'émigrant à tête ronde.

Evidemment, enquête botanique et enquête anthropologique apportent des renseignements encore trop partiels et trop précaires pour que nous puissions relever partout la concordance entre l'extension du type humain et la propagation du régime agraire. Mais du moins, nous savons que les plaines riches de la Lorraine, de la Picardie et de la Hesbaye, les terrasses dépouillées des plateaux bourguignons et les étendues crayeuses d'une Champagne déjà en partie dénudée ont su appeler et fixer à la fois l'homme et son œuvre, la race nouvelle et la vie nouvelle. Les grottes artificielles de la Marne, explorées par M. de Baye, révèlent, dans la première moitié du néolithique, l'existence d'une population déjà fortement métissée dont la chasse et la pêche avaient cessé d'être l'unique mode d'existence.

Les régions de l'Est ne sont pas seulement les lieux de départ de l'extension ethnique et de la grande activité agricole. De là arrive l'utile et incessant renouvellement. Par ces régions orientales s'introduisent les perfectionnements matériels, les progrès de l'outillage, les rites religieux. C'est de l'Est qu'est originaire, à l'époque néolithique, le type de construction des palafittes qui, depuis la

(22) Ces hauteurs boisées seraient restées l'habitat de ces tribus « d'archers » dont se formera le monde celte. V. plus loin p. 59.

haute Autriche et la Carniole, se répand de proche en proche pour gagner la Suisse occidentale et la France à l'âge du bronze (23). C'est de l'Est que se propagent les métaux. Quand ils ne sont pas introduits par le trafic maritime, c'est par la voie danubienne qu'ils pénètrent en Occident (24). C'est de l'Est qu'arrivent les hommes et les instruments, les dieux et la langue.

En prenant l'exemple de tel ou tel perfectionnement de l'outillage, on peut se rendre compte de l'allure de la propagation. Une des inventions essentielles à l'agriculture fut celle de la faucille de bronze. Or, c'est tout à fait à l'est, dans le département du Jura, qui confine à cette plaine suisse apparue comme le réservoir d'alimentation ethnique de la future Gaule, qu'ont été trouvés les trois quarts des faucilles de bronze que nous possédons (320 exemplaire sur 438). Dans les départements limitrophes, le nombre des trouvailles est déjà sensiblement diminué (une vingtaine d'exemplaires dans l'Ain, 33 en Savoie, 14 dans l'Isère, 9 dans la Côte-d'Or). Plus à l'ouest, les gisements s'appauvrissent presque complètement. Et enfin toute la moitié occidentale de la France n'a livré qu'un seul spécimen de l'ingénieux instrument (25). C'est là encore un témoignage qui affirme la puissance et l'activité des régions de l'Est, autant qu'il précise les attardements des pays de l'Ouest.

L'expansion agricole s'arrêta en effet, avons-nous vu, sur les confins du Massif Armoricain. De même que les conditions climatiques ont agi, en favorisant la steppe, pour déterminer les premiers centres de la vie agricole, de même elles sont intervenues pour en fixer les dernières étapes et en arrêter l'essor.

(23) Déch., *Arch. celt.*, p. 113.

(24) Cela expliquerait le nombre relativement grand des sépultures de l'âge du cuivre et du premier âge du bronze qu'on trouve dans le Jura et la Savoie (Déch., *Arch. celt.*, p. 93).

(25) On a trouvé en outre les fragments d'une faucille brisée dans le département du Finistère. (V. Déch., *Arch. celt.* 1re partie, pp. 13-15.)

Les humides régions océaniques sont restées en dehors de la zone d'expansion agricole, comme elles restèrent en dehors de l'aire où s'élaborait la race agricole.

Dans l'Ouest, en effet, sous ce ciel mouillé d'embruns, sur ces terres engourdies, sur ces humus acides, la forêt resta maîtresse du sol. L'homme à tête ronde, qui avait trouvé, sur les plateaux calcaires de l'Est, des terrasses asséchées et chaudes propices à ses céréales, sentit dans le pays de l'Ouest une nature qui lui refusait l'accueil en rebutant son labeur. En fin de compte, ce sont des conditions climatiques qui, en arrêtant le champ de l'œuvre, arrêtèrent la marche de l'ouvrier.

L'aire géographique de la campagne organisée s'arrête ainsi à l'Ouest aux régions trop humides, comme elle se termine vers l'Est aux régions déjà trop sèches du couloir danubien.

L'Armorique resta donc l'âpre terre schisteuse rayée de sombres roches où, sous un ciel à nues, prospère la forêt et où s'entretiennent les vieilles races que n'a pas encore pénétrées et ranimées le sang celte. C'est le pays empli de bois, d'hommes anciens, de clans et de tribus, de mythes sylvestres vieux comme les êtres. C'est la région dolménique où les champs deviennent des landes, où les morts sont des cendres, et dont les œuvres sont des tombeaux (26).

Vers le Sud cependant l'horizon s'éclaire, et le pays s'anime de rivages riants et d'estuaires vers lesquels, de tout le jeu convergent de ses vallées ensoleillées, descend la populeuse Aquitaine, qu'entoure le cirque de ses terrasses ombragées domi-

(26) Dans la statistique dressée par Déchelette, la distribution géographique des dolmens prend tout son sens si on considère les départements situés à peu près sous une même latitude. On constate ainsi que, des Vosges au Morbihan, le nombre s'accroît avec une régularité caractéristique : Vosges 0, Haute-Marne 5, Yonne 11, Loiret 14, Loir-et-Cher 30, Indre-et-Loire 33, Maine-et-Loire 54, Loire-Inférieure 125, Morbihan 312. (V. Déch., t. I, p. 381).

nées au fond de l'horizon par de lointaines lignes de neige ou des monts de granit.

Ce bassin d'Aquitaine s'ouvre ainsi largement sur les mêmes influences océaniques où s'immerge et s'abandonne toute la rude Armorique.

Et c'est en effet l'Océan qui a donné à toute cette région d'Ouest l'influence qui la vivifia et le trait qui la marqua. C'est par la voie maritime, qui contournait la péninsule Ibérique et suivait les rivages océaniques, qu'ont été introduits dans les pays d'Ouest les éléments étrangers de la civilisation néolithique. Par là sont arrivés les types de constructions dolméniques. C'est au bord de l'Océan qu'a cheminé cette divinité funéraire néolithique (27) dont la face, réduite à une esquisse des yeux et des rides, était si étrangement semblable à la sévère idole égéenne gardienne des sépultures. Par cette même voie arrivèrent plus tard les métaux. C'est de l'Ibérie que la Gaule occidentale et les îles Britanniques reçurent les secrets de la fonte du cuivre. Sur toutes ces contrées océaniques, par mer se propagea un outillage commun, hache plate et hache-poignard qui ne sont pas moins connues en Espagne qu'en Armorique ou en Irlande. A l'âge du bronze, il existe entre la Gaule occidentale et l'Ibérie autant d'analogies qu'il y a de contrastes manifestés entre la Gaule de l'Ouest et celle de l'Est.

Depuis les temps néolithiques, l'Europe occidentale présente ainsi une sorte de front maritime. De Tharsis aux îles Britanniques, par la Lusitanie, l'Armorique, la Cornouailles et l'Irlande, s'affirme une sorte d'unité indépendante de l'Europe continentale. L'Océan entretenait, sur ces contrées baignées de ses eaux, les types et l'unité d'une civilisation distincte qu'il alimentait et renouvelait sans cesse.

Ce front maritime de nos pays d'Ouest s'isolait

(27) V. Déch., t. I, p. 485.

ainsi comme un monde particulier où la vie continuait de développer, sur une terre restée barbare et sur les voies du passé, le thème ancien des hommes. Et aux premiers âges du bronze, tandis que nos pays d'Est étaient la campagne laborieuse, où partout la terre respirait entre les horizons clairs avec ses moissons et ses champs..., à cette même époque encore, dans nos pays de l'Ouest océanique, les puissantes tribus continuaient de couvrir leur sol de grandioses et brutales sépultures, et de vouer leur vie et leur terre au culte des morts.

Cependant, l'aire de la civilisation agricole s'isolait du Midi presque autant que de l'Ouest.

On s'imagine volontiers que, dès une époque très ancienne, les influences méditerranéennes sont venues animer le rivage provençal pour pénétrer par après dans l'intérieur de la Gaule. Or, avant le milieu du premier millénaire, il est difficile de reconnaître les traces d'une influence arrivée du Midi par la voie rhodanienne.

C'est plus au nord que se manifeste la pénétration d'un trafic venu de l'Orient méditerranéen (28). Du VIe au IVe siècle, c'est par les vallées du Pô, du Tessin et du Rhin, que les produits grecs arrivaient au nord des Alpes. Les trouvailles qui en ont été faites sont localisées le long de ces voies et à leurs débouchés gaulois, en Franche-Comté, en Bourgogne et en Champagne. Il a fallu l'occupation du couloir rhodanien par les Celtes au IIIe siècle pour que s'ouvrît enfin sur la Gaule chevelue la route ensoleillée de la Méditerranée.

Le territoire de l'agriculture s'arrêtait ainsi aux vallées alpestres, aux hautes régions pastorales du Massif Central et au rebord oriental du Massif Armoricain. En deçà de ces limites, jusque sur les plaines anglaise et germanique, et sur la haute

(28) V. Déch. en ce qui concerne les lingots-monnaies en forme de bipenne trouvés en Suisse, en Bourgogne et dans le Berry (Déch., t. II, pp. 403-407).

vallée danubienne, s'étendait l'aire de la civilisation agricole. Ces plaines, ces reliefs faciles, cette surface continentale mollement vallonnée où prospéraient les communautés rurales et l'humanité villageoise, cette creuse arène où l'homme jetait ses semailles..., c'était et cela resta le jardin du Monde. Mais il ne recevait pas sa clarté du côté du soleil. C'est par l'Est qu'il prenait vie avec l'extérieur; c'étaient les vallées jurassiennes et alpestres qui faisaient entrer les influences lointaines sur ce grand lieu calme. Et c'est de l'Est, d'où arrivèrent les ouvriers de l'œuvre agricole et les outils qui la réalisèrent, par la vieille route traditionnelle jalonnée de créations, qu'arriva aussi l'outil intellectuel qui donna l'intelligence d'une vie générale à l'homme d'Occident.

Cette formation ethnique que nous avons vue se réaliser en Occident, il est temps en effet que nous en consacrions l'homogénéité sociale, en lui reconnaissant cette unité morale et spirituelle qui se traduit par la communauté d'une même langue.

Est-ce à dire qu'il faille associer aux dernières migrations de la race brachycéphale l'expansion dans l'ouest d'une langue indo-européenne?

Certes, il serait sans intérêt et sans logique de tenter une identification entre ce que nous appelions la race brachycéphale et ce qu'on est convenu de dénommer les peuples indo-européens. Les réalités auxquelles pourraient s'appliquer ces deux appellations n'ont point de correspondance entre elles. Parler de « race brachycéphale », c'est parler d'une entité théorique et se placer dans le néolithique. Quant à l'indo-européen, il est moins une race ou un peuple qu'un ensemble de formations linguistiques de l'époque protohistorique (29).

Et pourtant, entre les brachycéphales de l'époque néolithique et les vocabulaires indo-européens de

(29) « La langue indo-européenne est celle d'une civilisation où les métaux jouaient déjà un certain rôle » (Meillet, *Aperçu d'une histoire de la langue grecque,* p. 13).

l'époque protohistorique, il existe un lien. Si l'une des deux expressions se réfère à d'anciennes origines ethniques et l'autre à de tardifs résultats linguistiques, du moins, entre les archaïques origines et les résultats récents se déroule, comme entre la cause et l'effet, toute la réalité de la longue histoire qui aboutit à l'unité d'une nation agricole, d'une civilisation rurale et d'une langue d'agriculture dans l'Europe du Nord-Ouest.

Si on veut, tout se passe comme si l'émigration venue de l'Est avait, en ses tardifs voyages, véhiculé avec elle les dialectes nouveaux.

Mais la réalité est plus compliquée. La langue nouvelle se répandit de ce qu'elle répondît à un besoin, et elle n'entra que parce qu'elle était appelée. L'Europe occidentale, vouée exclusivement à la vie agricole, s'ouvrit à l'expansion d'une langue qui était capable d'interpréter ces modes et ces conditions de vie. Sur l'Europe du Nord-Ouest, de la même façon que s'y étaient élaborées une nation et une civilisation agricoles, s'y constitua postérieurement une langue de la civilisation rurale, un langage de l'agriculture. Et cette langue agricole dériva nécessairement des mêmes sources où avait été puisée l'alimentation ethnique et l'initiation à la vie complète des champs.

Mais ce n'était pas seulement une langue d'agriculture dont l'humanité rurale d'Occident avait besoin. Dans la même mesure où sa civilisation agricole s'était généralisée, il lui fallait un idiome capable de donner l'expression aux relations générales.

Cette langue nouvelle ne fut donc pas seulement celle des champs. L'idiome archaïque dont elle procédait avait ses origines dans cette constante race des steppes; et il était préparé et porté dans le mouvement de cette vaste circulation intérieure (30). Dispersé partout sur l'arène plane du

(30) V. S. Feist, *Kultur, Ausbreitung und Herkunft der Indo-Germanen* (Berlin, 1913).

Monde, son berceau était de partout. Et il transmit aux langues dérivées de lui ces qualités de flexible universalité qui en assurèrent la fortune.

Partout donc, l'idiome nouveau supplanta les dialectes locaux, le langage confiné dans l'étroite vie du clan. Car il fut la langue qui circula sur les grandes routes neuves d'un Monde qui s'ouvrait aux influences lointaines. Il fut l'instrument des relations commerciales et des rapports généraux, l'idiome d'une humanité organisée, d'une société qui repose sur la prospérité familiale, et dont les dieux sont l'image grandie des hommes. Et il commença de donner l'expression de la vie morale à l'âme nouvelle qui s'ouvrait sous les Cieux.

A la fin de l'âge du bronze, cette civilisation agricole en est ainsi à son apogée. Elle règne sur la plus grande partie de l'Europe occidentale. De la Bohême à l'Armorique, de l'Ecosse au Massif Central, elle impose partout le même aspect de paysage, le même régime agraire, la même société, la même langue, la même âme. Sous les variétés individuelles qui interprètent la riche multiplicité des origines ethniques, partout s'affirme cette harmonie de vie matérielle et morale où nous reconnaissons l'unité d'un peuple, l'être collectif, une nation.

Cet être collectif qui a existé, cette nation qui a prospéré, ce peuple bâtisseur de nos campagnes, et qui nous a fait le legs éternel de nos champs et de nos chemins, de nos voies et de nos destinées..., cet illustre méconnu à qui nous n'avons pas d'histoire à donner..., lui donnerons-nous un nom?

Les noms qu'on lui trouva flottent sur des âges plus que sur des territoires et des groupes humains, et concernent des époques tardives.

Il est vraisemblable pourtant que l'expression « Ligure », imposée par les anciens historiens grecs à des confins occidentaux sans détermination précise, s'applique plus que l'expression « Ibère », à cet ancien peuple de l'agriculture. Une vieille tradition nous montre les Ligures recevant des peuples de l'Europe centrale le blé, l'orge et le seigle, et apprenant d'eux à lier les bœufs au joug. Ils seraient apparentés aux Illyriens et à ces Thraces qui auraient introduit en Grèce la culture des céréales. Nous retrouvons ainsi le sentiment de la parenté ethnique des peuples de l'Est.

La tradition relative à la spécialisation des Ligures dans la vie agricole se manifeste encore aux témoignages que nous offrent les lieux où se serait maintenue, avec le nom des « Ligures », une sorte de survivance attardée de leur civilisation. Les gravures rupestres du district de Monte Bego, dans la région du col de Tende, sont, en notre Occident, le plus ancien document graphique relatif à la vie agricole. Images votives dédiées aux divinités du sol, ces scènes nous représentent des chars, des herses, des faucilles, des bœufs attelés à la charrue. Elles nous précisent ainsi la part prépondérante de l'agriculture dans la vie et la civilisation aux premiers âges du bronze (31).

La linguistique nous aide à établir une correspondance entre le territoire de l'agriculture à type caractérisé et la zone d'expansion d'une langue « ligure ».

Aux frontières de l'ouest et de l'est, la correspondance existe, affirmée par la toponomastique. Sur les confins du Massif Armoricain, là où s'arrête l'extension du régime agraire et du peuple agriculteur, disparaissent aussi les formations en -ascus, en -inco, et le thème aliso, qui sont les trois caractères certains des noms d'origine ligure (32). A l'Est, c'est aux bords de l'Elbe (33), en Allemagne centrale, que

(31) D'après Déchelette, ces gravures rupestres, par le type des armes qui y sont représentées, remonteraient aux premiers temps de l'âge du bronze (Déch., *Arch. celt.*, 1er partie, p. 15).

(32) Musset, *op, cit.*, p. 213.

(33) D'après M. Jullian, l'ancien nom de Hambourg (Treva), est un nom d'apparence ligure. (Jullian, *Au seuil de l'Histoire*, p. 193, n. 2, citant Langewiesche : Germanische Siedelungen, 1909-1910, p. 4). Festus Avienus, dans son poème *Ora Maritima*, nous parle d'une région inhabitée située au-delà du cap de l'Œstrymnis (Bretagne continentale), et nous dit que les Celtes en ont chassé les Ligures (Déch., *Arch. celt.*, p. 566).

vient se terminer, aux même lieux où s'acheva l'élaboration de la campagne et de son humanité, l'extension de ce vocabulaire toponomastique, la seule manifestation qui nous soit conservée d'une langue ligure (34).

De ces Ligures en effet, notre campagne aurait reçu les appellations qui couvrent souvent encore son sol et qui semblent, en donnant à chaque lieu son nom particulier, lui donner le sens d'un être et la personnalité d'une mémoire. Les rochers et les eaux, les monts et les sources, les divers cantons, les lieux-dits, tous les coins de terroir qui se peuvent individualiser par un aspect particulier ou une aptitude spéciale, ont reçu ainsi de l'antique humanité l'appellation qui s'est souvent conservée jusqu'à nous. Et en ces noms propres, qui furent jadis sans doute simples noms communs, mais dont les syllabes ont un rythme étranger au latin dégradé qui nous sert de langue, chante maintenant pour nous je ne sais quelle sonorité étrange..., expressif souvenir..., voix où murmure la vieille amitié entre l'homme et la terre!... Et les vieux mots sont ainsi, sur notre sol, même ruine et même témoignage, même poésie que nos champs, même mystère que les choses!...

Cependant, si le domaine des Ligures semble s'être étendu au Nord sur la majeure partie de la Grande-Bretagne sans qu'on en puisse rien préciser (35), il est encore plus difficile de fixer quelque certitude en ce qui concerne les frontières méridionales. Un indéniable apparentement existe par exemple entre des civilisations aussi territorialement séparées que le furent celles d'El-Argar et d'Unetice (36). Au plein de l'âge du bronze d'ail-

(34) « Il est probable que les Celtes se sont taillé sur les terres des Ligures et des Ibères une grande partie de leur domaine allemand » (Hubert, *les Celtes*, p. 194).

(35) « Le vocabulaire géographique des pays pictes comporte... des thèmes considérés généralement comme ligures » (Hubert, *id.*, p. 252).

(36) V. Siret, *Rev. des quest. scientifiques*, 1907, p. 237.

leurs, les nouvelles conditions climatiques, qui provoquaient l'assèchement de l'Europe occidentale favorisèrent l'extension de la vie agricole et pastorale. Et les habitants des palafittes suisses, avec leurs riantes cultures installées sur les terrasses asséchées, étaient « vraisemblablement des Ligures » (37).

Mais l'extension tardive prise dans les régions alpestres et méditerranéennes par « la nation agricole » ne s'associe pas nécessairement au type d'agriculture qu'elle avait jusque-là propagée.

Peut-on en dire davantage, et exploiter audacieusement la parenté ethnique que nous soupçonnions entre tous les propagateurs de la vie agricole, aussi bien en Orient qu'en Occident? Serait-il possible de voir s'affirmer, jusque dans le monde méditerranéen, l'unité de l'effort et la simplicité du geste qui crée partout le paysage humain?

A la même époque en effet, où l'Orient égéo-crétois déterminait un type de cité d'aspect presque moderne, l'Occident réalisait ses républiques agricoles dans une puissante organisation qui gravait sur notre sol ses traits éternels. Alors... oserons-nous entrevoir toute l'émouvante unité de ce vaste monde ancien, au temps où se confiaient peut-être à une même maîtrise humaine, et les rivages ardents que tailladait la mer d'Orient, et les molles plaines qui déroulaient sur notre Occident la lourde abondance de leur humide glèbe!...

Mais agissant sur des lieux dissemblables, le même effort humain aurait réalisé ses œuvres différentes. Sur les rivages déchiquetés de la mer égéenne, un sol convulsé contractait le groupe humain et en faisait jaillir la cité. En Occident, au contraire, la plaine facile lui livrait partout le champ.

Cependant, si on se refuse à ces téméraires hypothèses, il faut bien reconnaître qu'à défaut d'une communauté dans les origines les deux grandes

(37) Hubert, p. 316.

civilisations, celle d'Orient et des cités, celle d'Occident et des campagnes, réalisent leur ruine dans la communauté d'une même fin et d'une analogue agression.

Il y a en effet de saisissantes analogies entre les invasions achéennes, qui ont détruit la civilisation égéo-crétoise, et les invasions celtiques d'où va naître le désordre d'une société occidentale, qui perd à jamais le vrai sens de l'œuvre rurale dont elle vit, le souvenir du passé dont elle sort.

Ces « Celtes » seraient l'ensemble des envahisseurs qui ont commencé de pénétrer en Gaule vers la fin de l'âge du bronze. Ces envahisseurs ne constituent pas ce qu'on peut appeler vraiment une race. Le livre d'Henri Hubert sur leurs origines n'en précise le détail qu'en en troublant l'ensemble. Il était facile en effet de parler des Celtes quand ceux-ci apparaissaient comme une race homogène. Il devient moins aisé de s'entendre quand on substitue à cette vue simple la notion des sociétés confuses, formées d'éléments déjà singulièrement composites par eux-mêmes.

Dès l'âge des premiers métaux, nous voyons, en Allemagne occidentale, deux ensembles de tribus d'archers et de chasseurs encadrer les paisibles populations des villageois agriculteurs. Retenues par les forêts, fixées ainsi sur les hauteurs, ces tribus ont pu vivre à côté des agriculteurs sans en troubler la paix. La régularité des dépôts archéologiques nous dénonce en effet une époque sans conflits violents. Une céramique funéraire particulière appartient à ces peuples chasseurs; l'exiguïté de leurs cimetières nous laisse croire qu'ils étaient en mobilité constante. Ce sont eux qui, dans la première partie de l'âge du bronze, auraient envahi les îles Britanniques. Par la suite, de nouveaux bancs d'émigrants s'alimentèrent parmi ces foules qui ne trouvaient point leur place sur un sol distribué partout à de diligents labeurs. Sous le nom de Goidels, de Pictes, de Brittons et de Belges, ils ont entretenu ainsi pendant plus d'un millénaire les flots d'envahisseurs de l'Europe occidentale, en s'incorporant peut-être déjà, à la fin, quelques-uns de ces éléments nordiques qui se différencieront plus tard sous le nom de Germains.

Ces envahisseurs n'ont jamais été suffisamment nombreux pour supplanter les anciennes populations agricoles. Ils n'ont même jamais réussi à en modifier le type, le régime de vie et de société. Ainsi s'explique que les campagnes organisées de l'Allemagne occidentale et de la France septentrionale aient pu, en dépit des troubles de l'époque celtique, maintenir les cadres matériels de leur organisation.

Ces campagnes préservées ont même exercé une sorte de filtrage de ces invasions celtes. Au début, elles en ont laissé passer les formations faibles, qui, associées sans doute à des éléments indigènes que libérait déjà le désordre, sont allés entreprendre la colonisation agricole de l'Ouest, resté un sol libre. Tels les Goidels traversant sans se fixer la Grande-Bretagne, et allant finalement réaliser leur établissement jusqu'en Irlande!... Plus tard pourtant, les formations envahissantes, devenues de plus en plus denses et impossibles à éliminer, sont demeurées le poids lourd qu'a porté le grand pays agricole de l'Est.

Il s'est fait ainsi un singulier partage dans le monde celte. Tandis que l'Ouest réussissait à en fixer les mobiles éléments sur son sol neuf, l'Est, au contraire, leur refusait son sol socialisé, et maintenait en formations belliqueuses et instables les envahisseurs tardifs. Cette attitude des Celtes, condamnés à rester d'oisifs dominateurs, acheva peut-être de leur déterminer cet esprit de violence et d'aventure qui nous semble caractériser la race, et qui fut sans doute moins la cause que le résultat d'une histoire.

On le voit, l'allure générale des faits serait très simple. Mais ce qui a compliqué la question, c'est le vieux préjugé qui attribue aux Celtes l'honneur d'avoir introduit l'agriculture en Gaule. Il est significatif de constater toutes les contradictions qu'une telle erreur initiale introduit dans les analyses pourtant si précises de M. Henri Hubert. D'après lui, l'agriculture aurait été apportée en Grande-Bretagne par les Bretons à l'époque de la Tène (38). Or, par ailleurs, M. H. Hubert laisse supposer que le défrichement de l'Irlande était une œuvre déjà partiellement accomplie quand les Goidels vinrent s'y établir au début de l'âge du bronze (39). Ces Goidels auraient simplement achevé de généraliser en Irlande une agriculture dont ils avaient apporté l'expérience et les éléments de ces lointains pays westphaliens et hanovriens, où « la forme des villages, celles des champs », seraient restées le témoignage de leur antique séjour (40). Mais comment expliquer cette précoce initiation du Celte à la vie agricole sur un continent qui, selon M. Henri Hubert, était encore, à l'époque de Halstatt, voué à une économie plus pastorale qu'agricole (41)? En réalité, bien loin d'avoir été un initiateur en matière d'agriculture, le Celte s'est déterminé longtemps, moins pour son aptitude belliqueuse que par sa manière de traiter besogneusement le sol. Au contact des populations villageoises allemandes, les tribus de chasseurs avaient pris l'expérience de la vie agricole; mais ils furent obligés d'adapter cette expérience à une organisation tribale de clans exogames (42), et par conséquent incompatible avec la vie de cette communauté villageoise qui, si jalousement, fermait son territoire et défendait son sang. De là procède donc la nécessité d'une agriculture indépendante du cadre tribal, et nécessairement ainsi de type dispersé et individuel. C'est cette

(38) Hubert, *op. cit.*, p. 262.
(39) *Ibid.*, p. 241.
(40) *Ibid.*, p. 228.
(41) *Ibid.*, p. 260.
(42) *Ibid.*, p. 256.

agriculture que les Celtes ont introduite dans tous les pays d'Ouest : Pays de Galles, Cornouailles, Irlande, Armorique, etc. Ils n'ont eu le choix que d'être ces parents pauvres fixés au sol, ou de devenir les impérieux vagabonds de l'Occident.

En définitive, ce serait la puissance même de l'organisation agricole occidentale qui aurait contraint les Celtes à y rester réfractaires. Cette civilisation rurale, dont la rigueur et la splendeur les rejetaient et les reléguaient en de barbares vocations, serait ainsi responsable de leurs aventureuses destinées, et de tous les désordres qu'ils apportèrent à l'Histoire.

Cependant les Barbares du Nord ruinaient la civilisation de l'Orient méditerranéen dans le même temps qu'ils venaient perturber l'Occident. Les envahisseurs achéens, qui sont allés plus tard dévaster les rives et les îles de la mer Egée, ont, à leurs origines, longtemps voisiné, non seulement avec les Italo-Celtes, mais même avec les Celtes. C'est d'un même vaste centre que se serait propagé le mouvement des peuples qui sont venus assaillir les précoces civilisations de l'Occident et de l'Orient. « La première colonisation celtique des îles Britanniques – nous dit M. Henri Hubert – doit être contemporaine de la descente en Italie des Latins et de la descente en Grèce des premiers envahisseurs grecs (43) ».

Ces mouvements sont, non seulement contemporains, mais singulièrement symétriques; et de l'Orient à l'Occident, les envahisseurs semblent régler leurs entreprises sur une même heure et sur une même allure. Les premiers flots des invasions achéennes paraissent au début n'apporter encore que des éléments rapidement assimilés par l'active civilisation du monde égéo-crétois. Ioniens et Achéens semblent entrer dans l'animation de ces rives brûlantes, de la même manière que les Goi-

(43) *Ibid.*, p. 168.

dels sont allés peupler et coloniser l'humide Irlande. Mais, à mesure qu'augmente la densité des masses envahissantes, l'assimilation en devient de plus en plus malaisée; et les derniers flots d'envahisseurs – qu'ils s'appellent Doriens par ici, Bretons et Belges par ailleurs – introduisent cette régression qui commence ce barbare Moyen Age qu'il convient à double sens, d'appeler « l'âge de fer ».

Cette Gaule de l'âge de fer n'a plus de vraie analogie avec le pays où prospéra la civilisation agricole qui y trouva son apogée à l'âge du bronze. Une organisation militaire a prévalu. L'époque de Halstatt I nous fait assister au triomphe d'une caste militaire dont le seul luxe est celui des armes de fer (44). Des habitudes belliqueuses, un outillage guerrier, des mœurs rudes et violentes, ont entraîné la ruine de l'ancien régime agricole communautaire. Les dominations individuelles se sont partout substituées aux organismes de l'organisation collectiviste, et ont confisqué, au bénéfice d'un seul, les droits que tous se partageaient, et l'autorité qui appartenait au groupe. La communauté agraire achève d'évoluer vers les formes seigneuriales ou manoriales. C'est au milieu de ces ruines que nous pénétrons dans l'Histoire. C'est ce tombeau qui en est le berceau!...

Entrés dans l'Histoire, nous sommes entrés en effet dans l'ère des invasions. Gaulois, Romains, Germains vont se disputer pendant des siècles cette terre où s'installent la servitude et la violence et les aspects barbares de la guerre.

A l'époque gauloise, la campagne a déjà subi les transformations matérielles qui correspondent à la perturbation dans la société et le régime. Son aspect témoigne du désordre et de l'insécurité des temps nouveaux. Elle se couvre de forteresses et de camps retranchés. C'est l'époque où commencent

(44) Par la suite, et dès l'époque de Halstatt II, commencent à apparaître des habitudes et des goûts de luxe dont témoignent la parure, les armes ouvragées et le mobilier funéraire.

de pulluler ces oppidums établis sur les sommets, érigés sur les rochers, fixés sur ces éperons rocheux que barrent de massifs retranchements de terre. A proximité de ces refuges, se dressent les tombeaux.

A l'époque de Halstatt II, notre Bourgogne a été couverte de ces oppidums et de ces tumulus où dorment des morts couchés au long de la grande épée de fer à soie plate (45). Ces morts ensevelis dans leurs armes nous sont un témoignage de tout ce qui nous sépare alors des temps de prospérité où le vieil homme construisait le monde des champs.

L'ouvrier, le vieil homme, est disparu sans laisser ni nom ni mémoire. Mais l'œuvre est restée. Et puisque l'Histoire la méconnaît, à défaut de souvenirs qui la racontent, ce sont les choses qui en apporteront le silencieux témoignage.

(45) V. ce que dit Déchelette des 14 tertres fouillés à Magny-Lambert par Flouest, Abel Maître et le Dr Brulard (Déch., t. II, p. 664).

II

LES TÉMOIGNAGES

Les agriculteurs de l'époque néolithique n'ont laissé ni histoire ni monuments. Leurs fragiles demeures étaient sans fondations et sont disparues sans ruines. Leurs morts commencent à être livrés, non à des tombes, mais à l'extermination du feu; et l'on peut dire que presque tous leurs souvenirs sont déjà de cette même cendre.

A défaut de noms qu'on puisse fixer sur ces temps sans mémoire, du moins l'œuvre nous en reste. Elle est encore là, apparente sous des vestiges qu'il suffit de savoir retrouver et interpréter, manifestée sous des témoignages qu'il suffit de faire parler.

⁂

L'interrogation à l'histoire reste à peu près sans réponse. Mais l'interrogation aux choses suscite à chaque pas l'avertissement ou provoque le renseignement.

Alors, si vous le voulez bien, nous allons essayer de donner aux habituelles contemplations que nous faisons de nos campagnes françaises, un tour nouveau et une intention particulière.

Ce tour, pourtant, sera-t-il si nouveau? Par hasard, sans doute, nos regards, comme avertis déjà, semblent les familiers de cette recherche.

Dans cette campagne, aux aspects fertiles et aux formes utilitaires, nous aimons surtout à regarder aux choses inactives qui nous parlent sans calculs. Nous y aimons d'instinct les lieux désaffectés et les vieilleries inutiles, tout ce qui porte la teinte grise des dénuements et des abandons, tout ce qui semble l'indolence d'un passé et d'un souvenir.

Ce sont de bien humbles choses à les considérer chacune isolément. C'est un vieux chemin de rocaille opiniâtre, qui s'en va sans but et sans rôle flairer sous les buissons et rôder sur la friche appauvrie. C'est un vieil orme, isolé dans les champs, étêté et difforme, et qui semble arrêté par l'accablement de la solitude, fixé par le poids du silence. Ce sont des buissons perdus sur les éteules, et que les charrues ont assaillis sans les réduire jamais. Ce sont des « meurgers » de pierre où tout dépérit; c'est un tas de rocailles qui meurtrit la glèbe; c'est une marge lépreuse auprès d'une route trop neuve; c'est un arbre qui se penche; c'est une ruelle qui se dérobe, un seuil qui s'efface, une ruine sous les ronces, un coin vide dans les champs, une tache blafarde sur les bruns labours, un pan dénudé sur le solennel horizon, ou un simple petit sentier qui meurt à même sous les pas. Toutes ces choses, qui dénoncent de coupables abandons et de mortelles indifférences, sont les témoignages de vie et d'activité créatrice de l'homme ancien.

I

LE CADRE : LES LISIÈRES DES FORÊTS

Mais pour faire une recherche systématique de ces témoignages anciens, il faut fixer déjà au préalable le cadre et le site de ces recherches.

Le cadre d'abord.

Chacun de nos finages est essentiellement une clairière culturale, et ses frontières en sont les lisières des bois et des forêts. Le premier problème qui se pose est de retrouver le tracé de cette frontière antique, ce qui revient à reconnaître une lisière primitive d'avec les contours boisés d'un âge plus récent.

L'œil exercé ne s'y trompe pas. La lisière originelle n'est pas la tranche brutale taillée à la hache sur une masse homogène. Elle n'est pas la ligne de contact direct et irrité entre deux domaines étrangers dont les traits s'opposent, et dont les énergies restent envahissantes. Sans cesse en effet, la glèbe agressive rejette sur ses bords ses chiendents et ses ronces; de son côté, la forêt, en émeute continuelle contre l'œuvre humaine, presse sur celle-ci un fourré de buissons et un fouillis d'épines.

L'homme et le temps, s'aidant l'un l'autre, ont su, moins séparer ces deux domaines hostiles qu'en réaliser la rencontre pacifique. Ils ont su leur ménager un contact large, aisé, naturel et vivifiant.

La lisière primitive est généralement bordée d'un

profond fossé, précédé parfois d'un mur en pierres sèches. Derrière cette défense, les éléments en lutte se sont accommodés; les espèces trop envahissantes y ont disparu à force d'y être traquées, et la trace des luttes végétales s'est effacée. Au cours des âges nombreux, la lisière s'est réalisée ainsi, comme une sorte de marche entre la forêt et les champs.

D'autre part, la forêt a fait de sa lisière une façade naturelle, où elle adapte sa nature au monde de l'air et de la lumière. On sait que la forêt est travaillée de forces intérieures, et qu'elle varie sans cesse ses espèces, transforme incessamment ses essences. C'est surtout sur sa lisière qu'elle exerce cette activité et opère ses sélections. Elle a relégué sur cette frontière les buissons et les arbrisseaux qui étoufferaient sous sa masse intérieure. En arrière d'eux, elle a établi les solides et dures espèces, des chênes en général, qui ne craignent point le contact direct de l'air vif et de l'atmosphère ensoleillée, et elle a eu le temps d'en faire une distribution régulière sur tout le front. Ces chênes, ces grands arbres, par leurs dômes puissants appuyés aux masses intérieures, composent une sorte de premier gradin, dessinant une volumineuse moulure qui est comme l'enveloppe épaisse et charnue de la forêt.

Au pied de ces arbres de haute venue, les préparant pour ainsi dire, s'étagent, en un second gradin extérieur, le charme, le coudrier, l'alisier, tous les arbres de taillis qui souvent trouvent mal leur place à l'intérieur. Enfin, à leur pied encore, tout un petit monde d'arbrisseaux venus respirer l'air et la lumière que leur refusait le sous-bois : l'épine blanche, l'épine noire, le cornouiller, le bonnet carré, etc. Toutes ces basses végétations dessinent comme un troisième et mol contour, dont les frondaisons arrondies viennent se poser à même sur le sol et s'y relier, par les broussailles et les ronces, aux pentes faciles du fossé. Une douce continuité monte ainsi des planitudes des champs jusqu'aux dômes frémissants de la forêt. Et ces trois gradins s'étagent comme en trois grasses moulures, qui viennent donner le cadre de bois paresseusement ouvragé au grand tableau plat, où s'étale le mince et ardent coloris de nos cultures et la docile nudité de nos champs.

Mais ce n'est pas tout. Les bêtes ont aidé les gens et la nature. Dans cette construction monumentale qui est la façade de la forêt et le cadre de nos champs, sur ce seuil troublant des deux mondes qui s'opposent, tout un petit peuple de poil et de plume y exerce son inquiète surveillance, et s'y aménage ses voies et ses aises et ses subtiles entrées. Au cours des innombrables siècles, mille frayés, mille blottissements sont venus ainsi sans cesse, donner les intimes façonnements de la vie aux seuils herbeux de nos grands bois.

Alors, c'est de tout cela qu'est fait l'aspect particulier de ces lisières tracées par les âges anciens sur la forêt primitive. Ces molles frondaisons étagées, cette composition savante comme si une main intelligente y dosait les essences, cette façade large et harmonieuse où se font les entrées et les sorties de l'ombre et de la lumière, tout cela compose le moelleux contour, que depuis longtemps nos regards ont l'habitude de caresser avec amour en y associant les mystérieuses significations de la vie et des temps. Et tout cela, qui nous émeut, domine de ses frémissements de feuilles, de ses chants et de ses ailes, de ses ombres et de son mystère, de ses âges et de sa paix, tout cela domine le champ des tâches et des peines humaines.

Pour reconnaître à son aspect la lisière primitive de la forêt, l'évidence s'est ainsi imposée à nous, avant même que l'analyse ait commencé de distinguer les éléments de notre vision. Fions-nous à notre première et décisive impression. Du premier coup d'œil, apercevons que cette composition grave et large est celle des vieux âges; et que, sur cette lisière en émoi, un génie familier, vieux comme les champs de l'homme, les contemple depuis leur fondation.

Tout autre est la lisière récente des forêts. Et quand je dis « récentes », j'entends aussi bien celles qui résultèrent des défrichements de l'époque du Moyen Age monastique, que des défrichements contemporains qui furent faits au XVIIIe et au XIXe siècle. Cinquante ou dix siècles sont de la même durée écourtée, quand il s'agit d'en confronter les œuvres brutales avec celles où la moelleuse douceur des formes élaborées par la patience des âges manifeste la lente adaptation de la nature à l'homme.

Les forêts récentes ont en effet pour lisière cette sorte de tranche fraîche qu'inflige la hache. Pas de gradins étagés. Pas de moutonnements buissonneux. Pas de fossé. Les arbres de haute venue versent directement leur grande ombre sur le seuil herbeux d'un champ que la charrue doit sans cesse défendre.

Pour qui sait voir, ces lisières récentes dénoncent leur composition hâtive. Elles restent irrégulières dans leur profil et leur ligne. Là, s'érigent de grands arbres, et la ligne des cimes monte. Plus loin, au contraire, elle descend et fléchit comme si la forêt avait manqué de souffle et de moyens. La répartition des essences reste aussi irrégulière que celle des individus. Ici, domine le chêne. Là, se dressent les hêtres. Plus loin, il y a un bouquet de bouleaux; par ailleurs un groupe de frênes. Des espèces hâtives, acacias, bouleaux et trembles, se sont introduites sur ces frontières mal défendues, résultats d'une conquête trop récente. Ces irrégularités, ces brutalités, ces aspects neufs, cette impression crue de fraîche cicatrice..., tout dénonce l'œuvre historique opposée à l'œuvre primitive.

Il y a d'ailleurs, en général, une vérification possible. La lisière récente résulte d'un défrichement récent. Or, les champs conquis sur la forêt conservent pendant longtemps, pendant des siècles, certains aspects particuliers. Comme nous le verrons, leur découpement parcellaire est en général d'un régime fort différent de celui du morcellement primitif. D'autre part, la terre labourée porte longtemps les traces des anciennes charbonnières. Ces « lunes » noirâtres tranchent sur les labours, et en manifestent la tardive origine.

Cependant, il peut arriver que la formation récente soit, non pas le champ, mais le bois lui-même. Or, la lisière qui arrête un défrichement, et celle qui borde un reboisement, ont, à quelque chose près, aspect et caractères analogues. C'est sur la masse intérieure qu'apparaissent les caractères différentiels. Et il est d'importance essentielle pour nous de pouvoir faire cette distinction de la forêt primitive d'avec la forêt historique.

En général, les reboisements historiques sont limités à de simples parcelles. Il faut venir jusqu'à une époque actuelle pour rencontrer des reboisements opérés sur grande échelle et vastes territoires. Historiquement l'homme a rendu à la forêt les seuls lieux qu'il ne pouvait pas défendre, les parcelles trop exiguës ou trop lointaines pour être d'exploitation avantageuse. Ces bois nouveaux ont donc souvent l'étendue restreinte et la forme géométrique des parcelles cultivées. Parfois, le simple examen de la carte d'état-major les dénonce. Mais leur aspect intérieur est différent suivant que le reboisement est la conséquence de la négligence ou le résultat d'un calcul.

La plupart du temps, en effet, c'est la paresse ou l'incurie qui livre un champ aux reconquêtes de la forêt. Mais cette reconquête se fait par les moyens misérables. Sur ces lieux abandonnés par l'homme, la forêt ne rentre pas en futaies triomphantes, mais avec ses ronces, ses épines et ses buissons. Il s'y mêle par la suite des espèces de croissance hâtive comme les bouleaux et les acacias. Plus tard, des arbres de grande venue peuvent à leur tour faire leur apparition. Mais ils poussent au hasard d'un semis; ils s'installent ainsi par groupes. Nécessairement dans la distribution végétale, persiste une irrégularité caractéristique que n'arrivent pas à masquer les efforts d'une exploitation avisée. Et comme ce désordre est d'autant plus manifeste que le bois est plus récent, l'observateur exercé peut arriver à mettre des âges sur ces masses végétales, dont il sait interpréter les aspects multiples.

Cependant le reboisement peut aussi être le résultat, non d'un abandon, mais d'une spéculation. Mais alors le propriétaire, qui procède en vue d'une exploitation avantageuse, choisit une essence propice. Le plus souvent ces reboisements sont faits en essences de croissance hâtive, en conifères, en sapins, en acacias, et sur terres calcaires d'un faible rapport. Le lieu et l'essence renseignent avec une évidence immédiate.

En résumé, forêts primitives et forêts historiques se reconnaissent aisément à leurs aspects différents. N'importe qui peut apprendre à lire les âges et les origines sur ces expressives et frémissantes physionomies de choses que sont les lisières de nos forêts et de nos bois.

II

LA CHARPENTE : LES CHEMINS

La clairière culturale, avons-nous dit, se présente comme un tout systématiquement construit, logiquement composé et ordonné. Il est bon d'en pouvoir rétablir le cadre comme nous venons de nous y apprendre. Mais il est plus essentiel encore d'en savoir restaurer la charpente.

Cette charpente, ce sont les chemins qui la constituent.

Le chemin, comme nous le verrons, a joué un grand rôle dans l'ancienne civilisation rurale.

Dès maintenant, soyons déjà avertis que le chemin primitif ne fut pas simplement une voie de circulation et de transport, une artère de communication, mais encore, qu'il fut comme l'organe de distribution des terres, c'est-à-dire la base du morcellement parcellaire, l'élément essentiel dans l'aménagement du territoire.

Efforçons-nous donc de retrouver ces vieux chemins que le village rayonnait et qui étaient les animateurs de la campagne.

Les retrouver : la tâche vous est aisée!... Regardez sur le sol : les vieux chemins y sont encore, en traces partout visibles à travers nos champs.

La plupart de nos chemins de desserte rurale appartiennent à ce système ancien. Ils sont la survivance des voies primitives. La solidité de ces constructions leur assura une durée qui a pu souvent triompher des incuries et des misères de l'époque historique. Ces chemins ruraux sont l'œuvre d'une population autrement nombreuse que l'humanité clairsemée qui anime chétivement la campagne actuelle. Il a fallu pour les établir une humanité vouée aux œuvres locales et aux tâches de ses lieux, et qui a bâti cette campagne, non seulement champ par champ, mais encore sur des lignes de force rigides et impérissables, toutes en pierre. Et l'œuvre a partiellement résisté. L'homme moderne a trouvé tout façonnés les chemins de ses champs. Mais il administre sans clairvoyance ce legs d'un passé méconnu.

Il ne s'est jamais rendu compte de l'antiquité de ces fidèles voies qui le conduisent et le ramènent quotidiennement des foyers où il repose vers les tâches où il peine. Il lui semble que ce sont là des tracés posés à même sur le sol, et pour un peu il s'imagine aisément que son seul passage journalier a suffi pour mettre un tassement sur la glèbe et une usure sur le sol, et lui faire son chemin quotidien.

Certes, il y a des chemins de desserte récents. Mais sachons-le bien : sur cette campagne qu'ils semblent parcourir de lignes périssables et animer de traits précaires, la plupart de nos chemins des champs sont les irréfutables témoins de la fondation.

Les caractères différentiels du chemin historique et du chemin primitif sont nombreux.

L'aspect même du chemin récent le dénonce comme un hâtif frayé plus façonné par les passages que destiné à leur résister. Si le passage se ralentit, les herbes envahissent le tracé, et il suffit d'un coup de charrue pour emporter les derniers vestiges. Œuvre élémentaire posée à même sur le sol, le chemin récent s'en efface avec la même facilité qu'il s'y fixa. Il n'a point de fondation ni de défense. Il n'a pas de substructure; et de profondes ornières, ouvertes entre de molles bavures, y creusent la glèbe détrempée. Le chemin récent n'a point d'histoire. Aucun témoin des âges anciens ne l'accompagne. Il n'a point l'escorte des vieux buissons, ni la compagnie de vieilleries humaines. On le devine introduit en intrus sur la glèbe et surimposé au régime de la terre.

Son caractère le plus précis est d'être, en effet, indépendant du morcellement parcellaire, auquel le chemin ancien servait de base.

Le chemin récent, lui, n'est pas adapté à cette géométrie rurale. Il est obligé de traverser les propriétés. Mais il peut avoir des attitudes différentes suivant sa qualité sociale. S'il est un simple chemin d'intérêt local ou particulier, qui conduit à des défrichements ou à des lotissements contemporains, il a souvent réussi à se faire son passage en se glissant de lisières de champs en lisières de champs. On le suit dans ses détours, dans ses tentatives et dans ses hésitations, dans les furtives intrusions qu'il risque pour couper court, et rejoindre entre eux les fragments qui épousent les frayés anciens. Il est ainsi bien rare qu'un chemin récent ne fasse pas sa vie en quêtant sans cesse un emprunt aux voies anciennes.

A d'autres fois, au contraire, la voie nouvelle est de qualité qui lui permet d'affirmer une autorité et d'aller droit s'il le lui plaît. Il s'agit alors d'une route nationale ou départementale, ou d'un chemin de grande communication. Evidemment, cette route a le champ libre devant elle. Le jury d'expropriation est là pour lui donner le passage partout. Mais disons-le : même cette grande route s'est trouvée le plus souvent étrangement assujettie et contrainte à suivre les voies déjà tracées.

Pour raison d'économie, en effet, les routes nouvelles ont intérêt à couper le moins possible les propriétés; et les frais d'expropriation sont d'autant moindres qu'ils portent davantage sur des acquisitions bordières. Nos routes nouvelles se sont donc efforcées de suivre les lignes du morcellement parcellaire. Or, ces lignes, c'est le chemin primitif qui les détermine. Parfois ce chemin a disparu; mais le régime du morcellement n'a pas été modifié. De là, un résultat paradoxal : nos routes contemporaines ont plus d'une fois ressuscité à leur insu la voie tracée par les âges anciens, et que les temps modernes avaient ruinée ou effacée.

Les procédés dont nous préconisons l'application permettront facilement de reconstituer l'histoire de ces itinéraires neufs. Quand la route récente épouse les anciens tracés, elle continue et reprend l'adaptation originelle qu'ils avaient. Elle continue de limiter les lots parcellaires. De chaque côté, prenant leur origine sur elle, les champs s'orientent et s'alignent. Souvent même, le vieux chemin préalable a laissé ses traces pierreuses ou buissonneuses accrochées aux flancs poussiéreux de la construction neuve. L'œil expérimenté retrouve aux bas-côtés de la route nouvelle ces témoignages de l'œuvre ancienne.

Quand, au contraire, la route récente a été obligée de couper court, d'innover son tracé, elle a tranché à même à travers champs et parcelles. En ce cas, l'orientation parcellaire s'affirme indépendante du tracé nouveau. Maintes fois même la propriété coupée a été divisée en deux parties si inégales que la plus petite s'est trouvée trop exiguë pour pouvoir être exploitée avantageusement. L'autorité qui l'expropria ou le particulier qui la conserve n'en peuvent tirer qu'un parti nul ou médiocre. Nos grands chemins actuels portent ainsi souvent, en suspens le long de leur trace, de véritables laissés-pour-compte que fréquemment les friches, les décombres ou les ronces ont envahis.

A d'autres fois, ces *res nullius* servent à des fins diverses : le cantonnier y fait ses dépôts; les voisins y érigent leurs meules de paille; on y exploite des sablières; on y plante des sapins, etc. Mais de toute façon, la forme irrégulière de ces parcelles (triangulaires ou trapézoïdales) suffirait à dénoncer qu'elles sont exclues du régime normal et ancien de la terre.

Si les chemins historiques nous apparaissent ainsi avec des caractères qui nous les font aisément reconnaître, les chemins primitifs ont leurs caractères propres, et affirment leur origine à d'autres témoignages que les preuves négatives.

La solidité de leur structure assura leur durée et triompha des siècles. Au sens vrai du mot, ils sont des constructions et non pas des tracés. On croit communément en effet, que seules étaient établies sur substructures de pierres les véritables voies romaines, c'est-à-dire les routes de grand parcours, construites au temps de l'Empire par l'initiative de l'administration impériale ou des administrations locales. En réalité, bien avant l'arrivée des Romains, la plupart des chemins de l'ancienne Gaule étaient bâtis sur de fortes fondations de pierres dressées en tranches. C'est le pavage en hérisson. La masse de cette construction était latéralement encadrée par d'autres pierres droites dont la tranche faisait généralement saillie hors du sol. Aussi, le chemin ancien domine souvent les sols environnants auxquels il se raccorde par une sorte de talus à pente courte et raide.

Ce type de pavage en hérisson pouvait d'ailleurs varier beaucoup selon la nature ou le relief du sol. Sur les pentes rocheuses, il était inutile. Par ailleurs, en terrain creux ou marécageux, la construction au contraire s'épaississait et s'élargissait jusqu'à former une chaussée, qui a partout résisté aux atteintes du temps. Le pavage souvent subsiste encore, dénoncé par les arêtes pierreuses qui sortent du sol. A d'autres fois, il n'est pas apparent à l'œil, mais il se manifeste indirectement. Dans ces chemins de bâtisse profonde, les ornières n'ont pu s'enfoncer. L'incessant passage des roues y a creusé une rigole étroite, comme burinée à même dans la pierre, et aux bords tranchés et nets. Il n'y a point d'ornières profondes et baveuses, ni les fondrières bourbeuses qui accusent les tardifs chemins de terrage. Sur ceux-ci, notre pas qui les foule peut sentir, au contact amorti, leur cailloutage informe et le décombre culbuté. De même, nous pouvons reconnaître sous nos pieds la résistante fermeté des structures enfouies sous le vieux chemin des temps anciens.

Mais l'observateur exercé n'a point besoin d'expérimenter ces résistances enfouies. Son regard averti les soupçonne. Elles déterminent sur la surface du sol une sorte de zone cicatricielle qui dénonce le trait profond entré dans la chair. Le vieux chemin s'accompagne ainsi d'une marge d'herbe usée, de friche lépreuse. Tantôt cette marge irrégulière s'étale, prend du champ, s'emplit de brèves ornières; tantôt elle se rétrécit à n'être plus qu'une sente herbeuse et rocailleuse sous laquelle se dérobe l'œuvre du chemin.

La végétation est souvent particulière au chemin. Elle se compose surtout de plantes calcicoles. Une traînée de ces plantes à travers champs suffit parfois à y révéler le tracé disparu.

De toutes ces plantes, la plus fréquente est l'épine noire. Le vieux chemin a ainsi son escorte caractéristique de buissons. Plongeant leurs racines au fond des ruines pierreuses enterrées dans le sol, ils poussent au hasard. Tantôt, irréguliers et massifs, ils couvrent, ils engloutissent toute la matière ancienne du chemin; tantôt ils l'encadrent de remparts tumultueux; tantôt enfin, mal venus et chétifs, ils poursuivent de leur rongeante et canaille misère les traces hésitantes de la voie qui s'efface. Le plus souvent, pourtant, ils végètent, distribués en touffes isolées. Quelquefois, ils composent un alignement suffisant; à d'autres fois, ils sont de rares témoins si espacés, si perdus sur l'étendue des champs, qu'ils livrent à peine la direction qu'ils jalonnent.

Ils prospèrent surtout sur les plateaux calcaires, ou sur les flancs rocheux des côtes. L'homme leur abandonne ces sites difficiles. Le chemin primitif, établi à même sur la roche, conserve ainsi une véritable intégrité. La pierre y présente les traces d'ornières séculaires (1). La circulation millénaire a laissé, sur le rigide socle, ce façonnement intime et familier qui est comme la caresse des âges; et la lente usure du rocher sous les pas ou sous les chars lui donne la douceur d'un modelé sous les eaux.

Le chemin construit des temps primitifs est ainsi d'une solidité qui a presque toujours défié les âges. On peut dire qu'il subsiste partout où ne sont pas intervenues des circonstances capables de lui porter directement atteinte.

Ces chemins primitifs ont résisté, même quand ont disparu autour d'eux les œuvres et les demeures de l'homme qui les créa.

Comme nous le verrons en effet, au régime primitif qui régla la répartition des sites humains en succéda un autre de sens opposé. L'époque historique a dépeuplé en partie les plateaux, et elle a souvent jeté une solitude sur les lieux élevés où avait siégé l'ancienne civilisation rurale. Par contre, elle est venue éveiller à l'activité humaine les vallées et les plaines creuses dont l'homme ancien avait redouté les eaux et fui l'humidité. Les routes anciennes, qui circulent encore sur nos plateaux calcaires, n'y trouvent souvent aucune trace des anciens villages qui en jalonnaient les tracés, aucun vestige de la vie qui en anima le parcours. Les centres d'attraction ont disparu. Les chemins primitifs ont ainsi maintes fois perdu la signification de leur tracé et de leur direction. Ces voies de circulation n'atteignent, ne traversent et ne réunissent que des solitudes.

Et pourtant, en général, ces chemins, qui depuis des siècles ont perdu leur utilité et leur destination, ces voies inanimées qui ont cessé de fonctionner,

(1). Ces ornières semblent parfois avoir été façonnées intentionnellement. A Alésia, la voie traversant l'oppidum de l'est à l'ouest présente ces rainures pratiquées à l'outil. Déchelette y voit comme des « rails creux analogues à ceux de nos tramways » (Déch., t. II, 3e partie, p. 966).

persistent à durer. Leur état de conservation nous étonne. Leur tracé demeure partout apparent; partout ils conservent pour le moins l'aspect d'une sente aisée que fréquentent les chasseurs, les forestiers et les rôdeurs de la forêt. Et c'est dans les lieux où il semblait le plus menacé que le chemin des âges anciens s'est le mieux défendu; c'est là, en effet, que la substructure en a été le plus solidement édifiée; c'est là qu'elle se conserve la plus intacte. Il en est ainsi dans les fondrières, sur les talus argileux, et sous les fourrés les plus épais, quand la plaque calcaire crevassée laisse jaillir l'abondance tumultueuse du taillis.

Cette paradoxale contradiction d'un chemin qui a perdu sa fonction et sa signification, mais qui conserve pourtant son tracé et son bâti, c'est cela qui dénonce les origines de la voie et en affirme le caractère ancien.

La tradition appuie et vérifie l'observation. Les gens du pays ne s'y trompent jamais. Le chemin ancien à souvent son appellation caractéristique. On l'appelle le *chemin pierré, ferré, haussé, le vieux chemin, le chemin de César, des Romains,* ou plus brièvement encore on dit *le pavé* ou *la pavée, le pavement, le ferré,* etc. Ces appellations, qui se réfèrent à la structure ou à l'aspect des anciennes voies, qu'elles soient romaines ou pré-romaines, sont un autre témoignage qui suffit à les identifier.

Mais évidemment, de tous les caractères différentiels qui nous permettent de distinguer les chemins anciens d'avec les chemins historiques, le plus important se réfère au rôle que joua la voie primitive dans la distribution du finage.

La voie primitive n'était pas seulement une voie de circulation; elle était surtout la base du morcellement agraire. La campagne ancienne était déjà, en effet, toute lacérée en ces mille minces parcelles, en ces mille lanières qui la découpent encore maintenant. Ces parcelles, c'était le chemin qui les distribuait. C'est sur lui qu'elles prenaient leur origine et leur terminaison. Or, nous le verrons, les longueurs parcellaires sont restées en général ce qu'elles étaient jadis (2). Les champs continuent donc encore d'appuyer leurs courtes bases sur les anciens chemins. Les parcelles continuent ainsi, sur cette campagne actuelle, de tracer, de leurs extrémités invariables, les traits du dessin originel. Et nos yeux peuvent contempler, sur ce panorama des champs, des lignes claires et éternelles.

Mais il est plus étrange encore qu'on puisse reconnaître ces voies primitives à la seule inspection d'une carte d'état-major. Souvent, en effet, ces voies servent de limite aux territoires des communes (3). Ces limites intercommunales correspondent toujours à des traits fixés du travail qui livra la terre à l'exploitation humaine. Nous verrons avec quelle fidélité chaque groupement rural est resté astreint au cadre qu'il se constitua primitivement. Les habitudes qui assignèrent à chaque village son site et ses routes, ont déterminé aussi les frontières de son activité. Et le cadre territorial de la commune actuelle continue d'être, comme aux temps primitifs, appuyé aux lignes essentielles qui sont tout aussi bien les premières voies de long parcours que les grands traits du relief, les lisières des forêts anciennes, les cours d'eau.

Le vieux chemin est ainsi comme le trait définitif, la ride creusée par le vieil âge sur cette face dolente de nos campagnes. Cette ride, on peut dire que rien ne l'efface, et qu'elle laisse ses traces indélébiles. On reconnaît l'ancien chemin même quand il n'est plus qu'une voie abandonnée, un sentier dévasté, un vestige incertain qui s'efface sous la glèbe.

Pour les yeux qui savent regarder, mille petites choses témoignent en effet de lui, et aident à en ressusciter le tracé disparu.

(2) V. plus loin. pp. 202 et 203.

(3) Dans le Maine, les « vieux chemins (composent) un quart au moins (des limites paroissiales) » (Musset, *le Bas Maine.* pp. 227-228).

C'est en vain que le vieux chemin a semblé céder et s'est laissé envahir. Sa masse souterraine a résisté; recouverte de terre, elle se manifeste par une émergence. A chaque instant, nous rencontrons à travers champs ces exhaussements significatifs. La charrue continue de s'y quereller aux pierres enfouies. Maintes fois le pas du laboureur, le coutre ou le soc, y arrachent la saillie d'une pierre debout. Les chemins enterrés portent ainsi sur eux de menus débris précieux, qui leur composent une sorte de piste que le relief souligne de son trait. D'autre part, dans la masse calcaire délabrée, persistent les indestructibles racines de l'épine noire. Çà et là, surgissent donc de la surface des labours d'informes buissons. L'œil exercé les rejoint les uns aux autres, et reconstitue le tracé qu'ils jalonnaient.

La ligne reconstituée se précise davantage encore quand elle sert de base au morcellement parcellaire. Elle s'affirme nettement quand elle sépare des cantons agraires dont le morcellement est de sens différent. Une herbe lépreuse, une broussaille anormale, une saillie du sol, une piste pierreuse, une tache sur les blés verts, un jalonnement dont le pointillé à peine esquissé se réalise de touches disparates, et, par-dessus tout cela, l'allure du morcellement parcellaire..., tous ces témoignages – livrés aux directions venues du lointain horizon, rapprochés les uns des autres, vérifiés, éclairés les uns par les autres – finissent par prendre une signification catégorique : devant nous ressuscite le chemin primitif!

On voit qu'il est aisé de retrouver le chemin primitif quand on le soupçonne. Il est plus malaisé de le pressentir quand rien ne nous en avertit.

L'avertissement est souvent inattendu. L'origine initiale d'une nouvelle et féconde recherche est parfois la plus insignifiante des observations. Un futile détail peut vous mettre sur la voie. Un rien, qui gîte à vos pieds, peut devenir la circonstance qui saisit et oriente la contemplation.

C'est dans cette quête familière, sans but précisé, sans intention engagée, mais faite à même sur le terrain, que se révèle le flair du chercheur, et que l'observateur peut donner la véritable mesure de sa science et de sa sagacité.

Qu'on excuse ici l'exemple de mes souvenirs personnels!... Je cheminais un jour sur une route sans arbres, au milieu d'une monotone campagne emplie de champs dépouillés et de labours récents. Au loin, vers le sud, un léger coteau se soulevait vers le soleil de midi. Au nord, à longue distance, derrière le rideau d'arbres d'une rivière, une ample forêt, vieille comme les Gaules, se déroulait sur de grands plis étranges qui semblaient déployer l'horizon. Rien n'arrêtait l'attention; rien ne sollicitait la contemplation.

Je m'étais arrêté un instant, et, dans une attitude de nonchalance lassée, je regardais une broussaille touffue poussée sur le talus, au bord de la route. Je la regardais... sans la voir sans doute. Où en étais-je alors de mon rêve?... Soudain, je ne sais pourquoi, je donnai attention que cette broussaille s'érigeait sur une légère encoche qui entaillait le sommet du talus. Quelques pas plus loin, il me sembla soupçonner, vestige presque effacé, frayé presque invisible, l'amorce d'un ancien sentier. Les champs montaient. Je les suivais des yeux. Mais à une centaine de mètres environ, une incertaine dénivellation du sol, une ligne enfouie et furtive qui semblait attendre mon regard égaré le saisit soudain et le conduisit avec confiance. Et maintenant, sur le flanc du coteau lointain, un tracé précis, escorté de buissons, jalonné d'arbrisseaux, allait sa route, gagnait avec sûreté les invisibles espaces disparus derrière le premier plan du paysage.

Sur la carte d'état-major, il me fut facile de repérer le tracé, de l'identifier avec un chemin de desserte, continué sous les traits d'un chemin de grande communication, et d'en suivre les lointaines destinations. La carte confrontée, c'était lui, là-bas au fond de l'horizon sur les pâles collines... C'était lui que mes yeux retrouvaient..., lui..., mais transformé, grandi, route couchée sur les côtes, ployée comme un bras méditatif sous la sérénité où respire le ciel.

Mais cette route ancienne, partie vers le sud pour les destinations lointaines, ne pouvait avoir de vraie signification que si elle avait sa suite et trouvait sa continuation dans le nord.

Or, du côté du nord, j'ai eu d'abord quelque peine à y retrouver la piste. Mais un léger creux, perdu dans les labours, insolite et blotti comme une source ruinée, proposait son premier témoignage. C'est de lui que repartit l'observation.

Du creux, dans les frais labours, il me sembla voir en effet, s'en aller en droite direction vers la rivière, une ligne confuse, un léger gauchissement du sol, deux sillons de charrue déprimés entre les autres.

J'étais revenu sur mes pas. J'avais gagné le coteau. Devant moi s'étendait le panorama de la vallée. Mon regard rejoignait entre eux les fragments discontinus de la piste; il restaurait les traits interrompus; il rétablissait dans une seule visée l'unité du tracé et le sens de la direction...

Et la carte confrontée, c'était bien toujours le même grand chemin qui approchait là-bas de la forêt, qui en abordait la lisière tumultueuse, et qui, avec une sorte de trouble physique matérialisé aux choses et aux aspects, en franchissant le seuil sacré, en déchirait le voile d'ombre, et pénétrait dans le mystère de l'antique sylve.

Que de choses sur ce seuil émouvant, sur ce front d'où la forêt contemple les Cieux du Soleil et en semble recevoir les routes éblouies!...

Combien est particulier ce lieu où la lointaine lisière s'ouvre à l'antique arrivée des hommes!... La forêt y dresse ses plus belles gerbes de futaies. Cette végétation vigoureuse révèle sans doute la présence d'une source. La carte nous le confirme. Et à côté, voici l'indication d'une chapelle. Un ermitage a existé là, survivance d'un culte ancien.

En avant-garde de l'entrée, on aperçoit des buissons, des fourrés, des taillis, une allure en tourment des humbles choses du sol. Tout cela dénonce les ruines humaines, l'habitat humain.

Aux temps anciens, à l'arrivée du grand chemin, auprès de la source fraîche, sous l'ombre, le site était lieu de repos et d'accueil, lieu de culte et de vénération. Les dieux antiques ont siégé là. Dieux de vigilance et d'hospitalité, ils ont protégé et accueilli tous ceux de la route, entretenu des fidèles, guéri des maux, inspiré les légendes, les prières et les espérances.

De tout cela, il reste à peine des souvenirs, une chapelle qui s'écroule, des lieux ruinés, et cette sorte de trouble physique que l'infidélité de l'homme introduit sur les lieux qu'il abandonne, qu'il jette sur la nature qu'il délaisse..., cette sorte de trouble dont il altère à jamais la calme physionomie du sol qu'il aima et renia.

Mais si l'homme est disparu des lieux, l'appel que la Nature adressa de là-bas au voyageur des Temps conserve son vaillant accent. La source continue d'entretenir la vigoureuse futaie; et les chênes ne cessent de grandir et d'ombrager!

Cependant, ce que nous venons de reconnaître aux entrées de cette lisière boisée, ce que nous venons de surprendre de sensationnel dans l'accueil de la forêt au vieux chemin, c'est le témoignage même que cette antique piste des hommes eut le rang et la qualité d'une grande voie venue de loin, entretenue par les peuples, veillée par les Dieux!...

Suivrons-nous maintenant le vieux chemin dans ses ultimes destinées?... Au fond de l'horizon, sur le cercle qui le ferme, dans le creux de ce large gauchissement sur la forêt, nous devinons l'entaille d'un passage. C'est par là que notre route s'est enfuie vers les plaines de la Champagne. La carte nous le montre, nous le raconte. Voici de puissantes bourgades qui appellent notre route!...

Et au terme de tout, il y a sans doute Avallon, la ville au nom ligure, l'antique cité des vergers prospères, des forêts et des eaux. Là-bas, au nord, c'est Troyes en Champagne, Troyes qui, il y a bien des siècles déjà, au seuil des âges historiques, veillait sur sa grande plaine blanche et torpide, et sur les riches troupeaux!...

Dès lors tout est dit! tout est vu!... Voyageur lassé, je me suis à mon insu arrêté sur une de ces grandes routes qui animèrent la populeuse Ligurie!... Une humble brousaille m'ouvrit la voie. La recherche sur place guida mes premiers pas. La contemplation livra le tracé... La carte et le lointain horizon décidèrent du but et ouvrirent le Monde!...

Je ne puis pas dire que la recherche des anciens chemins conduise toujours à d'aussi abondants commentaires, et ménage d'aussi heureuses surprises.

Je me suis étendu longuement sur cette enquête particulière parce qu'elle est l'exemple d'une technique de la recherche. Elle démontre de quelle manière l'observation à la fois la plus minutieuse et la plus terre à terre peut et doit se concilier, d'une part, avec l'étude de la carte, et d'autre part, avec les suggestions livrées par les plus lointaines contemplations de l'horizon. Il est aussi indispensable de regarder à ses pieds qu'il est utile de surprendre l'appel du lointain. Ne craignez pas de vous baisser et de ramasser sur la poussière. Mais ensuite, de la chose futile qui gîte sous nos pas, que nos regards, suivant le tracé qui a jailli sous nos pieds, sachent s'élever progressivement, de champs en champs, de plaine en plaine, pour venir achever et éclairer leur lente ascension dans la signification et la lumière des signes manifestés sur l'ultime horizon.

Ces signes ne sont pas toujours ceux qui donnent la voie libre; maintes fois au contraire, ils portent l'indication que l'horizon se ferme et que la route ne passe pas. Le plus souvent en effet, le chemin retrouvé est de parcours chétif et de fortune modeste. C'est le chemin local, la route des champs, la voie brève et fatiguée qui unit les lieux de la tâche avec les lieux du repos, les champs avec le village, le labour avec le foyer. C'est le chemin familier qui naît à votre seuil comme un enfant, et qui s'achève, comme l'aïeul qui meurt à ses tâches, en quittant nos champs.

Ces chemins de desserte rurale sont, nous l'avons dit, les traits essentiels, les lignes de force, dans la construction de la clairière culturale. Les premiers chemins de grande communication n'ont été, au début, que ces chemins locaux soudés bout à bout : fabrication grossière qui ne fut pourtant ni hâtive ni confuse. Mais avant d'aller plus loin, ces humbles piétons ont, à l'humanité, distribué poignée de terre par poignée de terre, parcelle par parcelle, tout le sol de la clairière culturale.

Cette clairière, ce monde élémentaire, cette construction fondamentale qui reste le thème terrestre et sensible sur lequel se développe tout le système d'association de l'homme avec le sol..., nous la connaîtrons quand nous en aurons rétabli toute l'architecture..., quand nous l'aurons fixée dans un cadre, immobilisée sur un centre; nous la connaîtrons surtout, quand nous l'aurons chevillée poutre par poutre, dressée champ par champ, sur toute sa charpente de chemins.

C'est notre tâche essentielle de pouvoir restaurer ce réseau de lignes constructives. Ces chemins primitifs, nous les devons maintenant tous savoir retrouver. Il n'en est pas un seul, si méconnu, si effacé fût-il, que nous ne puissions ressusciter dans son tracé, rétablir dans son œuvre et dans ses droits.

Mais alors, quand notre investigation sera terminée, quand nous aurons reconstitué l'ancienne carte routière du pays, il nous sera loisible d'en dégager une interprétation d'ensemble, d'en faire surgir, riche de valeurs humaines, une explication totale des lieux.

Pour cela, pour obtenir cette lucide clairvoyance, essayons de prendre une sorte de vue panoramique de tout ce territoire agricole. Mais que notre contemplation d'abord sache s'abstraire des choses modernes!... Retirons de nos regards ces routes, ces chemins de fer, ces poteaux télégraphiques, toutes les œuvres historiques, les aspects inadaptés à la douceur des lignes harmonieusement agencées pour contenir les champs primitifs, et réaliser la campagne naissante. Seuls, doivent rester manifestes les traits du Monde ancien.

Alors réunissons ces traits dans une vision qui rassemble l'étendue territoriale! Emplissons nos yeux de cette contemplation totale où n'entrent plus que les aspects primitifs et les temps créateurs, les âges absolus et les choses sans Histoire!... Rassemblons tous les champs, tous les chemins, dans le regard circulaire qui saisit tout ce que le ciel peut mettre de terre sous sa coupe profonde!... Et suivez des yeux les vieux chemins qui vous ramènent du fond de l'horizon!... Et venez avec confiance chercher l'homme au rendez-vous commun qu'ils se sont donné!...

III

LE CENTRE : LE VILLAGE

Ce qui dénonce l'ancienne agglomération humaine, c'est qu'elle est le point de convergence des anciens chemins.

Le village est essentiellement un centre. Il n'est même que cela. On pourrait le définir : la partie bâtie des chemins à leur point de convergence.

Ces chemins, qui viennent, non seulement se réunir au village, mais lui donner forme et nature, ont nécessairement les mêmes destinées que le village. C'est celui-ci qui les anime. Et réciproquement, le village n'a de vie que de les réunir. Le même geste qui efface du sol les routes rurales, supprime leur arrivée et leur réunion..., supprime le village.

Les routes anciennes persévèrent ainsi dans l'exacte mesure où l'agglomération primitive maintient son activité et son existence.

Si au contraire routes et villages ont disparu, le même effort qui restaurera les anciens tracés, retrouvera le lieu qui les réunissait. Les routes disparues que nous retrouverons nous conduiront toutes à un village disparu. Et quand nous restituerons aux chemins d'une campagne la qualité vénérable des âges originels, c'est la même solennelle antiquité que nous conférerons à l'actuel village qui continue encore de réunir et d'animer en lui les vieux parcoureurs de la campagne primitive.

La recherche des anciens sites habités se réalise donc surtout sous la forme d'une inve tigation qui s'applique à retrouver les tracés des chemins originels.

Cette investigation, nous en avons appris la méthode et les procédés. Mais les anciens sites habités ont par eux-mêmes des caractères propres qui les révèlent. Des vestiges significatifs en subsistent.

On a beaucoup exagéré la précarité de l'habitat villageois primitif. On a voulu voir, dans les « mardelles », les seuls témoignages qui en pouvaient subsister. Ces dépressions circulaires peuvent bien être évidemment les vestiges des huttes arrondies de l'âge primitif. En réalité, l'habitation villageoise était, dès les origines, une œuvre susceptible de toutes les variations qui correspondent à une adaptation au climat et surtout au sol. Et le type d'habitat réalisait, selon les lieux, et peut-être même selon les circonstances, toute la diversité possible du plan et des matériaux. Les maisons de type rectangulaire du village néolithique de Grossgartach, en Wurtemberg, nous sont un témoignage que ces habitations anciennes du villageois pouvaient avoir à l'occasion spacieuse ampleur et élégance de décor (4). A la même époque, au néolithique, existait déjà en Pologne la maison ruthène d'aujourd'hui, avec ses murs en pisé et sa pièce unique où était établi le vaste poêle de terre, le *pies* (5). A l'âge du bronze, les habitations de l'Allemagne centrale semblent toutes du type rectangulaire (6). Et

(4) « Les fouilles de Grossgartach ont procuré à l'archéologie préhistorique des constatations tout à fait inattendues : on y observe avec surprise, d'une part la complexité du plan des habitations, de l'autre, l'emploi de la peinture polychrome sur des crépis de chaux intérieurs » (Déch., I, p. 359). Le village de Grossgartach est « nettement néolithique », ajoute Déchelette.

(5) Deffontaines : Les études et les recherches préhistoriques en Pologne (*Revue anthropol.*, mars et avril 1923).

(6) Grenier (*Rev. des Et. Anc.*, XXIV, n° 3, p. 252), citant V. Behm : Beitrage zur Urgeschichte des Hauses (*Prähist. Zeitschr.*, XI-XII, 1919-1920).

c'est la même disposition d'habitat que, dès le quatrième millénaire avant Jésus-Christ, les gens des steppes de la Russie méridionale apportèrent dans la Grèce préhistorique (7).

Les Gaulois ont sans doute ignoré l'art de construire au moyen du mortier de chaux; mais ils savaient bâtir en pierres sèches (8). Et sur les côtes et les plateaux calcaires, l'ancienne maison villageoise, édifiée en pierres, recouverte de laves, a laissé sur le sol d'indestructibles ruines. Ces ruines témoignent de la solidité de la construction primitive. Pour apprécier à ces témoignages actuels l'œuvre ancienne, nous n'avons qu'à considérer avec quelle rapidité et quelle facilité s'élèvent et se détruisent ces demeures précaires aux murs de torchis, qui ont eu le temps de naître et de disparaître sous nos yeux, sans laisser traces sur le sol de leur hâtive construction et de leur fugace déclin.

Chose étrange : ces anciens sites habités, ces lieux qui ont été des logis que parait un ordre ménager, des foyers qu'animaient des tendresses, sont aujourd'hui, sur notre territoire, les lieux les plus sauvagement hostiles à l'homme. Sur ces ruelles rompues, sur ces fondations disloquées, sur ces ruines éparses, sur ces plaques de pierrailles, ni cultures ni pâtures n'ont pu s'établir; et la forêt elle-même a été impuissante à s'y fixer et à prospérer. Ce sol de pierres n'a accepté que les végétations de la ruine : l'épine noire et la ronce. Ces informes décombres sont emplis d'inextricables buissons, et couverts d'un réseau épineux si dense et si serré que cette masse sombre et barbelée cache la ruine qui l'entretient, et en ensevelit le témoignage.

Les lieux que l'homme adopta, puis renia, sont rendus à une Nature qui les refuse. Ou du moins, elle les marque d'une tare. Le site où l'homme a vécu, les lieux de vie, de peine et d'amour, sont

(7) G. Mylonas, *l'Epoque néolithique en Grèce.*
(8) Bulliot et Roidot, *la Cité gauloise*, pp. 138 et 139.

cette terre aux épines, cette terre en haillons, ces lieux dégradés et souillés!...

On les rencontre sur les cimes abandonnées des collines ou des coteaux. A d'autres fois, la forêt les a ensevelis sous ses plus impénétrables taillis. Mais ceux qui croiraient trouver, en ces sombres fourrés, les plus secrets refuges de la grande sylve, ceux-là y rencontrent seulement la misère que l'homme laisse derrière son passage sur la terre.

Ce ne sont pas seulement d'ailleurs les constructions qui sont devenues ces lieux dévastés : les jardins et les vergers font partie de la même ruine. Les arbres fruitiers y ont dégénéré; les pruniers, les groseilliers, les poiriers et les pommiers, y sont redevenus arbrisseaux buissonneux. Et c'est le désordre de ces taillis hérissés qui dénonce les anciens habitats humains, plus que ne le pourraient révéler les pierres des ruines.

Les parages mêmes du village disparu nous sont annoncés par une structure particulière des parcelles. Le morcellement y a une allure caractéristique. On n'y trouve pas ces longues lanières minces qui découpent le sol livré aux emblavures; mais on y rencontre des parcelles exiguës, de forme courte et massive. On reconnaît aisément là le plan qui correspondait aux dépendances immédiates d'un village détruit, aux anciens jardins, aux anciennes chènevières, aux allotissements où s'élevèrent des édifices et des logis dont rien ne subsiste plus. Mais l'indestructible dessin du sol demeure un témoignage d'humanité que rien n'efface.

Car ces terrains, dont l'étendue et la forme ne s'adaptaient pas aux habituelles conditions de la culture, ont été abandonnés par l'homme au même titre et par la même sentence qui livrait le village à la solitude et à la ruine. Même quand aucuns décombres ne les chargeaient, ces sols ont été livrés aux buissons et aux ronces. Ils sont venus entourer et grandir de leur détresse la misère et la désolation de ce groupe central de ruines, vestiges du groupe des habitats.

S'il est relativement facile de reconnaître les sites qu'occupèrent les villages disparus, il est d'une utilité plus fréquente et d'une science plus difficile d'apprendre à retrouver sous la figure du village actuel les traits originels du village primitif.

Comme nous le verrons, le plan du village a évolué dans la mesure et le sens où le système des routes se modifiait. Primitivement ajusté sur la convergence des chemins ruraux, le village s'est par la suite adapté au passage des voies de grande communication.

Des quartiers nouveaux se sont ainsi construits; d'autres ont été abandonnés. Mais ce ne sont pas là ces massifs abandons qui ne laissent derrière eux que ruines et décombres. Une adaptation a eu le temps de se faire. Le village, centre d'énergies actives, absorbait ses ruines intérieures sans les accumuler; et les produits de sa destruction lui étaient souvent les matériaux de sa reconstruction par ailleurs. Il en était de même de la rue désaffectée par la circulation. Elle résistait comme un organisme en vie. Plutôt que de succomber dans l'engourdissement, elle se transformait, renonçait à son privilège vicinal, s'offrait à l'empiétement du bien particulier. Elle devenait une succession de courtes ruelles, de cours et d'impasses, de couloirs et de passages, de corridors même. Morcelée partout, ses fragments finissaient par entrer dans la composition de ces amples exploitations neuves adaptées aux conditions nouvelles de la culture. Sur cette voie dépecée, les rues voisines et parallèles, qui restaient ou devenaient actives, exerçaient de fructueux et profonds envahissements. Les propriétés qui les bordaient conquéraient sur cet arrière de vastes dépendances, et y absorbaient les cours et les logis pour s'y aménager des sorties ou des annexes. Peu à peu, l'ancienne rue introduisait ses éléments disjoints dans une composition nouvelle. La rue active apportait la circulation; la vieille rue fournissait des arrières et des fonds de cour. Et le village se recréait ainsi sur un plan nouveau, alignant sur une rue moderne ses amples logis, et, derrière ces récentes façades, entassant en profondeur toutes les vieilleries immobilisées sur les voies rompues où ne passe plus la vie.

Au témoignage de ces vieilles choses, si nous les savons interpréter, se déroule pour nous en pleine évidence matérielle l'histoire des rues mortes. La campagne interrogée jusqu'au loin, en nous livrant les directions qui la parcourent, nous donne les tracés intérieurs du village primitif. C'est affaire à nous, sur un de ces alignements, de retrouver les vestiges qui le manifestent, et d'y reconstituer pas à pas la vieille rue disparue. L'investigation à faire est celle de ces ruelles, de ces impasses, de ces cours, de ces couloirs, de ces passages privés, de ces allées, de ces corridors. Demander compte de leur origine à tous ces lieux disparates, apercevoir la parenté de leur étrangeté, soupçonner le lien rompu qui les unissait, reconnaître en eux les éléments dégradés d'une ancienne rue, rejoindre ces morceaux, raccorder ces fragments, reconstituer enfin toute la continuité et l'unité de la voie : c'est là œuvre d'exploration minutieuse, d'observation attentive autant que d'interprétation sagace. Le moindre détail y peut parler. La plus vulgaire de ces vieilleries humaines, de ces choses qui traînent l'obscure misère des générations et des taudis..., un seuil insolite, une encoignure, une entrée blottie, une ouverture condamnée..., n'importe quoi de ces ruines croulantes peut devenir le trait où s'accroche la lumière de l'ensemble, et qui donne la voie.

Ce ne sont pas les modifications les plus complètes qui sont les plus difficiles à dépister.

Le cas le plus simple est en effet celui où une grande route, jetée soudain au milieu d'un village, est venue en bouleverser totalement le plan originel et les orientations premières.

L'exemple que j'en veux prendre nous donnera la physionomie générale de cette perturbation, et nous apprendra à la retrouver en tous les lieux où elle s'est manifestée, à en reconnaître partout les causes et les effets.

Le village de Pontigny s'élevait primitivement sur le versant qui domine la vallée du Serein. Du sommet jusqu'à la base, il s'étalait sur toute la pente. Par en haut, il recevait les chemins accidentés venus du plateau; par en bas, il les réunissait pour les porter vers le nord-ouest, au gué de la rivière, face aux défilés de la forêt.

Le territoire était riche et varié. Le plateau était largement déboisé. De puissantes masses calcaires y soulevaient au loin vers le sud de hauts horizons découverts; mais les derniers promontoires s'en empâtaient des premières formations de l'infracrétacé. Le village dominait les marécageuses alluvions de la vallée. Des terroirs argileux lui composaient son lourd et calme versant. En face, jusqu'à l'horizon, la forêt de Pontigny s'étalait sur les plis massifs d'un bloc compact (9).

Tel était le pays! Telle était la bourgade, où venaient de tous les sommets se réunir les routes qui cherchaient le passage de l'humide vallée!...

L'activité monastique, qui transforma les terres humides de la vallée en gras pâturages, finit par changer l'aspect du village. Une grande route le traversa du nord au sud pour aller franchir directement la rivière sur un pont monumental. L'activité se rassembla sur la route nouvelle. Les vieux chemins furent abandonnés. Les rues qu'ils venaient composer dans le village périclitèrent et disparurent. Le village, qui était un bourg aggloméré, devint presque un axe unique. Et désormais, c'est tout le long de la grand-route que s'aligna tout le village. Il gagna en longueur ce qu'il perdait en largeur. Par en haut, il déborda la crête. Par en bas, il descendit jusqu'au pont de la rivière.

En ce village aligné, le géographe serait tenté de

(9) Argiles et sables de l'aptien.

reconnaître l'agglomération récente qu'une route moderne détermine le long de son passage. Mais pour un œil exercé, ce village, d'aspect général et de type apparent si simple, raconte, à ses humbles aspects, ses complexes origines et les péripéties de son histoire.

La perturbation qu'il a subie devient dès lors évidente.

Dans toute sa partie haute, la grande rue apparaît comme l'intruse récente qui est venue bouleverser un ordre établi. Tout le morcellement parcellaire témoigne des anciennes directions parallèles aux vieux chemins, et par conséquent, obliques à la route nouvelle. Aussi, toute la plantation faite sur ces parcelles en épouse le sens. Les façades, les cours, les ruelles, les jardins ont tous ainsi une analogue obliquité. Les maisons, vieillottes, regardent passer de biais cette grande rue pour laquelle elles n'ont pas été faites. Cette rue elle-même est irrégulière. Elle semble à chaque pas s'élargir ou se rétrécir pour s'ouvrir ou se fermer à des débouchés de rues latérales, qui ne sont plus représentées que par de brèves impasses ou des allées. A chaque saccade de l'alignement, nous retrouvons ces petites enclaves triangulaires ou ces encoignures caractéristiques, qui dénoncent l'inadaptation du plan parcellaire à la voie moderne. Tout le long de la rue, sur cette montée, se multiplient les témoignages des atteintes apportées au plan originel par la brutale implantation, à travers le vieux village, de cette grande route, artère trop large, organisme trop puissant, pour les vieilles choses humaines qui avaient ici leur siège ancien.

Dans la partie basse de la grande rue, tous les aspects dénoncent au contraire un établissement récent. La largeur ample et régulière de la voie, le correct alignement des façades, le caractère moderne de la construction, tout révèle la jeunesse des choses, et qu'elles sont nées de la route à laquelle elles sont si fidèlement adaptées.

La grande route a mutilé le vieux village du haut qui ne lui était pas adapté; mais elle a, par en bas, contruit pour elle ce village neuf.

Tout le long de la rue, les choses vous racontent cette histoire. Et en arrière des maisons, dans les jardins et les champs, vous retrouverez le dessin de l'ancien réseau des rues primitives. Le vieux village y révèle son tracé. Mais ce sont seulement des lignes grêles et sans vie qu'il nous livre.

Nous venons d'étudier brièvement un village pris au hasard; mais toute agglomération humaine peut susciter une étude semblable, un commentaire analogue.

Chaque village a son histoire. Elle se lit sur lui. Et de même que le village, toute cette campagne est le livre ouvert sous nos yeux. Mais ce ne sont pas seulement des ruines qui y parlent. Les vestiges qui en restent nous reconstruisent toute l'ancienne campagne. L'œuvre est encore devant nous; et les traits qui en ressuscitent s'animent de leur ancienne vie, dans la mesure où ils s'expliquent à notre actuelle raison.

III

LA FORÊT

Le mélange heureux des clairières culturales et des forêts est le trait caractéristique et le charme plein de douceur de notre campagne française. L'étendue champêtre et la nappe forestière se succèdent et se pénètrent comme pour se connaître de toute leur intimité et s'aider de toute leur vertu.

Ici, c'est la forêt, la société exubérante, la foule primitive et libre, où, comme un sang barbare, gronde la sève anarchique : la sève qui dresse les grands arbres – individus et vies superbes – et qui jette à tous vents son échevellement de feuillages et son désordre irrité de branches.

Là, c'est le champ avec ses herbes soumises, son monotone règlement de sillons, sa discipline de tâches humaines.

La campagne française est l'incessant mélange, où les bois et les champs se sont adapté un relief qui change sans cesse, et un sol qui appelle à chaque pas sa sève particulière et varie son aspect à chaque mouvement.

Toute la campagne française est faite de la succession de ces claires étendues et de ces vastes ombres; comme elle est faite aussi du mélange plus intime, qui donne sa valeur à chaque petit coin et à chaque creux blotti, à chaque boqueteau et à chaque source ombragée. Partout la campagne se disperse et se varie, se renouvelle et se nuance; mais partout sa diversité est un recommencement sans monotonie et sans lassitude du mariage heureux de la moisson qui mûrit avec la forêt qui murmure. Le regard se repose avec une confiance clairvoyante et un sens averti sur ces alternances heureuses, qui mêlent et associent pour des fins humaines la foule des arbres et le sol dépouillé.

Car les bois et les champs, la forêt et la clairière culturale ne sont pas deux mondes étrangers qui s'opposent et se combattent; mais ils forment une association.

Pour comprendre la signification et les bienfaits de cette association, il en faut étudier séparément les deux termes.

La forêt d'abord.

Elle n'est pas le monde barbare et l'élément indocile qui résista à l'homme. Elle fut dans tous les temps de l'agriculture primitive, et elle resta dans les siècles historiques et presque jusqu'à la fin des temps modernes, un des éléments essentiels de l'activité rurale.

Imaginons bien, avant tout, que l'homme ancien qui commença à vivre de la terre et des champs n'a pas rompu toutes les attaches qu'il conservait avec ses origines. La vie de chasse et de forêt a marqué de son empreinte indélébile l'homme des sociétés anciennes. Elle a même légué à l'homme des sociétés historiques d'indestructibles habitudes, un fonds inaliénable qui enfouit sous la civilisation moderne les goûts et les aptitudes de la préhistoire, tout l'immense souvenir engourdi aux frontières de la vie animale. Encore maintenant en effet, à quel instinct ancestral enveloppé correspond ce goût pour la chasse, cette passion ingénue qui introduit le divertissement de ses naïves violences dans la vie des urbains, tout aussi bien qu'elle apporte le trouble dans les habitudes des gagne-petit de la campagne? On sait combien il est difficile à ceux-ci de ne pas être braconniers. Ils aiment les bois d'un instinct qui leur réveille des sensibilités endormies et des adaptations perdues. Ils sont un témoignage de la manière dont l'homme est accablé par les vieux souvenirs, de la violence avec laquelle il est attaché par toutes les racines de sa mémoire à la vie primitive, et retenu dans la familiarité farouche de la forêt.

Ne nous étonnons donc pas que le villageois primitif, à peine délivré des origines et sorti des âges préalables, ait conservé avec la forêt une fréquentation habile et une association avantageuse. Il n'a rien voulu perdre de l'expérience et du profit qu'il en avait. D'une certaine manière, il n'a rien renoncé de son passé. Il conserve ses habitudes de chasseur, ses aptitudes de pisteur et de guetteur. La forêt continue de lui fournir la nourriture animale. Avec ses cerfs, ses sangliers, ses chevreuils, ses lièvres, elle renferme une bien autre ressource de chair que les étables étriquées et les maigres troupeaux du villageois. On continua longtemps encore d'y poursuivre l'aurochs, l'élan, d'y attaquer à l'épieu l'ours et le sanglier, d'y surprendre le coq de bruyère et la gelinotte.

Ces pratiques de chasse se sont entretenues jusqu'à l'époque gauloise (1). Les Gaulois furent grands chasseurs; leurs meutes de chiens étaient célèbres; et plus tard, les Romains reconnurent les Gaulois comme leurs maîtres en matière cynégétique. Mais différents témoignages nous révèlent que ces habitudes reposaient sur de très vieilles traditions, et qu'elles étaient un héritage riche de l'expérience des siècles anciens et de la vocation des temps primitifs.

La chasse était pour les Gaulois, moins une science toujours adaptée et sans cesse renouvelée, qu'un art composé de ces pratiques rituelles, investies par leur ancienneté d'une sorte de caractère

(1) Sur les pratiques de chasse à l'époque gauloise, v. Jullian, *Hist. de la Gaule,* 1908-1920, t. II, chap. 8.

religieux. C'est ainsi, par exemple, qu'on fait une estime particulière de la chair des bêtes tuées selon les modes anciennes et avec des flèches empoisonnées (2). Et nos messes de Saint-Hubert, avec leurs meutes bénites, ont succédé normalement à ces étranges fêtes sacrées où les chiens de chasse festoyaient couronnés de fleurs (3). Reconnaissons aussi l'influence de la tradition primitive dans le discrédit qui s'attachait à la chasse au loup (4). Le primitif, en effet, méprisa cette chair impropre à l'alimentation. De fiers chasseurs, dédaigneux de chasser pour manger, auraient, eux, aimé cette poursuite périlleuse. Par contre, jusqu'à l'époque historique, l'estime que l'on fit de la venaison, considérée comme seule viande noble, était restée le témoignage des temps où le gibier était la seule viande consommée.

Cette viande, l'élevage en effet ne la donnait pas à l'agriculteur primitif. Les bêtes à cornes, nerveuses et musclées, ne servaient qu'au labour (5). Moutons et brebis n'étaient pas utilisés pour l'alimentation, et dans maintes campagnes, un préjugé persiste contre cette viande (6). En fait, la seule chair qu'on consommait était donc celle du porc.

Précisément, l'élevage des porcs ne se faisait alors qu'en forêt. D'immenses troupeaux en vivaient sous l'abri des étendues forestières. A demi sauvages, avec des verrats robustes comme des fauves (7), ils erraient et couchaient librement dans les bois. Leurs bergers nomades et barbares étaient à l'occasion de redoutables bandits. De grandes forêts, comme celles du Morvan, étaient de véritables

(2) Jullian, t. II, p. 285.

(3) *Ibid.*, t. II, p. 289.

(4) *Ibid.*, t. II, p. 285, n. 5.

(5) *Ibid.*, t. II, p. 281, citant Pline.

(6) Jusque vers le milieu du XIXe siècle, les paysans du Tonnerrois considéraient la viande de mouton comme une alimentation malsaine et rebutante.

(7) Jullian, t. II, p. 282.

V. aussi Sion : *les Paysans de la Normandie orientale* – Paris, 1908 – p. 119.

parcs d'élevage pour le porc, et peut-être ne les conservait-on qu'à cette fin précise. Ce massif forestier fut traité, en effet, par l'administration impériale comme une sorte de vaste réserve, où il n'y avait pas d'autres exploitations rurales que les porcheries. De multiples postes militaires gardaient les routes de ce pays redouté (8). Au Moyen Age, certaines forêts étaient même réservées au pacage des porcs. Il en était ainsi dans les régions encore boisées, mal peuplées et arriérées, comme le bas Maine. Par la suite, ces pays se déboisèrent; le peuplement et l'agriculture s'en améliorèrent; et la pratique du pacage des porcs fut abandonnée. Mais l'habitude de cet élevage persista dans le pays en s'y adaptant à une tout autre organisation agricole. Et c'est dans la solitude de sa bauge souillée que s'élève maintenant l'animal qui fut celui des grands troupeaux, de la vie libre et des vastes forêts.

D'une façon générale d'ailleurs, la forêt servait à la pâture de tout le bétail. Chevaux, vaches et moutons, y étaient envoyés et parqués tout l'été. Pendant ces mois brûlants, la forêt, avec son sous-bois et ses frais ombrages, ses fougères et ses feuillages, servait ainsi d'abri heureux à tous les troupeaux, et leur fournissait la litière et le fourrage. La forêt, qui nourrissait le laboureur de son gibier, lui nourrissait donc aussi en partie son bétail. Elle était le pâturage d'appoint.

Mais pour l'homme ancien, la forêt était riche de mille autres ressources.

Le villageois primitif exploita dans la forêt l'arbre et le bois dont il avait besoin, le chêne dont il édifiait la charpente de ses édifices, l'orme dont il faisait des chars et des roues, le bouleau dont il tirait des cercles et des côtes de corbeilles (9).

(8) V. ce que dit Bulliot des troupeaux de porcs dans les forêts du Morvan (Bulliot, *la Mission de saint Martin dans le pays éduen. – Mémoires de la soc. éduenne,* t. XVIII).

(9) C'est seulement à l'époque romaine que fut introduit le châtaignier qui servit à la tonnellerie.

L'antique campagnard sut trouver aussi sous les bois les fruits estimables, les pommes et les noisettes dont il faisait grand cas, l'airelle sauvage, les champignons; et il continua d'y venir chercher les plantes et les simples dont une très ancienne expérience lui avait appris les vertus (10).

La forêt, avec son gibier innombrable, avec ses chênes robustes, d'où sortirent les maisons et dont se bâtirent plus tard les villes, avec l'ombrage et la nourriture qu'elle offrait aux troupeaux..., la forêt, avec toutes les ressources évidentes ou secrètes que la nature y a mises ou enfouies, fut, pour l'antique laboureur, le domaine indispensable qui prolongeait et complétait ses champs. Elle joua sans doute aussi pour lui un rôle de défense militaire. Ses étendues difficiles le préservaient; ses fourrés lui assuraient un abri; ses mille sentiers secrets lui ménageaient une retraite; et son ombre voisine et familière lui fut une constante protection.

Dans ces retraites, dans ces profondeurs, longtemps sans doute la forêt avait entretenu la vie, et protégé l'indépendance de clans indomptés, rebelles aux disciplines pacifiques des sociétés villageoises. Est-ce le souvenir de ces êtres redoutés et de ces violences sanglantes qui donna sa vie surnaturelle à la vieille sylve, et la peupla de ses légendaires effrois? Pour le villageois, la forêt resta animée de toutes les puissances qui avaient sollicité sa vigilance, troublé son inertie ou inquiété son repos. Et comme il savait qu'il était venu d'elle, et qu'il la rencontrait au fond de tous ses souvenirs, elle devint le berceau des Origines, et elle décida des Destinées.

Dans cette forêt emplie alors d'invisibles présences, de sortilèges et de génies, l'homme ne fut plus chez lui, mais chez les Dieux et chez les morts. Dans

(10) Sur tous ces détails, v. Jullian, *op. cit.*, t. II, pp. 260 *sqq.*

cette ombre auguste, dans cette obscurité solennelle qui entourait et protégeait ses champs, l'homme ancien mit les mystères et les Dieux dont il entourait et protégeait sa vie. La forêt fut le lieu de funérailles et de sépultures, qui retirait, loin des vivants, les morts redoutés et retenaient leurs esprits irrités. C'est chez elle que se firent les opérations magiques, les incantations et les apparitions, les réunions de sorciers, les assemblées de druides, les sacrifices humains, les actes sanglants du culte. Et en toutes les grandes circonstances de sa vie alarmée, c'est dans la forêt que la tribu rurale retournait chercher une impérieuse assistance, et placer ses engagements sous l'autorité de suprêmes serments et d'immortels témoins. C'est dans la forêt que la Société allait éprouver sa valeur souveraine, entretenir avec les morts son statut, renouveler son pacte avec les Dieux!...

Sur ce seuil sacré que tout protégeait, le défricheur primitif arrêta donc une fois pour toutes ses entreprises profanes. Les néolithiques qui ont créé nos campagnes avaient pour le moins autant de raisons de maintenir la forêt que d'étendre leurs champs. Ils n'ont créé que les champs nécessaires; ils n'ont défriché que l'indispensable. Ils ont fait sa part au labour; ils ont laissé la sienne au bois. Et tous les siècles ont, depuis, confirmé les conditions de ce règlement initial, solennel contrat que l'homme a fait avec la nature à une époque où il en avait encore cette expérience avertie, engagée dans l'ordre sans calculs et sans fièvre des instincts.

Ce que fut la forêt primitive, telle à peu près elle va rester.

Voyons donc ce qu'elle est au moment où sa part lui vient d'être faite, ce qu'elle est quand son domaine se stabilise, quand sa lisière se fixe; et voyons par après ce qu'elle est devenue dans la suite des siècles historiques.

La forêt est la formation végétale naturelle en

France, notamment dans la France de l'Ouest (11). Mais cette forêt naturelle n'est pas le bois de taillis : elle est la futaie. La forêt originelle était essentiellement composée d'arbres de grande venue. Le chêne et le hêtre y avaient une prépondérance heureuse; le tremble et le bouleau, le frêne et le pin, y alternaient par petits groupes ou y intervenaient en individus isolés; le sureau, le saule et l'aulne prospéraient aux clairières ou aux lieux humides; les épines et les ronces garnissaient les lisières et les plaques rocheuses; les genêts, les fougères et les ajoncs couvraient le sol ombragé.

Sous les dômes élevés de cette puissante sylve, entre les fûts des grands chênes et des hêtres, la circulation était aisée, et les troupeaux y avaient un libre parcours. C'est cette forêt majestueuse et fraîche, emplie de circulation et d'ombre, qui s'accommoda si complètement de l'homme, et qui, de tout temps, lui prêta ses abris et lui offrit ses ressources. C'est cette forêt vénérable qui en imposa aux défricheurs primitifs. Le taillis buissonneux n'eût pas trouvé près d'eux même respect, et il ne leur eût pas donné mêmes profits.

Il est probable que cette forêt se maintint dans son état et dans son aspect originels jusqu'au début des temps modernes. Mais vers le XIVe siècle, elle commença une transformation qui ne se termina qu'à la fin du XVIe siècle. Les déprédations exercées au Moyen Age, et provoquées par les droits d'usage, achevèrent alors leurs funestes effets. Les cantons bordiers, abandonnés au villageois, et où celui-ci prenait depuis longtemps son bois de construction et de chauffage, se trouvèrent si complètement et si systématiquement exploités, que le bois ne s'y

(11) Pendant l'époque paléolithique, la forêt et la steppe ont sans doute alterné selon que se succédaient les périodes de froid sec ou les périodes d'humidité. C'est la steppe qui a accumulé les dépôts limoneux sur les plateaux crayeux du Nord (Sion, p. 116). A la fin de l'époque paléolithique, le climat devint plus humide, et la forêt commença à se substituer à la steppe; mais celle-ci reprit avantage plus tard, au plein de l'époque du bronze.

reconstituait plus en arbres de haute venue, mais seulement en taillis hâtifs. L'habitude d'y laisser paître le bétail dans les coups jusqu'à la troisième pousse, ne laissa rien prospérer. Les souches n'y repoussaient qu'en rejets rabougris. Le taillis devint la règle, et l'arbre l'exception. Ce fut ainsi que, dans tous ces cantons de bordure, la futaie disparut finalement partout pour faire place au taillis sous futaie.

Pendant longtemps encore, pourtant, derrière ces franges dégradées, la réserve et les parties centrales, en général affranchies des servitudes du droit d'usage, se maintinrent à l'état de futaie. Mais à la fin, et surtout à la faveur des troubles du XVIe siècle, le villageois, tenté par ces réserves où prospéraient les grands arbres, y pénétra, y exerça le droit d'usage, y introduisit tous les abus d'une exploitation hâtive, faite sans règle et sans ménagement. Et la forêt tout entière prit, jusque dans ses quartiers de réserve, l'aspect déchu de ses bordures. Partout le taillis sous futaie y remplaça la haute futaie.

Celle-ci ne se maintint qu'aux lieux où la forêt avait une adaptation particulière avec le sol, c'est-à-dire sur les pays de sable ou de grès restés couverts par de vastes superficies boisées. Celles-ci, protégées par leur étendue même, résistèrent aux abus et aux déprédations. A cause de leur importance, ces grandes forêts appartenaient d'ailleurs pour la plupart, non à des communautés villageoises ou à de besogneux laïques, mais à des abbayes, à de riches seigneurs, au roi..., à des autorités capables de faire respecter leurs domaines et leurs droits.

La forêt française a ainsi souvent son aspect, sa nature et sa qualité adaptés à son sol et correspondant à ses dimensions. Elle grandit ou diminue de ses cimes aux proportions de sa superficie.

Mais si les époques historiques ont souvent altéré la qualité de la forêt, elles n'en ont pas sensiblement diminué la superficie. Sur cette forêt historique, s'exercèrent, pour en maintenir l'étendue, les mêmes causes de préservation que celles dont avait bénéficié la forêt primitive.

Prétendre que les époques historiques ont respecté la forêt, et que celle-ci conserve les dimensions et la configuration imposées par les défrichements primitifs..., affirmer que notre carte forestière est la même qu'aux époques où se fondèrent le champ et le village..., proclamer l'intégrité du statut ancien..., tout cela, c'est nier les défrichements de l'époque historique!... Ceux de l'administration impériale et des riches propriétaires gallo-romains!... Ceux du Moyen Age et des moines!... Ceux des temps modernes et de la Révolution!... C'est nier la civilisation de Rome, le zèle monastique, la fureur révolutionnaire!...

Remarquons-le d'abord : les défrichements, s'il y en eut, n'ont pu se faire qu'en ces périodes de civilisation et de prospérité où les campagnes augmentent leur population et leur production. La conquête de terres nouvelles correspond à une main-d'œuvre en excès et à une consommation accrue. Inversement, dans les siècles d'invasions, de troubles intérieurs et de crise générale, la dépopulation et la misère déterminent l'abandon et la ruine des champs. C'est ainsi que, dans tout le cours des siècles historiques, l'extension ou la régression de l'étendue agraire mesure la prospérité ou la misère des temps.

Précisément, dans nos pays ruraux d'Occident, l'Histoire n'ouvre ses premières pages que pour nous faire entrer directement dans une de ces périodes de troubles graves.

C'est bien pour cela d'ailleurs, que commence alors ce que nous appelons *l'Histoire*. Car le passé ne s'est transmis jusqu'à nous et ne commence à se raconter que lorsque de graves péripéties sont venues imposer leurs souvenirs, entretenir une mémoire solennelle, provoquer des annales, composer l'Histoire.

Par contre, nous cachons, sous le vocable facile de *Préhistoire*, l'ignorance que nous avons des temps où s'élabora notre civilisation rurale d'Occident. Cette ignorance, elle est sans doute entretenue par l'absence de documents épigraphiques et de témoignages écrits; mais elle est bien plus encore composée par le calme de ces sociétés rurales vouées aux labeurs paisibles de la terre.

Sous notre tragique histoire reposent en paix ces couches profondes. Là, dorment – dépouilles heureuses et sans récits – des siècles qui n'ont rien à raconter que l'humble vie de chaque jour, des générations sans violence, sans histoire, sans autre mémoire que l'expérience, sans autre conquête que le pain quotidien!...

Rien ne nous parle d'eux!... Rien... si ce n'est leur œuvre!... Si nous leur appliquons la règle que nous dégagions de l'expérience historique, et si nous mesurons leur prospérité et sa durée à l'étendue des défrichements qu'ils ont faits et des champs qu'ils ont créés, cette règle, appliquée même avec réserve, nous permet d'entrevoir l'antiquité sans âge et la pacifique grandeur de cette civilisation rurale. Sa prodigieuse durée se prouve d'ailleurs autant des témoignages spirituels que de l'ampleur de son œuvre matérielle. C'est dans cette succession de calmes millénaires que se composa le fonds de souvenirs et de traditions, qui sont encore, à l'homme actuel, aux fondations de son être moral.

Cette civilisation rurale qui remplit les âges néolithiques (12), et prit toute son extension à l'époque du bronze, s'interrompit quand apparurent le fer, les armes meurtrières, la guerre. Elle ne céda que devant la longue et rigide épée de fer du Celte.

(12) On a trouvé près de Rouen, sous 8 mètres d'alluvions, des vestiges de palafittes avec des débris de tissus et des grains de mil (Sion : *les Paysans de la Normandie orientale* – Paris, 1908 – pp. 117-118).

Ces Celtes venaient de cette région germanique qui resta, pendant près de vingt siècles, centre de dispersion de bandes conquérantes et d'énergies belliqueuses. Quant aux Germains, dont les Gaulois ne furent qu'une sorte d'avant-garde, ils en étaient encore au régime de l'agriculture élémentaire. Ils sont entrés dans l'Histoire sans avoir reçu l'apaisante éducation de la vraie vie sédentaire rurale. Cette misère de jeunesse contient peut-être toute l'infortune de nos destinées occidentales. Et ce fut aussi le malheur de la vieille Europe que l'aire de civilisation rurale fût en contact direct et périlleux avec cette barbare région centrale. La juxtaposition de ces deux zones qui s'opposent entretint le régime de violences qui remplit l'Histoire.

Déjà donc, l'invasion gauloise marque, avec le début des temps historiques en Occident, le commencement d'une période de troubles qui continua jusqu'à la conquête romaine.

Nous avons vu quelle perturbation introduisit dans la vie politique et sociale l'établissement dans notre pays des belliqueuses sociétés du Celte. Un esprit de conquête et de guerre prévalut. Et, si les populations rurales restèrent en grande partie étrangères aux rivalités des peuples gaulois, et aux entreprises de conquête de leurs bandes, du moins, elles supportèrent un régime de servitude, préparé sans doute depuis longtemps, mais qui s'aggrava et se généralisa sous l'autorité de guerriers victorieux.

A l'arrivée des Romains, notre pays avait perdu une partie de sa population, et la forêt avait repris possession de multiples territoires.

Dans les régions du nord-est, voisines de la zone dangereuse et où l'irruption des bandes se renouvela sans cesse, la régression fut massive. De grands territoires mal défendus y retombèrent en bloc dans la végétation arborescente. Le pays prit cet aspect boisé et barbare que l'Austrasie conservait encore à l'époque carolingienne. Au sud de la

Belgique, dans des régions où l'invasion se régularisa et se stabilisa, la Gaule celtique maintenait davantage l'aspect que lui avaient donné les âges laborieux.

Telle était cette Gaule troublée où pénétraient les armées de César. La conquête romaine lui allait procurer deux siècles et demi de paix et de prospérité. C'est alors semble-t-il, que la Gaule, réparée et repeuplée, va reprendre contre la forêt l'offensive caractéristique d'une ère civilisatrice.

Evidemment, nous n'en sommes plus aux temps où l'on considérait la Gaule indépendante comme un pays de tribus et de huttes. Mais il ne semble pas qu'on ait fait sa juste part au passé lointain; et on continue souvent de porter au compte des Gallo-Romains une œuvre rurale dont ils ne furent que les tardifs héritiers. Certes, la Gaule romaine donne l'aspect d'un admirable pays où la nature est maintenant partout au service de l'homme. Mais précisément parce que la forêt est un élément de cette prospérité, elle subsiste dans l'état où les Romains la trouvèrent. Les raisons qui l'avaient préservée jadis conservent une valeur accrue. La forêt fait partie de l'équipement du domaine rural. Elle en est l'élément de choix. Le patriciat gallo-romain a la passion de la chasse. Il s'accommode plus de la forêt que des champs. Ces fraîches et giboyeuses étendues lui sont le théâtre de sa vie. Elles lui procurent le plaisir de la chasse, l'activité de luxe dont il ménage les sources et administre les moyens, avec autant de morgue passionnée que de vulgaire calcul. Car il ne serait pas un patriciat, s'il n'avait pas le goût de son luxe plus que le souci de son bien, l'entente de son plaisir plus que de ses intérêts.

L'étendue forestière a donc été assez peu modifiée à l'époque gallo-romaine; et elle a subi plus de rectifications que d'amputations. Cette vérité, un historien averti comme M. Jullian l'avait entrevue : « Rome transmit au Moyen Age à peu près entier l'héritage de forêts que lui avait laissé la Gaule celtique (13). »

On a pu faire intervenir pour contester cette opinion – ou l'ignorer – l'étude des noms de lieux. Un grand nombre de villages portent des noms gallo-romains, en général le suffixe *acus, iacus* ajouté au gentilice du propriétaire. Tous ces villages seraient ainsi créations individuelles de l'époque romaine. Ces raisons, tirées de la toponomastique, n'ont qu'une apparente valeur. Dès l'époque gauloise, en effet, des vocables nouveaux s'étaient substitués aux anciens noms portés par les agglomérations primitives. Nous verrons que cette révolution correspond à une transformation sociale, et qu'au régime de la communauté agraire s'était substitué partout un régime de domination individuelle. Le village devint la chose et le nom d'un homme. Et ce fut ensuite la politique de l'administration impériale et l'intérêt du fisc, d'adopter et d'entretenir un système d'institutions et d'appellations qui impliquait la responsabilité personnelle d'un seul et riche propriétaire.

Si l'ère de prospérité gallo-romaine a maintenu la carte et le statut de la forêt, par contre la période des invasions germaniques voit se réaliser partout la régression de la campagne cultivée.

Les invasions les plus dévastatrices ne furent pas celles du Ve siècle. C'est dans le troisième quart du IIIe siècle que la Gaule connut la ruine dont elle ne se releva plus. De 250 à 278 en effet, éclatent une série de troubles dont le détail nous reste ignoré. Mais leurs effets sont manifestes. Les bandes pillardes venues de Germanie, et celles qui s'organisent spontanément dans le pays même, provoquent une panique générale et une anarchie destructice (14).

(13) Jullian, t. V, p. 179, texte et note 5.

(14) L'étude des ruines et des trésors monétaires est la seule information que nous ayons sur cette catastrophe si complète qu'elle n'a point laissé de témoignage écrit et que la mémoire même en a été presque anéantie. Dans la plupart des trésors retrouvés, la série des monnaies impériales s'arrête vers 275 (Musset, p. 221).

Des régions entières ont été dépeuplées. Les campagnes dévastées sont retournées à l'ensauvagissement. Dans l'Est, au témoignage du pseudo-rhéteur Eumène, nous voyons la plaine bourguignonne, réoccupée par les marécages et la forêt, reprendre partout l'aspect inculte et barbare (15). Dans l'Ouest, les établissements romains de la forêt de Sillé furent détruits en 258 et 276. Ces confins de la Bretagne devinrent ces solitudes et ces terres vides dont les envahisseurs normands eux-mêmes évitaient les étendues dévastées (16). La destruction de ces pays fut si complète que, plus tard, aucun évêché ne fut institué dans ces régions déchues. L'ancienne *civitas Diablintum* disparut sans laisser traces de sa capitale. Partout dans ces régions *le peuplement et le défrichement sont à recommencer* (17).

Bien des siècles passèrent avant qu'on pût commencer à restaurer ce monde détruit. Après la catastrophe du IIIe siècle, l'Empire est entré dans une période de vie ralentie, de dépeuplement et de torpeur sociale. Les aspects du Moyen Age se préparent. Les sombres cités forteresses succèdent aux spacieuses villes-jardins du Haut-Empire. La campagne appauvrie et asservie se hérisse de retranchements. Trois siècles encore, et la grande construction politique de l'Empire s'effacera sans bruit; magistratures et institutions ne seront plus que de verbeux souvenirs, et la vie publique éteindra partout ses vaines rumeurs. Les invasions furent plus le résultat des maux intérieurs qu'elles n'en ont été la cause.

(15) Eumène, *Discours d'actions de grâces à Constantin,* au nom des habitants de Flavie.

(16) Musset, p. 22. C'est seulement aux XIe et XIIe siècles que ces régions détruites recommencèrent à se peupler d'ermites, comme une véritable Thébaïde : « Erant autem in confinio Cenomannicæ Britanniæque regionis vastæ solutudines, quæ tunc temporis quasi altera Ægyptus florebant multitudine eremitarum per diversas cellulas habitantium. » *Vita B. Bernardi,* 280.) Cit. de Musset.

(17) Musset, p. 221.

Les invasions du Ve siècle, l'anarchie et les guerres de l'époque mérovingienne, ont continué l'œuvre de dépeuplement et de ruine. Et si le début de l'époque carolingienne a vu de nouvelles entreprises de culture, cette précaire prospérité a été bien peu de chose aux proportions du désastre universel qu'ont provoqué, au IXe siècle, les pillages des Normands et les ravages des brigands. Par un retour aux formes et aux aspects de la société élémentaire et de la vie barbare, les souffrances de cet âge infortuné achèvent une régression commencée depuis bien des siècles.

Le Moyen Age féodal s'est ouvert sur cette misère et celle liquidation. La terre, qui en présente le compte, n'expose que des pertes.

Le Moyen Age a-t-il vu la campagne cultivée reprendre ses avantages, et dans de victorieuses offensives, reconquérir sur la forêt ce qu'avait perdu la terre mise au service de l'homme?

L'opinion généralement admise est que de grands défrichements ont été opérés, à partir du XIe siècle, sous l'influence des abbayes et autour des centres monastiques.

Cette opinion, l'analyse des faits la confirme-t-elle? Les moines ont-ils été ces grands défricheurs que nous représente la tradition?

Distinguons d'abord des périodes successives correspondant à des organisations monastiques différentes.

Une première époque de défrichements monastiques aurait eu lieu, au VIIe et au VIIIe siècle, sous l'influence des abbayes carolingiennes. Mais tous ces défrichements sont localisés en des vallées prospères, en des pays de sol fertile où abondent les ruines. Ces défrichements ont été la hâtive reprise de possession des situations les plus anciennes et les plus importantes (18).

(18) V. Ce que dit Sion sur l'aménagement du sol normand, au VIIe siècle, sous l'influence des abbayes de Jumièges, Saint-Ouen de Rouen, Saint-Wandrille, Pavilly, Montivilliers, etc. (Sion, p. 125).

Le mouvement qui reprendra au XIe siècle sera de caractère différent. En cette deuxième période, nous distinguerons surtout l'activité des abbayes clunisiennes. Mais cette activité fut spéciale. Les Clunisiens, préoccupés de revenus fonciers, ont eu surtout des domaines de bon et facile rapport, composés d'éléments complexes, résultats d'acquisitions avantageuses et surtout de legs heureux. Ils sont précisément ainsi les propriétaires de sols privilégiés, de terres entretenues, de biens-fonds urbains, de fermes prospères. Leurs doyennés administrés habilement sont une source de revenus aisés. Riches propriétaires et avisés administrateurs, les Clunisiens ont mieux su exploiter les bonnes terres que conquérir de nouveaux territoirs.

Au XIIe siècle enfin, entrent en activité les grandes abbayes cisterciennes. Et c'est maintenant, semble-t-il, que le zèle monastique va réaliser ses prodiges. Les Cisterciens sont réputés avoir été les plus actifs des défricheurs historiques. Leurs abbayes sont en effet toutes situées au fond de solitudes boisées (19).

Mais dans ces profondes forêts, les Cisterciens qui y trouvèrent leur pieux asile ne s'y considérèrent pas comme en territoire de combat. Ils n'étaient pas entrés au sein de la grande sylve pour la détruire, mais pour l'exploiter. Ils sont venus vivre dans la forêt aux intentions de s'en servir, et non de la ruiner. Autour de presque toutes les abbayes cisterciennes la forêt maintient donc encore maintenant ses étendues compactes. Cîteaux, Fontenay, Clairvaux, Pontigny se trouvent au

(19) Il en était d'ailleurs ainsi de la plupart des abbayes des XIe et XIIe siècles. « La localisation de ces nouvelles abbayes est assez remarquable... On remarque une coïncidence curieuse entre leur emplacement et celui des massifs (forestiers) les plus étendus, situés sur les terres de vocation forestière les plus rebelles à la culture. » (Sion, p. 131.) Voilà pour la Normandie orientale! Dans le Maine : « la localisation des ermitages et des abbayes est instructive. Leurs emplacements coïncident avec ceux des plus grandes masses forestières ». (Musset, p. 233.)

milieu ou à proximité de vastes massifs boisés. A Cîteaux même, la forêt restait au voisinage immédiat des bâtiments claustraux (20). A Fontenay, elle continue de régner sans partage, et de porter, comme son fruit naturel, la riche abbaye emplie de souvenirs.

Les exploitations cisterciennes ont moins été en effet des exploitations agricoles que des entreprises d'élevage. Les Cisterciens ont été surtout des éleveurs. Et c'est bien pourquoi la forêt fut l'élément essentiel de leur richesse domaniale. Elle était le pâturage nécessaire. Elle offrait ses frais pacages et ses asiles ombragés aux nombreux troupeaux qu'entretenaient les prairies (21).

(20) On ne peut même pas dire qu'à Cîteaux les moines aient transformé l'état des lieux. Après leur établissement, le pays est resté tel qu'il était antérieurement. Avant même d'appartenir à l'abbaye, massifs forestiers et clairières culturales y avaient déjà la distribution, les limites et les étendues qu'ils ont encore actuellement. La clairière où s'est fixée l'abbaye n'est même pas son œuvre. Dans le cartulaire de Cîteaux, en tête de la charte du premier don, il est écrit en effet : « *Et per hanc cartam apparet quod Cistercium prius erat villa habitata dicta Cistercium et habebat ecclesiam parrochiam.* » (Arch. Côte-d'Or, fonds de l'abbaye de Cîteaux, Cartul, n° 185, f. IV.)

On se ferait d'ailleurs une idée très inexacte de la forêt du XIIe siècle en l'imaginant vouée à l'abandon et livrée aux usurpations. En réalité, la propriété forestière était alors bien plus morcelée qu'elle ne l'est maintenant. Ce morcellement était assez analogue à celui du territoire cultivé. On serait autorisé à penser ainsi que la forêt succéda souvent à une campagne dont elle continuait le régime foncier. Ce régime nous explique la difficulté avec laquelle se constitua le domaine forestier de Cîteaux. L'abbaye a mis quatre siècles pour réunir un bizarre ensemble de propriétés forestières dispersées sur douze massifs distincts, et dont au total la plus grande étendue dépassa à peine deux mille hectares (exactement 2 196 hectares 17 ares). Il a fallu par exemple deux cent seize ans de 1151 à 1367), pour acquérir la partie de la forêt d'Izeure que Cîteaux finit par posséder aux portes mêmes de l'abbaye. (V. article d'Et. Picard, dans les Mémoires de la Soc. éduenne, nouvelle série, t. XI, p. 165).

(21) Pour les Cisterciens, la forêt fut surtout un pâturage. C'est pourquoi l'abbaye, sur toute l'étendue de la grande forêt ducale, ayant acquis « pascionem et pasturam », se désintéressa de la propriété même du fonds. D'ailleurs, pour mieux ménager les droits du monastère, le duc s'était engagé à ne jamais permettre de bâtir, dans sa forêt, château, village ou métairie, « castrum, vel villa, vel mansio ». (Cart. Cîteaux, f. LXXXVI). C'était, pour le duc, s'interdire tout défrichement. Ce serait donc finalement Cîteaux qui serait responsable de l'intégrité que conserve encore maintenant l'ancienne forêt ducale, restée le plus important massif boisé de la plaine bourguignonne (3 500 hectares). On peut se rendre compte ainsi de ce que vaut la tradition des « défrichements cisterciens ».

L'établissement de ces prairies a été la véritable œuvre agraire des Cisterciens. Ils n'ont défriché que les lieux où le pré pouvait se substituer avantageusement à la forêt. Ils ont mis ainsi en état les fonds bourbeux et les vallées humides. Les conquêtes qu'ils ont faites ont été réalisées plus sur le marécage que sur la forêt. Ils ont été ainsi des constructeurs d'étangs, de ponts, de digues et de barrages. Ils ont lutté contre les eaux, et jamais contre le bois. A Pontigny, ils n'ont défriché la vallée que pour y introduire les grasses prairies qui sont encore maintenant la richesse du pays. L'assèchement de la vallée du Serein n'a pu se faire d'ailleurs qu'en réalisant au préalable, par des barrages et des étangs, l'assèchement des vallées affluentes. L'abbaye arriva ainsi à se constituer un domaine de bonnes terres non moins qu'un domaine de prés.

Passés maîtres dans l'art de l'élevage, il se trouva que précisément les Cisterciens complétaient ainsi l'œuvre d'assainissement qu'ils avaient préparée en assurant le drainage des terroirs humides. Ils en arrivèrent en effet à faire disparaître le paludisme de ces lieux bas où il sévissait. En même temps que l'assèchement des marais supprimait les funestes moustiques, l'établissement des étables détournait de l'homme les méfaits de l'anophèle. Celui-ci en effet s'attaque de préférence au bétail; et les troupeaux jouèrent ainsi le rôle d'un écran protecteur. Cette œuvre de salubrité ne fut d'ailleurs pas méconnue. Plus tard, au XVe siècle, les papes fixèrent les Cisterciens dans la campagne romaine, pour y lutter contre la malaria avec le même succès qu'ils en avaient triomphé en France, et surtout en Bourgogne.

Les Cisterciens ont donc eu la grande tâche de reconquérir aux cultures utiles ces terres basses, qui depuis longtemps avaient été vouées à un funeste abandon. Il est certain qu'en effet, aux temps de l'agriculture originelle, ces lieux humides avaient été souvent déjà conquis à la culture. Les barrages les digues et les étangs existaient bien avant la conquête romaine. Depuis longtemps les vallées étaient asséchées; et les grandes routes primitives qui les traversaient ne les franchissaient pas sur digues. Par la suite cependant, aux époques historiques de crises et de troubles, les digues cessèrent d'être entretenues; les barrages et les étangs disparurent; les eaux reprirent leur cours divaguant; vallées et plaines recouvrèrent leur humidité et leurs marécages (22).

Cependant, il serait excessif de prétendre que les abbayes, et notamment les abbayes cisterciennes, aient été hostiles aux entreprises de défrichement. Elles les ont favorisées toutes les fois que ces entreprises étaient destinées à rendre à la culture un sol particulièrement propice. C'est ainsi que dans la vallée limoneuse de la Seine inférieure et dans la partie orientale du pays de Caux (23), les moines ont installé dans les forêts de nombreux *hôtes* assujettis à de modiques redevances, et jouissant d'une condition juridique privilégiée. La plupart du temps les moines n'étaient point les propriétaires de ces forêts; mais ils agissaient comme mandataires ou « entrepreneurs » pour le compte de riches seigneurs laïques. Ceux-ci se dessaisissaient de la propriété sous la condition d'en partager les revenus nouveaux et les produits accrus. De même, dans les régions de l'Ouest, c'est par l'entremise des moines que les seigneurs mal outillés firent procéder aux défrichements.

Mais il est remarquable que dans tous ces lieux « défrichés », où sur un sol propice prospérèrent les cultures, maintes ruines de l'époque gallo-romaine témoignent que ces prétendus « gains » de la cam-

(22) V. ce que dit Eumène de la manière dont a été ruinée la fertile campagne des Pays Bas en Bourgogne, précisément la région marécageuse et boisée où s'établit Cîteaux (V. p. 102).

(23) V. dans Sion ce qui concerne la mise en valeur de la riche région limoneuse des « Plains » (Sion, p. 135).

pagne cultivée ne lui ont été que des restitutions (24).

Par ailleurs pourtant, il est des pays dont les défrichements médiévaux transformèrent totalement les aspects. Je veux parler de ces régions argileuses et humides, sur lesquelles n'avait pu ni su se développer le système des anciens terroirs à champs groupés et associés. Ces régions, qui étaient restées, dans le Bassin Parisien, des enclaves forestières compactes, commencèrent à être entamées de larges essarts. Des campagnes s'y introduisirent. Des villages neufs s'y alignèrent au long de routes nouvelles (25); et, derrière ces deux rideaux d'habitats, les longs champs qui leur étaient contigus s'enfoncèrent vers la forêt. Mais, plus souvent encore, c'est un modeste hameau ou c'est une grange isolée qui s'installe au milieu de ces terres récentes. Ces défrichements, qui relèvent d'un ordre méthodique, furent souvent le fait des églises. Il fallait leurs capitaux; il fallait surtout leur esprit de suite, leurs patientes prévisions, leurs calculs désintéressés et à longue échéance, pour provoquer ces œuvres coûteuses. Il est vrai que ces fonds neufs surent presque toujours payer leurs frais. Et la prospérité de ces tardifs établissements, qui ne relevaient point du vieux système de la terre, fit souvent contraste avec la misère des anciens terroirs, où l'agriculture persistait en ses formes traditionnelles (26).

Le défrichement n'est donc pas seulement une entreprise qui varie selon les époques. Mais c'est aussi le sol qui en décide. Les régions humides étaient encore une conquête à faire, alors que dans les pays de « vieux terroirs » tout était dit depuis longtemps.

(24) V. dans Sion ce qui concerne l'Aliermont (p. 135).

(25) Ces villages et ces domaines, ce sont les Reihendörfer (villages en ligne) et les Waldhufendörfer (domaines en forêt), dont nous parlerons dans la huitième partie.

(26) V. plus loin, huitième partie.

Au Moyen Age, ces pays de l'agriculture traditionnelle ont été ainsi dans l'ensemble plus hostiles au défrichement qu'au reboisement. Dès l'époque carolingienne, on voit « apparaître le mécontentement des propriétaires féodaux devant les progrès de déboisements qu'ils jugeaient excessifs (27) ».

Pendant le Moyen Age féodal, en effet, c'est toute la société qui collaborait à la préservation de la forêt. A côté des moines qui l'exploitaient, les féodaux laïques y prenaient leur plaisir barbare. Plus que jamais la forêt fut territoire de chasse, réserve de bêtes et de gibier. Plus que jamais, elle fut livrée aux chevauchées et aux meutes.

Les communautés villageoises n'y trouvaient pas de moindres avantages. Les villageois avaient la jouissance d'une partie des ressources de la forêt. Ils avaient le droit d'y prendre le bois et d'y faire pâturer leurs troupeaux. Rien de plus variable d'ailleurs que ces droits d'usage. A l'origine, leur extension était telle qu'ils apparaissent comme la survivance d'une propriété collective villageoise. Des restrictions vinrent par la suite limiter progressivement le droit initial. En général, on détermina les essences de bois dont les usagers pouvaient disposer, et la quantité de têtes de bétail qu'ils pouvaient faire pâturer. Mais dans ces vastes étendues boisées, la surveillance était difficile; les empiétements des villageois étaient incessants, et leurs usurpations, favorisées par une indulgence qui était de l'impuissance, s'autorisaient de la tradition.

Le villageois trouvait donc dans la forêt toutes les ressources que ne lui donnaient pas ses champs. Il y prenait les bois nécessaires à son chauffage, à ses constructions et à ses clôtures. Il y trouvait le pâturage frais pour ses troupeaux, et la « glandée » pour ses porcs. A l'occasion enfin, la forêt lui

(27) Sion, p. 130. Déjà, dès les temps de Charlemagne, le capitulaire « De villis imperialibus », de 812, s'oppose à l'extension des défrichements.

fournissait le gibier. Elle était au paysan d'une si complète assistance, que la vie humaine semblait associée à l'existence de ces massifs boisés; et, comme aux époques primitives, le village du Moyen Age continua de vivre près des bords de sa forêt, comme sur la rive émouvante où l'attachaient ses origines et ses besoins, et de secrètes inclinations.

Cette association du village avec la forêt se manifeste souvent de manière précise. Telle fut par exemple cette fédération des « Sept-Villes-de-Bleu », qui réunissait en un groupement organisé les sept villages riverains de la forêt de Bleu, dans la Normandie orientale (28)!... Les notables des « Sept-Villes » se réunissaient en assemblées fédérales pour administrer en commun la jouissance des « usages », en assurer la défense, et délibérer de tous les intérêts dont la forêt était pour eux l'occasion.

En bien d'autres régions, la forêt était analogue occasion d'entente, en réunissant dans la possession des mêmes coutumes les villages qu'elle semblait séparer. La culture, elle, créait et entretenait le particularisme villageois. D'incessants conflits de bornage et de traditionnelles rivalités avaient leur siège sur les chétives frontières qui séparaient les champs d'un village des champs du village voisin. Rien ne divisait et n'opposait davantage les campagnards que leurs campagnes, lorsque celles-ci se prolongeaient en une continuité sans obstacle, semblaient se fondre en une paisible et amicale unité de la terre (29). La forêt au contraire introduisait le terrain d'entente. Habituellement chevauchée par les limites des territoires communaux, elle unissait plus qu'elle ne séparait. Chaque forêt communiquait à tous les villages qui participaient d'elle une communauté d'intérêts et de vie. Dans l'ancienne

(28) Sion, p. 139.

(29) Ces conflits de frontières s'expliquent aisément. Les jachères et la vaine pâture en étaient surtout responsables; sur chaque limite, le jeu des assolements mettait en contact des territoires libres aux troupeaux, avec des terres « en deffens ».

France, la forêt n'était pas seulement l'indispensable ressource et le complément de la vie rurale : elle était, dans la composition de la campagne française, l'élément de liaison et d'entente.

Elle était aussi un monde avec sa vie particulière. L'été, le pâtre y conduisait ses troupeaux. Mais c'est l'hiver surtout que ses solitudes boisées s'animaient d'une foule de gens : bûcherons, charbonniers, chasseurs, charroyeurs, sabotiers, arracheurs d'écorce, fendeurs de paisseaux, « cendriers » et verriers, forgerons et mineurs, fabricants de « bardeaux », carriers, scieurs, commis de coupe..., et cela, sans compter la foule des rôdeurs, des faux sauniers et des vagabonds. Beaucoup de ces rudes métiers se prêtaient assistance et la forêt développait ainsi, en elle, aux confins de la vie villageoise, de salutaires associations ou d'équivoques ententes. C'est dans son sein antique, empli des rappels et des souvenirs de la vie indocile, que venaient se réfugier la secrète rumeur et l'activité, échappées des contraintes sociales.

L'homme du Moyen Age a aimé la forêt autant qu'il a vécu de ses champs.

Au seuil des temps modernes, la forêt, plus que jamais préservée par toutes les habitudes de la vie sociale, maintenait ainsi partout son domaine, et prospérait de tout ce qu'elle apportait au villageois de ressources légitimes ou de clandestine assistance. La forêt sort du Moyen Age, de cette époque de prétendus défrichements, sinon accrue, du moins confirmée dans ses étendues originelles et ses conquêtes historiques. Mais, sensiblement altérée dans son aspect et dans sa composition, elle a cédé aux cultures les lourds terrains, et délaissé aux prairies le territoire mouillé qui leur était dû.

Le XVIe et le XVIIe siècle ont été des époques troublées et violentes où la campagne cultivée a subi de nouvelles régressions. Déjà, au XVe siècle, les misères de la guerre de Cent Ans avaient entraîné un véritable reboisement des pays de l'Ouest. En Saintonge, le peuple répéta longtemps ce dicton: « Les bois sont venus en France par les Anglais. » Et les témoins d'une enquête officielle écrivent : « Là où souloient estre beaux manoirs, domaines et héritaiges, sont les grands buissons (30). » Au XVIIe siècle, dans nos pays de l'Est, d'analogues conséquences résultèrent des misères et des troubles dont la guerre de Trente Ans fut l'occasion. Ces pays de l'Est sont devenus alors un territoire dépeuplé et ensauvagi, un glacis désolé qui érige sur la France orientale le large et barbare obstacle de ses territoires dévastés. Le champ en friche et le labour en ruine y appellent les buissons et les taillis d'une forêt nouvelle. C'est ainsi que dans le Jura se sont reconstituées, sur les plateaux au nord de Saint-Claude, des étendues boisées et sans habitants, déserts sauvages qui n'ont même pas encore cédé devant l'homme actuel (31).

« L'envers du Grand Siècle », ce furent sans doute des mœurs sans grâce et des usages sans douceur. Mais ce furent surtout les misères et les ruines de la province, les souffrances et les famines du temps de la Fronde, les champs perdus et les campagnes en friche, les nouvelles forêts buissonneuses, les taillis neufs de la plaine bourguignonne ou des plateaux lorrains et jurassiens.

De ces maux populaires et de ces ruines rurales, le règne de Louis XIV ne répara rien; et il faut venir jusqu'au XVIIIe siècle pour assister à une réelle renaissance de l'activité agricole et de la campagne française.

C'est alors, après 1730, que s'enregistrèrent les plus importantes défaites subies par la forêt.

Une transformation dans le régime de propriété prépara ce mouvement. Les seigneurs avaient été

(30) V. Petit-Dutaillis, pp. 92 et 136 du tome IV, livre II, *Histoire de France* de Lavisse (Paris, Hachette, 1902).

(31) Pour le détail de ces faits, je renvoie à mon ouvrage, *la Ville et la Campagne au XVIIe siècle* (Paris, Leroux, 1922).

contraints, pour se protéger des empiétements villageois, de céder en toute propriété une partie de la forêt aux usagers, qui abandonnaient par contre leurs droits dans le reste. C'est sans doute dans ces actes de cantonnement qu'il faut chercher l'origine des biens communaux, des forêts communales (32). Mais aux XVIIe et XVIIIe siècles, par d'ingénieux procédés, les riches bourgeois, devenus détenteurs des fiefs, rentrèrent dans la possession des cantons jadis abandonnés à la communauté, et s'emparèrent de la majeure partie des forêts communales.

La forêt fut dès lors sous un régime de grande propriété individuelle. De cette forêt affranchie maintenant des servitudes d'usage, le seigneur se proposa de tirer un habile parti. Encouragés par l'exemple des agronomes anglais, les grands propriétaires cherchèrent à appliquer les nouvelles théories de la science agricole. Ils firent procéder à de grands déboisements. Les abbayes surtout, principalement dans l'Est, sacrifièrent leurs forêts, dont elles tiraient un faible revenu, pour constituer de vastes fermes, dont le territoire homogène et les sols neufs semblaient promettre une avantageuse exploitation.

Presque toujours ces cantons déboisés se présentent comme d'amples enclaves introduites dans la forêt. On les reconnaît ainsi souvent à leurs configurations géométriques. Les anciennes meules charbonnières y ont parfois aussi laissé, à la surface des labours, de rondes taches sombres – des « lunes » –, selon l'expression paysanne. Beaucoup de ces territoires déboisés portent des appellations significatives : « les Fouillies », « les Feuillies », les « Feuillus », et qui témoignent de la forêt qui les recouvrait. L'abbaye de Luxeuil s'est constitué ainsi, dans ses environs, de vastes cantons agricoles, les « Fouillies », qui sont restés les lieux d'une prospère agriculture.

(32) Sion, p. 138.

Cependant ces terres neuves ne produisirent pas toujours ce que le calcul du propriétaire en attendait. En général, celui-ci s'était fié à l'épaisseur de la couche d'humus, et n'avait défriché que des sols profonds. Mais ces « terres de fond », dont l'apparence était engageante, se trouvèrent souvent être ces humus acides où ne prospèrent ni le froment ni la luzerne..., ces terres « froides » où les sèves ralenties ne donnent que de tardives maturités. Le cultivateur moderne redoute ces sols, sans s'en être jamais expliqué avec précision l'inaptitude, qui relève de multiples causes. Ces inaptitudes, l'agriculteur primitif en avait le subtil discernement. Et la science moderne se montra plus inclairvoyante que l'expérience familière du laboureur préhistorique. Plusieurs de ces territoires défrichés au XVIIIe siècle ne résistèrent pas à la crise agricole qui se manifesta aux dernières années du siècle précédent. Beaucoup de ces terres conquises par l'âge moderne ont été récemment abandonnées aux friches, et finalement restituées à la forêt.

Elles ne sont pas les seules. Un peu partout, à l'heure actuelle, les difficultés de la main-d'œuvre, les frais élevés de la culture, provoquent les incessants abandons d'une vieille terre aux mérites consacrés et à la fidélité immémorialement éprouvée. Plus que jamais, sous nos yeux, devant nos regards alarmés, se poursuit à une allure redoutable cette régression de la nature cultivée, cette régression dont bénéficie la forêt, et où nous avons vu le témoignage troublant d'un âge d'infortune. Il en est ainsi aujourd'hui!... Qu'en sera-t-il demain?

Sur ce seuil sombre, s'arrête l'histoire que nous avons essayé de raconter, l'histoire de la lutte plusieurs fois millénaire entre la forêt et la culture, entre le bois et le champ...

A s'en tenir aux siècles historiques, la régression

subie par la campagne cultivée l'emporte sur les gains qu'elle a pu réaliser. Les époques heureuses et paficiques préservent la forêt, et entretiennent en elle un élément de leur prospérité. Les époques de crise favorisent son extension. Les temps des invasions gauloises et germaniques, l'époque des Normands, les troubles des XVe et XVIe siècles, les guerres du XVIIe siècle ont provoqué la régression des champs et les progrès de l'étendue boisée. L'époque gallo-romaine a plus entretenu ses forêts qu'elle ne les a détruites. En fait de défrichement, le Moyen Age monastique n'a fait que des restitutions, et les temps modernes des imprudences. Au compte final, en faveur de la forêt, soit pour en assurer le respect, soit pour lui laisser le champ, tous les âges de l'Histoire ont collaboré de leur prévoyance ou de leur indifférence.

Au terme où nous sommes, la forêt est devant nous plus envahissante qu'entamée, plus respectée qu'inquiétée. Bien loin d'être en incessant recul devant la campagne cultivée comme nous nous plaisions à l'imaginer, la forêt est sortie des temps historiques, maintenue en ses positions et plus étendue que jamais (33).

L'époque actuelle, avec les reboisements systématiques auxquels on procède partout, tend encore à accentuer cette prépondérance de l'étendue forestière. La France contemporaine est, à tout prendre, plus boisée, moins dépouillée, moins claire que l'antique Ligurie avec ses neufs et grands labours, sa campagne révélée, ses intactes clairières ceintes de leurs jeunes horizons.

(33) C'est la région des Alpes qui a été la grande occasion des lamentations relatives au prétendu déboisement. Or, les travaux de M. Allix ont montré que, dans les Alpes, et particulièrement dans l'Oisans, au cours des temps historiques, le taux de boisement a plus augmenté qu'il n'a diminué. V. Allix, *l'Oisans* (p. 264); et du même, *l'Oisans au Moyen Age* (pp. 65-72). V. aussi : Lenoble, *la Légende du déboisement des Alpes* (*Rev. de géogr. alp.*, XI et XIV, 1923-1926). Ajoutons d'ailleurs que l'abondance des pâturages alpestres a épargné aux forêts des Alpes les méfaits de la dépaissance des troupeaux dans les bois (Allix, p. 267).

Mais négligeons ces envahissements récents de la forêt. L'essentiel, ce n'est pas qu'elle ait gagné, c'est qu'elle n'ait rien perdu de son étendue initiale. Or, loin d'avoir été détruite, la forêt ancienne continue de prospérer aux lieux où la cantonna le dessein originel. Dans l'ensemble de ses grandes lignes, elle reproduit une situation primitive, et sa lisière reste fixée dans l'immobilité où l'établit un âge sans mémoire. C'est cette forêt primitive, formation spontanée de notre sol, plus stable donc que le champ originel menacé sans cesse de la carence humaine..., c'est cette indestructible fondation qui est devant nous et qui nous contemple de toute sa perpétuité et de tout son silence. Les âges historiques ont été sans effet sur elle; car elle vient de bien plus loin. Son histoire est terminée quand commencent nos brèves annales. Tout était dit et fait sur nos campagnes françaises quand s'amorce ce superficiel effleurement du passé que nous appelons l'Histoire. Longtemps avant que nous ayons des noms à écrire et des fastes à commémorer, notre campagne était élaborée, et le statut du sol était pour toujours déterminé. Les champs et les bois étaient en place. Leur discussion de la terre était terminée; et le partage équitable en était fait entre eux.

Le partage s'est fait selon les conditions qui continuèrent de jouer jusqu'à maintenant. Nous connaissons en effet les motifs qui ont agi pour protéger la forêt. Les causes qui l'ont préservée sont à tout le moins aussi actives que les intérêts qui la menacent. Dans le double jeu des forces qui menacent et des influences qui préservent, un juste équilibre devait intervenir. Toute l'histoire des conquêtes du champ et des régressions de la forêt est la recherche de cette situation d'équilibre et d'harmonie.

Car c'est cela que réalise la campagne française!... Elle est la sensible harmonie où se mêlent les bois et les champs!... Elle est la grâce heureuse d'une incessante alternance entre l'étendue ensoleillée, où chante l'allégresse de l'alouette, et le bois d'ombrage où frissonne le vieux mystère des choses!...

Ne dites pas que c'est nous qui replaçons dans le monde extérieur, pour l'investir d'un sens humain, l'idéale interprétation élaborée de nos contemplations!...

Non! Cette variété dans les aspects de la campagne française est d'un dessein prémédité; et c'est l'homme qui anima de son génie réfléchi et de son âme sensible ces grands traits de la terre.

Car voyez quel agencement volontaire ordonne cette alternance des bois et des champs, l'adapte à tous les mouvements du sol et à sa mobile nature!... Ici, la forêt s'est saisie des pentes trop fortes et semble les fixer sous sa sève violente! Là, se calme l'agitation du relief, et les sillons du laboureur y prennent leur paisible champ!... Voici des fonds mouillés, avec leurs terres fraîches et leurs bois ombragés!... Et voici, côtes raides et lieux ardents, des vignes dressées et pâmées sous les rayons du soleil!... Partout le sol, qui se plie et se déplie inlassablement, en change sans cesse ses sèves et ses aspects; à chaque geste qu'il fait, il se couvre ou se découvre, se boise ou se dépouille, s'inonde de soleil ou s'emplit d'ombrages. Suivant l'inspiration qu'il reçoit de son mouvement ou de la terre profonde, il s'épanche aux longs et subtils murmures des épis, ou frissonne de la fraîcheur des sous-bois. Toute la campagne française est faite de ces champs de soleil ou de ces nappes d'ombre. Et partout chaque relief semble le trait qui taille dans cette lumière blonde et dans cette ombre verte. Comme une proie en lambeaux, la campagne française semble partout dépecée d'influences rivales. Mais sous cet aspect passionné et convulsif, il n'y a partout que la loyale réponse donnée par la Nature aux sollicitations intelligentes de l'homme.

Bois et champs se sont réparti la campagne, non

selon d'obscures fantaisies ou de hâtifs calculs, mais selon le règlement dicté par la terre pendant le cours inconnu des millénaires, à ceux qui avaient avec elle cette subtile communication qu'ouvre l'instinct..., que donne peut-être aussi l'amour!...

IV

LES CHAMPS

I

LA CLAIRIÈRE CULTURALE

Histoire de la clairière.

L'agriculture, avons-nous dit, ne fut pas, dans nos pays, la révélation apportée par d'ingénieux victorieux. C'est progressivement que cette activité nouvelle s'est développée chez des sociétés qui y étaient naturellement préparées. La fondation de nos campagnes fut l'œuvre où, sous l'influence excitatrice du dehors, vint s'achever l'expérience qu'avaient entretenue les lieux mêmes et tous les siècles du passé.

Dans nos pays, les origines de l'agriculture sont ainsi associées aux développements et aux progrès des tribus de chasseurs. Elevage et culture ne furent au début que des activités complémentaires; et, les premières étendues cultivées ont dû se situer au voisinage, ou se développer au long de ces pistes de chasseurs, qui furent les voies de la première circulation humaine.

Ces lieux, où l'homme développa les tentatives de son agriculture naissante, avaient peut-être été préparés par la Nature. Les premiers sièges de l'expérience agricole furent sans doute ces éclaircies naturelles où l'infertilité du sol avait maintenu les formations herbacées. La forêt, nous l'avons vu, n'a en effet prévalu sur notre sol qu'à la fin de la période paléolithique. Mais sur nos plateaux calcaires, où semble s'être développée la primitive agriculture, bien des parties de roches plates purent conserver une végétation herbeuse, qui fut d'un attrait certain pour les bêtes de la forêt. Ces clairières naturelles, situées sur lieux secs et dominants, se trouvèrent ainsi voisines d'habitats primitifs; et la tribu des chasseurs les utilisa, non seulement pour ses tirés, mais aussi pour y faire prospérer ces plantes alimentaires que le gibier recherchait autant que l'homme.

Mais sans insister sur toutes ces hypothèses, et sans y voir autre chose qu'un champ de spéculations possibles, venons-en maintenant à ces constructions de territoires agraires, qui témoignent d'un dessein prémédité, d'un agencement systématique et logique.

Ce que fut au juste la construction de cette clairière culturale, l'intention qui y présida, la méthode qui la réalisa, nous ne l'apprendrons évidemment pas du témoignage des choses actuelles. Il nous faut raisonner par analogie. Pour découvrir la Gaule préhistorique, il nous faut aider des renseignements écrits qui nous ont été transmis sur la Germanie historique (1).

L'élaboration de la campagne – que nous essayons de découvrir dans la plus vieille des Gaules –, César et Tacite nous la présentent dans la Germanie barbare, et nous la décrivent en voie de s'y réaliser.

Quatre textes sont significatifs. Les deux premiers appartiennent au *De bello gallico.* Les deux autres sont extraits de *la Germanie* de Tacite. Les uns et les autres ont été l'objet de commentaires nombreux et l'occasion de subtils débats.

Les deux textes de César nous montrent les

(1) Le lecteur pourra trouver une bibliographie de l'histoire de l'économie rurale dans la publication de Josef Kulischer : *Allgemeine Wirtschaftsgeschichte des Mittelalters und der Neuzeit* – Munich et Berlin, 1928 – vol. I, pp. 4-13 et pp. 103-105.

Germains vivant encore essentiellement de leurs troupeaux et de leur chasse. L'agriculture n'est encore qu'une ressource complémentaire et une activité secondaire(2). Le territoire agraire change tous les ans; et chaque tribu le cultive en communauté(3).

Cependant, dans l'intervalle qui sépare l'époque de César du temps où Tacite écrivait, un notable changement s'est introduit dans la vie des Germains. Une certaine appropriation du sol est commencée. Ces Germains du Ier siècle apparaissent sédentaires, fixés en de petits villages établis selon la convenance des lieux, au voisinage des sources, des forêts, des terres fertiles. Les maisons, largement séparées, sont entourées d'enclos prêts pour les tâches familiales(4).

Mais ces Germains montrent encore pour les travaux agricoles la même inaptitude que leurs ancêtres des siècles précédents. Ils ne connaissent encore que la culture des céréales. La vallée n'a pas encore ses prés. La maison n'a pas encore son jardin et son verger.

(2) « Neque multum frumento, sed maximam partem lacte atque pecore vivunt multumque sunt in venationibus. » (*César,* liv. IV, 1.) « Agriculturæ non student, majorque pars victus in lacte eorum, caseo, carne consistit. » (*César,* liv. VI, 22.)

(3) C'est du moins ce que César dit des Suèves : « Privati ac separati agri apud eos nihil est, neque longius anno remanere uno in loco colendi causa licet. » (IV, 1.)

Mais le passage du livre VI semble d'une application générale : « Neque quisquam agri modum certum aut fines habet proprios; sed magistratus ac principes in annos singulos gentibus cognationibusque hominum, qui una coierint, quantum, et quo loco visum est, agri attribuunt atque anno post alio transire cogunt. » (VI, 22.)

Remarquons que cette Germanie barbare est – à l'ouest du moins – plus une ruine qu'une terre neuve. Elle doit ses aspects sauvages à l'envahisseur germanique qui a détruit partout les vestiges de l'ancienne civilisation rurale. Chaque peuplade tient en effet à honneur d'entretenir cette dévastation du pays : « Civitatibus maxima laus est, quam latissimas circum se vastatis finibus solitudines habere. » (VI, XXIII.)

(4) « Nullas Germanorum populis urbes habitari satis notum est nec pati quidem inter se jungere sedes. Colunt discreti ac diversi, ut fons, ut campus, ut nemus placuit. Vicos locant, non in nostrum morem connexis et cohærentibus ædificiis; suam quisque domum spatio circumdat, sive adversus casus ignis remedium, sive inscitia ædificandi. » (Tacite, Germ., 16.)

Cependant, auprès du village s'étend le territoire agricole qui se déplace périodiquement autour de l'agglomération. Il appartient en commun à la tribu; mais chaque année, l'étendue à cultiver est fixée selon le nombre des cultivateurs et répartie entre eux selon un ordre fixé(5).

Le régime qui se dessine ainsi est le régime caractéristique d'une agriculture qui en est encore à l'ère des défrichements, et qui dispose des vastes espaces d'un territoire neuf (*facilitatem partiendi camporum spatia præstant*).

Ce régime, nous le trouvons précisé davantage dans l'ancienne Scandinavie(6). Le procédé de culture qui y était pratiqué était l'essartage. Du vaste territoire de bois ou de landes qui appartenait en communauté à chaque « by » ou « pagus » – disons à chaque village – une certaine étendue, calculée selon les besoins de la population, était périodiquement défrichée par le feu. Ce sol dépouillé, fertilisé par les cendres, était ensuite mis en culture. La moisson faite, on l'abandonnait à la végétation naturelle, et la forêt en reprenait progressivement possession. L'année suivante, c'était le canton voisin qui était livré à l'essartage et aux cultures, pour être rendu lui aussi, par après, à la lande et à la forêt. Le territoire agraire était ainsi comme un secteur de sol toujours neuf, qui parcourait l'horizon autour du village. Après une période d'une vingtaine d'années, le tour de l'horizon était achevé. On recommençait alors une nouvelle rotation, qui rendait à la culture, successivement et dans leur ordre immuable, tous les anciens secteurs abandonnés, dont la forêt avait

(5) « Agri pro numero cultorum ab universis in vices occupantur, quos mox inter se secundum dignationem partiuntur. Arva per annos mutant et super est ager. Nec cum ubertate et amplitudine soli labore contendunt ut pomaria conserant et prata separent et hortos rigent. Sola terræ seges imperatur, etc. » (Tacite, Germ., 26.)

(6) « L'agriculture était déjà pratiquée en Suède à l'âge du bronze » comme en témoignent « des gravures faites sur des vases de cette époque, et où sont représentées des charrues traînées par des bœufs. » (Beauchet, *Hist. de la propriété foncière en Suède*, p. 5.)

eu le temps de reprendre possession et de reconstituer l'humus fertile.

Ces précisions nous permettent de dissiper les incertitudes du texte de Tacite. Quand il nous dit, par exemple, que *agri pro numero cultorum ab universis in vices occupantur,* l'expression *in vices* rend compte de ce déplacement incessant du territoire cultivé. Nous comprenons d'autre part que l'étendue de ce territoire est proportionnée au nombre des travailleurs. Enfin, et surtout, il nous apparaît clairement que l'expression *ab universis* se réfère à un régime communautaire de propriété et de labeur, le seul qui puisse s'adapter à cette incessante et accablante entreprise de défrichement.

Entrevoyons alors toute l'évolution de ce régime qui fut, dans son ensemble, d'une application générale.

A l'origine, avant que la tribu fût fixée au sol et établie dans un village, la clairière culturale était à chaque déplacement un lieu nouveau et une création nouvelle. Elle suivait pour ainsi dire l'homme dans ses parcours, l'immobilisait un moment à chaque étape, donnait l'arrêt de quelques saisons à sa vie errante. Puis, la tribu partie, la forêt effaçait les traces du passage et du labeur humains. Ces défrichements intermittents et provisoires ne modifiaient donc pas l'aspect du pays qui restait couvert d'un manteau forestier à peine entaillé de fugaces cicatrices.

A ce régime primitif de l'agriculture non fixée, succède le régime que nous venons de décrire, et qui est celui de la « semi-fixation ». Le village est fondé. La vie est stabilisée; mais la tâche ne l'est pas encore. Le territoire cultivé, qui n'occupe qu'un secteur de l'horizon, se déplace chaque année, et décrit autour du village cette rotation périodique qui le ramène réoccuper successivement toutes les situations qu'il a connues. En un tel système, l'homme et son foyer ont leur place fixée; le champ n'a pas encore la sienne, mais il a sa région.

Cette région, c'est l'étendue circulaire dont le village est le centre, et où, année par année, le secteur des cultures se meut comme le pinceau de lumière que promène un phare sur l'horizon ténébreux. Cette région, que parcourt le cycle alternatif des tâches humaines et des abandons humains, ce sera un jour notre clairière culturale; et sa lente élaboration millénaire a été faite par l'alternance régulière des longs triomphes de la forêt avec les brèves conquêtes du défrichement et du labour. Ecourter ces longs triomphes, prolonger ces brèves entreprises, ce sera la facile méthode qui réalisera toute l'œuvre rurale.

Mais pour nous rendre compte de l'élaboration, entrons dans la lenteur du geste ancien, et attardons-nous à considérer la construction annuelle du territoire cultivé. Nous l'appelons « un secteur »... L'expression n'a qu'une signification schématique. Entendons-la dans un sens sans rigueur : le village, qui est un centre constant, donne un départ angulaire à ce territoire annuel, dont les dimensions s'amplifient quand on gagne la circonférence de l'horizon. C'est, si l'on aime mieux, une sorte de triangle dont le sommet est au village, et dont la base s'appuie aux lisières de la forêt. Deux chemins latéraux divergent du village et limitent ce territoire empli de tâches et de labours.

Chaque année, ce territoire n'est pas seulement un lieu et un sol nouveaux; mais il varie d'étendue et de configuration. Il s'applique sur des terrains de relief différent et de fertilité inégale. Il adapte sa forme et ses dimensions aux mouvements et aux ressources du sol. Partout il se façonne et se moule aux traits superficiels du visage terrestre.

Cette configuration et cette allure générale que la nature impose, ce sont là comme des caractères acquis; et le secteur les maintiendra ou les rétablira à chacune des restaurations que l'homme lui apporte, tous les vingt ans environ.

C'est aussi en vue de cette reconstruction périodique que les chemins sont aménagés. Ils sont destinés à résister aux vingt années de la carence humaine. Aussi, ce ne sont pas de simples tracés empierrés dont il faudrait périodiquement rétablir toute l'œuvre. Mais, véritables bâtisses de moellons et de pierres, ils ne se laissent ni envahir par la forêt ni embourber par les eaux. Ils ne s'associent pas à la ruine des champs, à la décadence intérieure du secteur; mais ils maintiennent à ces terres déchues une enveloppe rigide, et composent sur elles une forme indestructible.

Et maintenant que ce secteur nous est devenu cette figure familière, construisons avec lui!... Rassemblons et réunissons autour du village tous ces faisceaux qui en divergent, tous ces chemins, tous ces rayons qui y prennent leur centre!... Voici que la future clairière dessine déjà devant nous son plan immuable et ses traits définitifs!... Appliqués les uns à côté des autres jusqu'à ce que tout le cercle en soit rempli, les secteurs juxtaposent des formes qui semblent calculées pour le sol et qui varient avec lui. Aussi, ces triangles inégaux qui confondent en partie leurs côtés, n'ajustent pas leurs bases. Celles-ci ne construisent pas la circonférence. Mais le contour est une suite de figures trapézoïdales; et suivant que le front terminal de chaque section était, sur la forêt, en saillie ou en retrait, c'est la forêt ou la clairière qui enfonce le coin et dessine le trapèze. Et encore maintenant, en effet, c'est ce tracé accidenté, succession de brusques ressauts à angle droit, qui compose autour de chacun de nos villages la frontière de ses champs et de ses bois. C'est lui qui donne à nos horizons champêtres leur ligne de douceur et de tourment.

L'ensemble que nous venons de construire est l'aire préparatoire de la clairière. Les contours sont en place, apportés par le façonnement préliminaire de l'étendue intérieure, que les défrichements périodiques ont dégauchie. Revoyez alors l'aspect de ce territoire circulaire!... Il est déjà partout marqué par l'homme. Un vingtième à peine pourtant en est labouré. Mais l'étendue entière manifeste le témoignage de l'exploitation périodique, à laquelle succèdent vingt ans d'abandon. Selon que cet abandon est plus ou moins récent, plus ou moins ancien, prévalent encore les témoignages du labeur humain, ou s'accusent déjà les aspects de la forêt. Les secteurs que les labours viennent de quitter sont de prospères pâtures. Les autres, plus anciens, s'envahissent déjà de buissons. Enfin, les taillis et les halliers sont rentrés sur les territoires que menace de nouveau l'entreprise de défrichement. D'un mouvement qui ne se lasse jamais, sans cesse tournent ainsi autour du village les zones de culture, les terrains de pâture, les friches qui s'embuissonnent, les bois récents et les taillis nouveaux. Mais à chaque cycle, chacun de ces parcours circulaires grave un peu plus sa trace. La forêt, qui sans cesse rentre sur ces précaires défrichements, y rentre avec des droits sans cesse diminués. De plus en plus buissonneuse, incomplète, inachevée, des sols la refusent, des lieux la désavouent. La steppe s'essaye, et furtivement s'introduit. Partout les lieux restent toujours plus marqués du passage de l'œuvre humaine, plus prêts à la retenir, à la fixer.

Mais ce ne sont pas seulement les contours qui se tracent, les aspects qui se préparent : la charpente est dressée pour la construction définitive. Tous les chemins sont en place. Ils rayonnent du village vers la périphérie. Ils traversent de partout la friche et la forêt, en dissipent l'obstacle, en percent le voile sauvage. Partout ils donnent le contact avec l'espace, l'entrée à la lumière, à la vie, à l'esprit qui circule le Monde.

Et voici qu'en effet, les temps nouveaux sont nés!... La troisième période est celle de l'élaboration définitive de la clairière culturale.

La cause qui en rend compte est d'ordre social et économique.

L'agriculture apporta en effet aux hommes des ressources si abondantes, des avantages si nouveaux, qu'elle augmenta sensiblement le chiffre de la population. Le territoire annuellement mis en culture devint donc bientôt insuffisant. Il fallut en accroître l'étendue. L'extension se fit selon les modes et dans les cadres qui étaient fixés. Chaque année, au lieu d'un secteur en exploitation, on en mit deux en état. Mais cette agriculture de plus en plus active entretint une population de plus en plus accrue. Et ce furent bientôt, non plus seulement deux, mais plusieurs secteurs à la fois, qui furent annuellement livrés à la charrue.

A ce régime nouveau, les aptitudes et les aspects du territoire se modifièrent. A mesure qu'un plus grand nombre de secteurs entrait dans l'exploitation annuelle, la rotation, qui ramenait les cultures et restaurait les champs, devint de plus en plus hâtive. La forêt, le buisson même, n'eurent plus le temps de se réinstaller sur ces sols que le labour reprenait tous les cinq ou six ans. Le territoire ne réalisa plus que deux formes de végétation. La clairière prit ainsi l'aspect d'une vaste pâture juxtaposée à une étendue cultivée. Elle devint le clair espace dépouillé qu'elle resta.

La forêt disparaissant, il fallut bien abandonner le vieux procédé de l'essartage, le défrichement par le feu, la fertilisation par les cendres (7). On se rendit compte alors que l'enfouissement des herbes par le labour rendait au sol sa capacité productive. La jachère, qui donnait à la terre son repos, lui rendait aussi sa fertilité. L'étendue à cultiver et l'étendue des pâtures se déterminèrent alors en fonction l'une de l'autre. On en arriva aux situations d'équi-

(7) Il n'est pas certain qu'on renonçât pourtant à incendier les herbes des pâtures. A l'époque de Sigebert, nous voyons encore le duc Gogon, en Austrasie, labourer ses guérets (novalia) après les avoir incendiés. (V. Fortunat, Carm. VII, 4 : cité par Guérard : *Polyptyque d'Irminon*, t. I, p. 636.)

libre où emblavures et jachères étaient des étendues en harmonie.

Mais la population villageoise ne cessait de s'accroître de cette prospérité nouvelle des champs. Par suite donc de cette loi, qui ajoute sans cesse les résultats aux causes et les causes aux effets, l'étendue des cultures ne cessa d'augmenter, et le territoire en pâture de diminuer d'autant.

Ce fut sans doute une situation de longue durée quand la partie livrée aux labours fut du tiers, et celle de la jachère des deux tiers. Par la suite les deux termes s'équilibrèrent : jachère et cultures se partagèrent le territoire par moitiés égales. On en resta longtemps aussi à cette proportion; et ce fut là un régime qui, jusque dans les temps modernes, intervint maintes fois sous l'effet de certaines circonstances locales.

Cependant, aux époques historiques, on eut l'expérience que certaines cultures pouvaient apporter plus de réparation que d'épuisement aux terres emblavées. Dès lors, la jachère n'occupa plus le sol qu'une année sur trois (8). Ce fut le système de l'assolement triennal qui fut en vigueur pendant presque toute l'époque historique et jusqu'à nos jours (9).

La jachère, réduite alors au tiers du territoire, finit par disparaître complètement. Au siècle dernier, on apprit à restituer à la terre, par des engrais appropriés, les principes fertilisants que la culture lui retirait. On supprima souvent ainsi les vacances données au sol, et tout devint alors une vaste étendue de champs en rapport. Le territoire cultivé

(8) Les deux autres années, le blé-froment ou le seigle alterne avec diverses cultures, le trémois, par exemple, mélange d'avoine ou d'orge, de pois et de vesce.

(9) Ce système varia d'ailleurs beaucoup suivant les pays et les époques. Dans les provinces de l'Ouest, au sol pauvre, les deux années de culture étaient consacrées, l'une à la mise en état du sol, l'autre à la production (V. Musset, p. 289). Par contre, dans la riche vallée inférieure de la Seine, au début du XIXe siècle, la jachère n'occupait déjà plus qu'une minime partie du territoire, un quinzième environ (V. Sion, p. 346).

se confondit avec la clairière culturale. L'emplissant, il cessa d'y jouer. Juxtaposé sur cette clairière, il s'y immobilisa d'y fixer ses contours aux limites de son déplacement. Il n'arrêta son parcours que quand il en eut absorbé le champ.

Cette élaboration de nos campagnes est ainsi une évolution longue de plusieurs millénaires, mais d'une continuité claire. Sur l'histoire de cette œuvre rurale, le lointain horizon composé par les temps a la même simplicité et le même illimité que celui qui réalise sur l'espace la rencontre avec le ciel de ce champ des hommes.

Cette brève esquisse, ces traits rapides, c'est pourtant toute l'histoire du territoire agraire; et c'est la plus longue de toutes les histoires. Il serait même téméraire de l'affirmer terminée, parce que sur la route des âges, nous l'arrêtons là où nous sommes arrêtés. L'évolution continue; et l'avenir ne cesse de préparer sous nos yeux sa future campagne.

Hélas! l'effort actuel s'exerce au sens inverse de la progression passée. L'œuvre achevée retourne aux anciens inachèvements. Les mêmes causes continuent d'agir avec les mêmes effets. Mais, marquées du signe contraire, elles apportent les résultats symétriques et opposés. Par l'effet du dépeuplement actuel, la clairière culturale s'altère de tout ce que l'améliora le surpeuplement ancien. L'extension incessante des cultures sur le territoire agraire fut un résultat de la surpopulation. Sous nos yeux, c'est une régression continue des cultures qu'entraîne la dépopulation des villages. En certains pays, sur les plateaux calcaires de la Bourgogne et du Jura, le nombre des cultivateurs est maintenant insuffisant pour entretenir en état toute la clairière culturale. Dès que le village retrouve ainsi l'insuffisance humaine, dont l'ancienne jachère était la manifestation, la jachère reparaît. Elle s'étend de tout ce que perd la culture. Chaque départ d'un villageois grandit l'une et diminue l'autre. Chaque maison qui se vide, chaque logis qui se ruine, retranche aux sillons, ajoute aux friches.

Le mécanisme de la régression est le même que celui de la progression. Cultures et pâtures ont cette alternance que nous avons décrite. La vieille rotation revient mouvoir la campagne autour du village. La section des cultures recommence son parcours circulaire, entraînant derrière elle les mêmes friches, les mêmes vestiges et les mêmes abandons. La régression reprend les situations de l'ancienne progression. En bien des villages du Châtillonnais, l'étendue de la jachère dépasse celle des cultures. Et, dans le Temps et l'Espace la jachère grandit du même geste dont elle diminua jadis. Sa période s'allonge de ce que son étendue s'accroît. Bientôt peut-être la durée en sera assez grande, la reprise humaine assez tardive, pour que les taillis de la forêt aient le temps de rentrer sur les lieux dont les chassa le labeur humain.

Cette vision d'une campagne ensauvagie, est-elle la vue normale jetée sur les destinées? La détresse qu'elle évoque est-elle dans les résultats certains des causes que nous portons en nous? L'homme remontera-t-il ainsi de ruines en ruines sa voie de labeurs et de tourments?... Je l'ignore; mais c'est être sans prudence que de sembler vouloir retirer à l'homme cette confiance au progrès, ce droit à l'espérance qui reste souvent sa seule émotion intellectuelle.

Et pourtant, il n'est pas certain que les situations à reprendre en régression incessante ne soient pas pires au retour qu'à l'aller!... La campagne qui se ruine sous nos yeux n'a pas vainement subi l'homme. A son service, elle a souvent perdu sa santé. Les terres qu'on abandonnait jadis à la jachère étaient retirées à une forêt qui les avait entretenues d'humus. Celles qu'on restitue maintenant à l'herbe et à la friche sont retirées souvent à une culture qui les épuisa. Sur les plateaux et sur les pentes, ce qu'on rend à la Nature, c'est une glèbe livrée depuis longtemps sans défense au ruissellement qui l'a dépouillée de ses éléments meubles – de sa chair – pour ne lui laisser que ses pierres – ses os!

Il y a autre chose encore. L'ancienne campagne, même sous ses aspects les plus sauvages, était une construction avec une armature de chemins, des cloisonnements rigides, cadres sans cesse en emploi ou prêts à servir. La campagne actuelle, sur laquelle si souvent empiètent forêts et friches, tend parfois à n'être plus qu'un territoire aux contours dégradés, à la configuration amollie. A l'intérieur, dépouillée de sa superficielle parure de productions, elle tend à redevenir la ruine monotone où s'effacent les chemins, et où se confondent les lieux.

Heureusement, cette désespérance de l'avenir appartient plus au théoricien qu'au paysan lui-même. Car, diminué dans son nombre, le paysan ne l'est pas dans son courage. Et ces vieilles populations rurales semblent une fois de plus s'adapter à la misère des temps. Dans ces villages dépeuplés, les rares villageois restés fidèles au foyer n'entendent pas abdiquer les vieux droits humains sur la terre. Ils rachètent à bas prix les champs que délaissent ceux qui s'en vont. Une grande propriété se reconstitue ainsi, au bénéfice du paysan et de l'exploitant direct. Une judicieuse connaissance de la technique scientifique, l'aide d'une main-d'œuvre étrangère, l'emploi des machines agricoles, permettent d'assurer une avantageuse exploitation de ces grandes propriétés. Et c'est souvent avec une surprise admirative qu'on peut contempler (par exemple dans les plateaux dépeuplés du Tonnerrois), une campagne partout en état, intacte, riante et fraîche, comme si l'homme y était encore tout ce qu'il fut jadis.

Car l'homme actuel qui recommence le passé, le recommence, non seulement avec les moyens d'une science et d'une technique nouvelles, mais avec les ressources d'une expérience où tous les âges ont accumulé leurs legs. C'est rouvrir ainsi devant l'homme la voie du progrès que de lui rendre le sentiment des parcours illimités qui sont derrière lui!... C'est lui donner la confiance en ses destinées sans fin que de lui restituer le sens de ses origines sans départ!... C'est lui livrer l'avenir que de le confier avec ses œuvres à cette prodigieuse continuité, à cette perpétuité des choses rurales.

Caractères de la clairière.

Pour élaborer les éléments de la clairière, pour construire les champs, le villageois primitif exploita, avons-nous dit, l'antique expérience que les clans avaient eue des lieux qui les avaient retenus et fixés. L'ancien défricheur, appliquant la connaissance empirique, le sens intuitif que les fidèles générations lui avaient légué, sut choisir ses sols, en discerner les valeurs et les aptitudes avec autant de clairvoyance que le saurait faire la plus savante des agronomies actuelles.

La prise de possession de la terre fut ainsi une œuvre dont la sûreté défie et étonne notre science. Partout, il faut reconnaître et admirer la réussite de cette campagne, l'intelligente composition, l'ingénieuse construction de cette clairière culturale, œuvre si achevée et d'une si subtile recherche, qu'il serait impossible d'y toucher sans l'altérer. Il serait aussi préjudiciable de lui retrancher des champs qu'il serait imprudent de lui en ajouter.

Cette campagne a pris sur la forêt des sols de toutes les aptitudes possibles, et s'est constitué ainsi un domaine aussi varié qu'il est complet. Cette variété des sols reste le caractère essentiel de notre campagne cultivée. S'il est parfois malaisé de justifier toutes les conquêtes que les champs ont réalisées sur la forêt, il est moins difficile de commenter ce qu'ils lui ont laissé. On s'explique la forêt mieux qu'on ne s'explique les champs. Les raisons de maintenir en territoire boisé sont d'une évidence claire, que n'ont pas toujours les origines et les causes de l'extension réalisée par le complexe territoire agraire.

D'une façon générale, la campagne cultivée a conquis tout le territoire qu'elle a pu occuper. Elle n'a laissé que ce qui rebutait ou décevait son labeur. Si on essayait de faire rentrer en une schématique formule le caractère des deux domaines respectifs, territoire forestier et territoire agraire, on serait tenté de dire que le partage s'est déclaré selon le règlement dicté par le relief. Tout ce qui était relief sans accent ou traits trop accusés resta livré à la forêt. Ce qui était au contraire relief modéré et douce superficie de sol fut donné aux labours.

L'homme laissa à la nature sauvage, abandonna ainsi à la forêt, les pentes trop roides, les vallons encaissés, les vallées malaisées, les talus, les ravins, les lieux étroits. Et, de même, les planes surfaces alluviales, les plaines et les vallées à fond horizontal où les eaux n'avaient point d'écoulement, les terrains naturellement mal drainés continuèrent en général d'appartenir à la forêt, aux marécages, aux tourbières. C'est très tardivement, et aux temps historiques, que ces terres basses ont été conquises à l'agriculture.

A côté de ces sols, que l'insuffisance ou l'excès de leur pente condamnent à rester exclus du chantier des labeurs humains, la forêt continua d'occuper les territoires dont l'infertilité rebutait les cultures : terres schisteuses, humus acides, plateaux à roches plates. Il en fut de même des pentes mal exposées, et de tous les lieux soumis à des courants atmosphériques ou à des influences défavorables, dont la nature précise nous échappe, mais dont les effets nous seraient évidents si nous savions, comme le primitif, lire à toutes les pages du livre de la Nature.

Le domaine de l'agriculture, c'est tout le reste. C'est tout le terrain du relief modéré; c'est tout le sol qui semble se soulever lentement, comme si la courbe des cieux le ployait avec douceur. Cette campagne, partout attachée à de doux mouvements du sol, c'est toute la terre fertile et meuble qui subit la lumière, retient la chaleur, et qu'anime la grâce du geste et du mouvement.

Cette grâce distribuée partout compose l'harmonie de cette riante campagne. L'ensemble des champs nous livre encore maintenant la contemplation d'une terre choisie, la douceur de lieux heureux, qu'entoure un horizon fait de leur image lointaine. En la forêt au contraire, à notre insu, nous sentons encore le sol qui se défend depuis toujours, et la terre qui se refuse à jamais.

Cette campagne, en apparence presque partout la même, a cependant une diversité constructive qu'il convient de ramener à deux ou trois types caractérisés.

Comme nous le verrons, les villages sont ce que leur campagne les fait. C'est l'étendue et la prospérité de celle-ci qui fixe au village son ampleur et en détermine l'aspect, le caractère et la fortune. C'est aussi de sa terre que chaque petite société villageoise a reçu la subtile influence qui la rend particulière et originale.

Mais réciproquement, et d'une certaine manière, on peut dire aussi que le village, peut-être plus ancien que les champs, les a bâtis à sa convenance, et que la clairière culturale s'est construite en dépendance et en image de l'agglomération des êtres.

Or, comme on le verra bientôt, on peut distinguer deux types de villages originels : village de vallée, village de hauteur, auxquels correspondent nécessairement deux campagnes de type différent.

Les villages établis au bord des eaux, au pied des collines, aux lieux où la vie humaine pouvait s'entretenir de la double activité de la chasse et de la pêche, ont créé une campagne dont la forme a correspondu au site irrégulier où ils siégeaient.

Presque toujours ces villages des rivières sont

situés à des carrefours de vallées. Leur territoire agraire s'adapte alors à l'ampleur qui lui est offerte. Tantôt, c'est la vallée principale largement déblayée par les eaux, qui suffit à le contenir. C'est particulièrement le cas lorsque s'offrent ces terrasses alluviales, qui sont par excellence le lieu propice à l'établissement des habitats et des cultures. Tantôt, au contraire, cette vallée principale s'est surcreusée entre des rives étroites; et c'est alors dans la vallée affluente, aux eaux moins abondantes et d'un relief au modelé moins violent, que l'homme a étendu le champ de son agriculture. Tantôt enfin, la confluence des deux vallées a engendré le vaste amphithéâtre de pentes et de terrasses où se déploie une riche et complète campagne. Mais, de toute façon, ces clairières culturales de vallées s'entourent presque toujours de talus boisés ou de crêtes buissonneuses qui en arrêtent les contours, tandis que dans le fond des vallons, le territoire cultivé se prolonge par de sinueuses annexes de plus en plus rétrécies. Cette clairière irrégulière et à étoilement est comme le type même de la campagne associée à la vallée et au cours d'eau.

Tout autre est la campagne des plateaux. Elle prend son centre sur un village souvent plus vieux qu'elle, et qui la domine. Ce village, perché sur sa motte ou sur sa cime, s'est très anciennement entouré d'espaces clairs, de zones déboisées, qui lui constituaient peut-être la ceinture d'un glacis défensif. C'est autour de ce centre de dépouillement que se serait élaborée, secteur par secteur, canton par canton, toute cette clairière culturale qui fut sans doute, aux origines, un territoire essentiellement pastoral.

Le trait qui nous frappe, c'est son immensité. Nos villages de plateaux s'entourent de ces campagnes démesurées, de plus en plus disproportionnées avec leur population, et qui en dépassent les ressources et les besoins. Ces campagnes si vastes se sont souvent rejointes les unes aux autres. Sur les plateaux de Bourgogne, sur les craies de Champagne, sur les fertiles limons d'Artois et de Picardie, sur les calcaires de Beauce et de Brie, ces campagnes confondues composent un grand pays clair, que dominent les clochers et qu'en parcourent les voix. Ces amples étendues, où le ciel seul ferme l'horizon et arrête les contemplations, la société en a fini par prendre le sens et la mesure. Et c'est là que s'est élaborée l'unité d'une grande vie politique et morale, l'harmonie d'une humanité, qui se mettait à l'image et dans le cadre de l'étendue, de la simplicité du territoire, et de sa claire unité.

Ces campagnes ne se sont qu'en apparence dissoutes en une seule continuité. L'individualité de chaque territoire agraire persiste, et à défaut de signes matériels, des traditions et des usages la manifestent. D'ailleurs, presque toujours il subsiste des ruines de l'ancienne frontière qui encerclait chaque clairière culturale. Des boqueteaux, des arbres isolés, des parages buissonneux, témoignent encore maintenant des lieux boisés qui séparaient les finages originels. On devine que cette barrière forestière, trop mince pour résister à de séculaires empiétements villageois, s'est peu à peu effritée et effacée du sol sans y laisser plus que d'incertains vestiges. Mais ces villages, qui semblent avoir ainsi réuni leurs campagnes en un seul ensemble, sont ceux qui, trop rapprochés les uns des autres, n'ont point trouvé autour d'eux un champ suffisant d'expansion pastorale, et ont été obligés d'associer leurs pâturages(10).

Ces clairières des plateaux n'ont pourtant pas toujours pour centre un village perché qui semble les surveiller avec vigilance. Souvent, ce sont elles au contraire qui dominent l'agglomération qu'un point d'eau a fixée au creux d'un vallon. Mais ce village de creux reste situé aux confins de forêts, et

(10) Jusqu'à la fin du XVIIIe siècle, il y a ainsi des villages qui se donnent le droit réciproque de vaine pâture sur le territoire. (V. Marc Bloch; *Ann. d'hist. économique et sociale,* 15 juillet 1930, p. 331.)

c'est sur le plateau que son territoire s'en va prendre son extension entière.

La clairière de plateau comporte d'ailleurs toutes les variétés qu'imposent l'altitude et l'allure des lieux. Sur les plaines crayeuses de Champagne, les limites des territoires ont comme glissé sur la surface plane, et s'en sont presque effacées. Mais, quand le relief s'élève et s'accidente, le territoire agricole en subit le mouvement. Il s'aménage sur les replats, s'étale à l'aise sur les larges creux qui recueillent et dépouillent les eaux limoneuses. Et tous les accidents qui surmontent ces lieux calmes ou qui les creusent, la forêt en garde l'immémoriale possession. Elle remplit les ravins; elle surmonte les mottes; elle descend et elle escalade; elle est de tous les accidents du sol, de toutes ses péripéties et de toutes ses violences. Mais dès que sur les lieux élevés s'apaise le geste du relief, alors s'installe la campagne agricole et les champs sans âge et sans histoire.

Dès lors, l'aspect de nos plateaux nous devient image complète et physionomie parlante. La campagne s'étend et se généralise sur eux, dans la mesure où ils s'abaissent et calment leurs étendues. Dès qu'ils s'élèvent, commence le débat. Quand le relief s'en accidente, il dicte sa loi, donne l'âpre pente à la forêt, et l'étendue calme aux moissons. Mais quand le plateau demeure la grande table calcaire horizontale, alors, entre forêts et campagnes, c'est presque le hasard qui commande. Ce sont souvent de très locales déterminations qui assurent un brutal et massif partage de toute la contrée. Car alors se fait l'association des éléments semblables; et la forêt appelle la forêt, comme les champs appellent les champs. De vastes blocs forestiers se décident à côté de spacieuses formations culturales, claires immensités qui se cherchent et se rejoignent (11).

Achevons cependant d'assister à la construction

(11) C'est le cas dans les plateaux du Châtillonnais.

totale. Entre les clairières de vallées et les clairières de plateaux, s'insèrent des confins tourmentés, des reliefs troublés, tout le jeu des vallons qui pénètrent aux plateaux, débouchent aux vallées, sinueuses attaches qui lient jusqu'au cœur les hauts pays avec les lignes d'eau. Sur tout ce système de vallées et de pentes, la forêt reste établie selon le règlement qui vient de nous être livré.

C'est presque ainsi, alors, tout le paysage de la France qui se révèle à nous, avec son antique et éternelle détermination. Vallées et plateaux se couvrent de campagnes ou de forêts, selon que leur allure calme ou tourmentée décide de leur vocation. Entre les deux systèmes, la forêt prend pour elle tout le jeu des articulations qui les lient.

Ainsi est bâti ce solide pays!...

Et les plaines elles-mêmes sont de cette même solidité!...

A l'exception des fonds fangeux, où se sont maintenus si longtemps les étangs bressans, les marais de Sologne ou des Dombes, les plaines françaises ont partout le doux vallonnement qui leur donne la variété du paysage et de la vie. Et là s'applique avec plus de précision encore un règlement de partage. Mais ce ne sont plus les pentes qui sont livrées à la forêt. Son domaine, ce sont, tout au contraire, les parties basses et planes, dont le drainage naturel était mal assuré. Et c'est alors sur les pentes que se sont établis les villages et les cultures. Ces coteaux, qui portent les champs et les routes, les clochers et les villages, se soulèvent légèrement au soleil avec leur riante charge humaine. Et presque partout, à leur pied, sur le bas pays coupé de lignes d'eau, la forêt déroule sa masse compacte qu'a tailladée çà et là l'entreprise humaine(12).

(12) Voir l'aspect de la plaine de Bourgogne dans la partie dite le « Pays Bas ». Rien de plus caractéristique que le contraste entre la forêt de Cîteaux et la ligne de coteaux qui conduit de Dijon à la Saône en riant cortège de villages, de campagnes et de routes.

Par ailleurs, pourtant, la nature du sol impose un partage de sens différent. Les blocs gréseux, les collines de sable aggloméré sont restés plus boisés que les fonds, où se sont rassemblés les alluvions et les limons. Mais dès que cesse cette influence particulière aux sables et aux grès, reparaissent les conditions générales. Associez, mêlez, combinez ces deux influences, et vous aurez toute l'extraordinaire variété de l'Ile-de-France, l'incessant mouvement qui anime son paysage, et le rend vivant comme un être qui parle au Monde.

Si nous nous dégageons maintenant des vues générales pour considérer le territoire agraire en lui-même, il nous apparaît autre chose qu'une monotone étendue de champs, autre chose qu'une surface à qui un contour donne forme particulière et apparente unité.

Le tracé qui donne à la clairière culturale sa configuration extérieure ne relève pas, en effet, d'une opération intentionnelle; il n'est pas une frontière convoitée et conquise, un résultat prémédité et un but atteint. Mais ce territoire agraire n'a de bornes que du labeur qu'il achève, de l'expansion qu'il termine. Il n'a de limites que de l'effort qu'il épuise. L'irrégulière circonférence qui entoure chacune de nos campagnes agricoles n'est pas un cadre donné pour être rempli. Elle est la ligne disloquée qui soude bout à bout les fronts terminaux des secteurs originels. Et, comme chacun de ceux-ci n'est lui-même qu'une succession de champs ajoutés les uns aux autres, le trait final marque simplement le dernier terme d'une addition.

Le plus souvent, ces champs se présentent à l'attaque de la forêt par leurs extrémités, et groupés en blocs parcellaires. Mais, que ce soit ce massif carré, ou le modeste rectangle d'un champ, ce sont toujours de simples bordures de champs particuliers qui construisent, fragment par fragment, la frontière du petit état rural. L'irrégularité des contours ne dénonce que les péripéties d'une construction intérieure, les spasmes d'un effort intime.

Ce qui confère à chaque territoire agraire son unité et sa particularité, ce n'est donc pas ce qui l'enveloppe, mais ce qu'il contient; ce n'est pas sa configuration extérieure, mais la nature de son contenu, la qualité de son agencement interne, l'harmonie de sa composition.

Cette campagne, ce territoire agraire, c'est en effet une addition de cantons culturaux, dont chacun était chaque année un chantier suffisant d'agriculture. Chacun de ces secteurs fut donc à lui seul comme l'image réduite d'une campagne complète. Il ne contint que des terres utiles. Mais pour s'en saisir, ce secteur renouvelé chaque année dut s'ingénier, varier sa forme, l'adapter à des reliefs divers. Tantôt il dut s'insinuer en de longs vallons; tantôt il put s'élargir sur un ample creux; il sut, tantôt se rétrécir, tantôt s'étaler.

La juxtaposition de tous ces secteurs constitua un ensemble de forme irrégulière, mais dont chaque élément était une valeur complète. Ainsi s'explique, dans la clairière culturale, la vigueur de la structure non moins que l'homogénéité et la densité de la composition intérieure.

Ce petit monde rural qu'était l'ancien secteur dut à sa qualité originelle de conserver longtemps une vie propre, et le caractère d'une unité culturale. Ces secteurs, ces cantons, furent les subdivisions de la sole. Celle-ci les groupa, et prit d'eux, en la multipliant de leur nombre, cette capacité générale à toute la production possible, qui a permis le régime de l'assolement triennal. Celui-ci eût été d'une application difficile dans un territoire agraire qui aurait eu son aptitude particulière et sa vocation culturale spéciale.

II

LE CHAMP

Le secteur cultural, élément essentiel de la campagne primitive, fut-il à l'origine un chantier ouvert à des labeurs individuels, et où s'exerçaient des initiatives sans règlement?... Nous verrons qu'il n'en est rien. Le régime de l'exploitation agraire originelle est de caractère collectif.

Certes, il nous est bien difficile de décrire avec précision ce régime primitif. Mais nous aurons maintes fois l'occasion d'en dépister en Angleterre les traces et les vestiges. C'est en Angleterre, que les traditions archaïques se sont le mieux maintenues; c'est là, en effet, que le régime originel de la terre s'est le plus tardivement introduit. Certaines survivances ont longtemps persisté; et c'est à la lueur furtive de ces témoignages que s'éclaire un peu pour nous le mystère des originelles institutions rurales.

Isolons et précisons dès maintenant un de ces témoignages.

Nous voyons qu'au temps du Domesday book, l'attelage normal était dans l'« open-field system » de huit bœufs. Ces huit bœufs, évidemment, peu de cultivateurs les possédaient. Les travaux du labourage impliquaient donc nécessairement un régime d'association, un système de prestations auxquelles

les villageois étaient assujettis en proportion du troupeau qu'ils possédaient.

Ne cherchons pas à savoir si toutes les opérations culturales se faisaient par équipes, ou si quelques-unes, comme les semailles par exemple, avaient caractère de tâches individuelles. L'essentiel est d'apercevoir que la prestation imposée prenait de toute manière expression dans « la journée de travail ».

Cette tâche quotidienne reçut nécessairement une détermination constante. Elle correspondit à l'étendue agraire qu'une longue expérience avait peu à peu associée aux labeurs d'une journée. De la tâche journalière procéda l'unité culturale. Le champ du labeur quotidien devint *le champ* sans plus de précision.

Longtemps, il s'est conservé quelque souvenir, et de l'indétermination primitive du champ, et des procédés qui, non sans quelque irrégularité, en fixaient la situation et la forme. Nous sommes en effet surpris de l'étendue de certaines grandes pièces qui composaient les riches domaines ecclésiastiques de l'époque carolingienne. Mais ces vastes parcelles étaient sans doute déjà le résultat d'un remembrement. Et cette trop précoce opération nécessitait une sorte de retour aux procédés primitifs. Ces grandes pièces étaient travaillées par le moyen de corvéables qui étaient astreints à labourer chacun une sorte de champ. Mais ce champ, on le déterminait à chaque fois, la « verge » à la main, et à même sur le terrain, et en jalonnant les limites de chacun de ces provisoires « journaux » (13).

Ces journaux prenaient même une sorte de physionomie précise. Chaque laboureur devait enclore d'une haie le terrain qu'il avait ainsi mis en état. Ces haies disparaissaient après la moisson. Ce sont là ces fugaces enclôtures dont parle le polyptyque

(13) Ainsi se labouraient les terres de l'abbaye de Muri (*Polyptyque d'Irminon*, t. I, p. 648).

d'Irminon, et qui, faites de branchages et d'échalas entrecroisés(14), respectaient en réalité la continuité de la campagne.

Cette élémentaire unité culturale, la tradition l'a maintenue. Encore maintenant, le « journal » reste la mesure de superficie agraire la plus répandue sur notre territoire. Et il continue de rester marqué et caractérisé de ses origines(15). Parce que originellement il contint bien plus une tâche de travail qu'une superficie de sol, ce sont les difficultés du labeur humain qui le déterminent. L'étendue du « journal » varie ainsi de pays à pays, de village à village, selon la facilité que le sol offre aux travaux du labourage(16). Et cela nous explique aussi que cette mesure reste associée au vrai travail de la terre, celui de la charrue. De la même manière, l'« ouvrée » de vigne (4 ares 28) correspond encore maintenant à la tâche quotidienne que peut accomplir la pioche du vigneron.

(14) *Polyptyque d'Irminon,* t. I, pp. 654 et 763.

(15) V. sur cette correspondance de la mesure agraire avec la journée de travail, Guérard; *Polyptyque d'Irminon,* t. I, p. 172 et p. 175.

(16) Dans les plateaux secs, à terres légères, du Châtillonnais, le journal est presque partout d'une étendue de 34 ares 28. Tout à côté, dans les lourdes terres de l'Auxois, la contenance n'en est plus que de 22 ares 85. Cette contenance varie même souvent de commune à commune. Dans le canton de Précy-sous-Thil, qui chevauche les confins de l'Auxois et du Morvan, la partie de l'est a le journal de 22 ares 85, tandis qu'à l'ouest la contenance en est de 34 ares 28. Il en est de même pour le canton de Venarey-les-Laumes. La partie nord, où tout rappelle encore les aspects du Châtillonnais, a le journal de 34 ares 28, tandis qu'au sud prévaut le journal de 22 ares 85. On y peut même distinguer, près de Boux-sous-Salmaise, un certain îlot de terres où le journal est réduit à la contenance anormale de 17 ares 14.

La « soiture » est la mesure de superficie spéciale aux prés. Elle a en général la même étendue que le journal. Et c'est bien là encore un témoignage des origines, car les prés se sont souvent établis aux dépens, non de la forêt, mais des terres cultivées.

Les forêts ont seules une mesure de superficie qui leur soit vraiment propre. Mais il faut précisément remarquer que cette mesure de superficie est récente et d'origine administrative. L'arpent forestier de 100 perches, de 22 pieds chacune, a été établi par l'ordonnance des eaux et forêts d'août 1669 (tit. 27, art. 14).

Toutes les mesures forestières appartiennent d'ailleurs à un système spécial. Arpent, perche, pied, pouce, y sont particuliers. Et cela dénote bien qu'elles ne relèvent pas du régime originel qui mesurait des labeurs et non des superficies.

Ce sont là, on le voit, persistances et généralisations de la tradition qui domine les origines de l'agriculture, le souvenir d'un temps et d'un régime où la terre n'était distribuée qu'à des labeurs, et non répartie à des droits.

Cependant, ce champ originel, ce champ type, les conditions de l'exploitation primitive n'en déterminent pas seulement l'étendue, mais encore la forme et la situation.

A l'origine, en effet, parce qu'il correspond à une tâche de labour, il correspond à un certain nombre de sillons plus qu'à une superficie agraire. C'est là encore une très vieille tradition. Elle s'est maintenue dans les pays où la civilisation préceltique a réalisé ses plus tardives expansions, et où les souvenirs s'en sont ainsi attardés(17). En Irlande, jusqu'au plein Moyen Age, l'unité agraire fut un chiffre de sillons, et non pas une superficie(18).

Mais, pour que ces sillons soient éléments de mensuration du travail, il leur fallait être d'identiques valeurs de travail. Il fallait, non seulement leur fixer un tracé de semblable longueur, mais encore d'analogue difficulté. De ces deux conditions, le champ originel a reçu toutes les déterminations qu'il a en partie conservées.

Le champ a sa forme adaptée aux travaux de la charrue. Additionnant sillons sur sillons, il constitue nécessairement une sorte de rectangle, dont la longueur est déterminée par les conditions et les

(17) Les Gaulois, eux, eurent de véritables mesures de superficie qui correspondaient à des carrés parfaits. Tels étaient le *candetum* rural, le *candetum* urbain et l'*arepennis* dont l'étendue était de 12 ares 1/2. Ce système métrique des Gaulois se rapprochait beaucoup de celui des Hellènes. (V. Jullian, t. II, p. 394.) Chez les Méditerranéens, la notion du temps et du labeur n'était d'ailleurs jamais intervenue dans la détermination des superficies. Et cela est encore un témoignage qui nous révèle combien les Gaulois étaient étrangers à la civilisation agricole qu'ils ont trouvée établie en notre pays. Par contre, leur système, qui se référait à des superficies de forme carrée, eût été bien plus adapté aux régions méridionales, où dominait un système de morcellement à parcelles de forme massive, qu'aux régions septentrionales où le sol était découpé en longues parcelles minces.

(18) V. le *Senchus Mor*, étudié par d'Arbois de Jubainville.

commodités du labourage. Cette longueur correspond au parcours de charrue le plus pratique. Trop écourtée, elle multiplie les voyages, les allers et retours de la charrue; elle oblige à « tourner » trop fréquemment; elle est l'occasion d'inutiles efforts, et d'une grande perte de temps. Si le champ au contraire se prolongeait sur une longueur excessive, il serait malaisé au laboureur de maintenir la direction rectiligne du tracé.

Cette longueur varie peut-être selon certaines circonstances. C'est ainsi que dans les fonds de vallées rétrécies, où un étroit ruban de labours serpente longuement entre deux lisières de forêts, le tracé, guidé par les murs de ce couloir boisé, se maintient aisément et se prolonge beaucoup plus loin que si la charrue avançait sur lieux plats et sans repérages. Mais, d'autre part, ces champs, de forme si anormale, ont tout l'air d'être exclus du régime originel de la terre. Le plus souvent, ils sont sans doute une conquête récente que l'agriculture a réalisée sur le domaine traditionnel de la forêt.

En général, il ne semble pas en effet que la longueur originelle des champs ait été beaucoup modifiée; car elle correspond à une valeur stable. Les conditions de travail qui l'ont déterminée ne se sont pas sensiblement modifiées jusqu'au siècle dernier(19). Reconnaissons-le pourtant : la charrue moderne, instrument singulièrement amélioré, est devenue susceptible d'une plus longue régularité de tracé que l'antique araire. La parcelle moderne aurait dû ainsi accroître sa longueur. Mais l'extension d'une parcelle dans le sens de sa longueur était difficile à réaliser, puisqu'il eût fallu, pour lui donner le champ de cette extension, une autre parcelle située rigoureusement bout à bout de la première. Le cas en est assez rare.

(19) D'après la loi des Alamans, la charrue de l'ancienne Germanie était déjà montée sur quatre roues : « Si carrucam involat, aut rumpit rotas, in priori parte, sic ut illa die operari non possit, solidos tres componat. » (*Lex Alamann.*, XCVI, 2.) – V. Guérard, *Polyptyque d'Irminon*, t. I, p. 648.

Les modifications dont le champ originel a été l'objet n'en ont donc pas sensiblement affecté la longueur, qui reste une valeur constante. C'est presque exclusivement en sectionnant, non la longueur, mais la largeur, qu'ont été opérés des partages qui respectaient l'adaptation originelle du champ aux conditions de travail.

Cette habitude avait par surplus l'avantage de réaliser un partage plus équitable. Sectionner la longueur du champ, c'était créer de nouvelles parcelles qui auraient pu être d'une fertilité très inégale. Etant donné la longueur des champs, ceux-ci s'allongeaient souvent sur des sols fort variés. Et cette variété même avait été l'élément d'égalisation des parts primitives, en permettant tout le jeu possible de compensations. Mais tant qu'à constituer de nouvelles parcelles aussi dissemblables que les anciennes, il était plus pratique de combiner le partage des héritages de manière à ne répartir en chaque lot que des parcelles intègres. Ajoutons encore que les champs constitués par sectionnement transversal auraient perdu leur double, ou même leur simple desserte.

Bien des raisons sont ainsi intervenues pour maintenir aux champs leur longueur originelle, et ne modifier que leur largeur.

Cette largeur n'est d'ailleurs pas indéfiniment modifiable. Ses variations possibles sont contenues entre de formelles limites. Il y a en effet, pour les champs, une largeur minimum. Elle correspond à la « hate », c'est-à-dire à la largeur de terrain couverte par la poignée de grains que disperse le geste du semeur(20). Le champ trop étroit, que dépasserait cette volée, serait d'une exploitation si malaisée que le cultivateur aviserait, et s'efforcerait de lui restituer des dimensions plus adaptées aux conditions de la culture.

(20) Cette « hate » pourrait bien être ce que le *Polyptyque d'Irminon* appelle la « riga ». En certains pays, on dit une « raie » ou une « roie » (V. *Polyptyque*, t. I, p. 643).

D'autre part, il y a aussi une sorte de largeur maximum que la parcelle dépasserait difficilement. J'envisage ici le cas, où le champ en arriverait à être plus large qu'il ne serait long. Ce serait là le résultat d'heureuses et nombreuses opérations de remembrement. Mais, en pareil cas, il y aurait avantage à changer le sens du labourage. La largeur devient alors la longueur, et réciproquement.

On le voit, la parcelle n'est susceptible que de modestes variations. En général, sa longueur reste invariable. Quant à la largeur, pratiquement elle ne peut devenir ni inférieure à la « hate » ni supérieure à l'autre dimension.

D'autre part, les modifications n'ont pas toujours nécessairement la forme du fractionnement. Le remembrement peut compenser le démembrement.

On objectera qu'il est plus fréquent de partager que de réunir. Le remembrement ne peut bénéficier en effet qu'au voisin immédiat. Le morcellement peut au contraire correspondre à des intérêts divers, et intervenir en des circonstances nombreuses. Les héritages ont été notamment l'occasion d'un dépècement constant du sol.

Mais remarquons d'abord que la disposition parcellaire facilite le remembrement et y invite. En chaque quartier, les champs sont souvent alignés en bandes parallèles et d'identique longueur. L'acquisition d'une parcelle qui joint accroît l'étendue du champ, et en respecte la forme régulière.

D'autre part, de ces deux opérations – démembrement et remembrement – l'une, relève d'une intention, et l'autre, d'une contrainte. On partage parce qu'il est difficile de procéder autrement. On réunit parce que pendant longtemps, et quelquefois pendant plusieurs générations, le joignant a vécu dans la vigilante attente de l'heure propice, qui lui permettra d'arrondir son bien en achetant le champ voisin.

Le remembrement est en effet aussi avantageux à

une terre que le morcellement lui est funeste. L'un facilite autant l'exploitation que l'autre l'entrave. En fin de compte, si on a bien plus l'occasion de morceler, on a bien davantage l'intention de réunir. On a ainsi le droit de conclure qu'entre les deux forces qui travaillent – l'une, au dépècement de la parcelle, l'autre, à son extension – un équilibre de fait a fini par intervenir. En général, la parcelle, par le jeu même de ses variations contradictoires, a fini par faire prévaloir plus ou moins son intégrité. Immobilisée dans sa longueur traditionnelle, elle a par surplus, comme nous le verrons, ses extrémités saisies et fixées sur d'invariables bases, sur d'indestructibles chemins. La parcelle n'a ainsi de flottement que sur les bords entre lesquels elle allonge son mince ruban. Entre ces longues rives mobiles, le champ s'est sans cesse élargi ou rétréci. De ces mouvements alternatifs s'est composée une constante. Démembrement et remembrement ont sans doute fini par compenser leurs effets.

S'il n'en était pas ainsi, si la constante dans la superficie de la parcelle ne s'était pas dégagée des fluctuations d'étendue de celle-ci, elle aurait certainement fini par se réaliser sur l'ensemble des mouvements affectant, sur toute la France, l'innombrable multitude des parcelles agraires.

Il apparaît bien qu'il en est ainsi. D'une statistique agricole en 1882, portant sur l'ensemble du territoire français, il résulte que l'étendue moyenne de la parcelle y est d'environ 39 ares(21).

Cette étendue moyenne, c'est, à quelque chose près, l'étendue type de la parcelle originelle. Et c'est approximativement la superficie même du journal, dont la contenance varie en général de 34 a. 28 à 38 a. 9. Ces chiffres prendront toute leur signification si l'on remarque que la contenance du journal s'approche d'autant plus des 39 ares que les territoi-

(21) A. de Foville; *le Morcellement. Etudes économiques et statistiques sur la propriété foncière.* Paris, 1885, in-8°.

res agraires semblent d'origine plus ancienne, de type plus originel (22).

Mais cette étendue type, la parcelle ne nous la présente-t-elle pas encore maintes fois, telle que, sous nos yeux, elle la géométrise à même le sol?

Cette superficie essentielle, c'est encore celle des champs que des obstacles ont immobilisés dans leurs dimensions originelles.

Ces obstacles, ces limites fixatrices, c'est le champ lui-même qui les a construites et se les est données. Ce sont les *rideaux* (23).

Les *rideaux* sont en effet de véritables constructions de terre. Elles se sont édifiées sur la limite inférieure des champs qui s'allongent sur flanc de versant et y inclinent leur largeur dans le sens de la plus grande pente. Le sillon inférieur se trouve donc nécessairement déverser en contrebas la lame de terre que détache le soc de la charrue et que tourne le versoir. Ces entassements successifs ont fini par ériger ainsi, le long de toute la bordure inférieure du champ, une sorte de talus.

Ce talus se construit d'ailleurs par en bas comme par en haut. Le long de la même limite, où le champ d'en haut accumule un remblai, le champ d'en bas creuse une entaille. La même quantité de terre que le versoir entasse sur le bord du champ supérieur, la charrue du voisin l'enlève au pied de cet entassement. Le talus grandit donc du double effort qui exhausse sa crête et approfondit sa base. Souvent, une végétation buissonneuse le couvre, et en fait le trait âpre dans les champs.

Ce talus est ainsi fonction de la pente. Exhaussement et approfondissement sont d'autant plus marqués que la déclivité est plus forte. Des deux

(22) Le journal à faible contenance est surtout celui des contrées de terroirs lourds, des régions de terres fortes et difficiles. Mais ce sont précisément là pays de plaines et fonds de vallées dont l'agriculture n'a en général pris possession qu'à l'époque historique.

(23) Les rideaux ont été le sujet d'une remarquable étude de M. Léon Aufrère, dans les *Annales de Géogr.*, n° du 15 novembre 1929.

actions, une seule d'ailleurs peut s'exercer. Tantôt ne se forme que le remblai; tantôt ne se réalise que l'entaille. Il en est ainsi toutes les fois que le champ n'est point bordé par un autre champ. Le rideau ne se formerait d'ailleurs pas, si, à la séparation de deux champs contigus, leurs sillons limites étaient respectivement de sens inverse. La formation de ces constructions terreuses implique donc des habitudes communes de labourage, un règlement de culture. Ils sont le témoignage d'un temps où les sillons avaient, de champ à champ, même ordre et même symétrie.

Le champ, encadré entre deux rideaux, maintient son intégrité plus facilement que la parcelle ouverte. Immobilisé par les deux talus gazonnés entre lesquels il s'allonge, ce champ à forme rigide se prête mal aux entreprises qui le peuvent diviser ou réunir. En particulier, il ne s'adapte pas aux opérations du remembrement; et ce serait un inhabile calcul que de vouloir à tout prix arrondir son bien avec un terrain qu'isolent et défendent de vrais accidents topographiques(24).

Il peut donc arriver que ces remparts de terre maintiennent à la parcelle son étendue et sa forme originelles. Certains champs du Tonnerrois, allongés entre de massifs rideaux, nous représentent peut-être encore maintenant le champ tel que les origines l'avaient fixé. Longs d'environ deux cents mètres, larges d'une vingtaine de mètres, ils ont cette superficie qui correspond approximativement à celle du journal. Cette mesure agraire du « journal » s'est, il est vrai, généralisée seulement après l'abandon du « bonnier » de l'époque carolingienne.

(24) Souvent, l'édification des rideaux, au lieu d'être l'entrave au démembrement, en est le témoignage. Des parcelles ont pu se créer dont les limites inférieures se trouvent saisies sur des déclivités propices à l'édification du rideau. Ces subdivisions sont maintes fois sous-multiples d'une étendue correspondant au journal. Dans les nouvelles parcelles qui se construisent de nouveaux rideaux, la hauteur et la masse de ces terrassements sont fonction, non seulement du relief, mais aussi de l'âge du champ.

Mais le fait d'avoir, antérieurement, été spéciale aux terres labourées, témoigne qu'elle est la survivance du vieil usage des temps originels, qu'elle correspond à l'étendue type du champ primitif, qu'elle est ce champ lui-même(25).

Il en fut ainsi en Angleterre, où l'unité de mesure appliquée aux étendues agraires correspond approximativement à notre journal. La contenance de l'« acre » est en effet de 40 a. 46. Et cette étendue type, l'usage la maintient encore aux parcelles privilégiées qu'un vieux statut a immobilisées dans leurs formes et leurs dimensions anciennes. En certains villages anglais en effet, les circonstances ont favorisé la persistance d'un très ancien régime du sol. Dans le village de Hitchin (Herts), par exemple, qui appartient à la Couronne depuis Edouard le Confesseur, le territoire est divisé en parcelles d'égales dimensions. Or la superficie de cette parcelle-unité est identique à l'unité de mesure agraire, à l'« acre »(26).

En Angleterre, le champ originel n'est plus seulement ainsi la persistance sur le sol d'une réalité physique; mais c'est ce champ primitif qui donne sa mesure à l'étendue et à l'espace. La correspondance entre l'« acre » et le champ est d'une précision autrement rigoureuse que celle qui associe notre variable « journal » aux origines du morcellement parcellaire. Car ce n'est pas simplement une étendue type, une unité de superficie qui se détermine ainsi. De cet « acre », de ce champ type, se sont dégagées aussi les mesures de longueur. Le *furlong*

(25) Guérard, après avoir discuté du bonnier et du journal, d'après le *Polyptyque d'Irminon*, et les textes de Pérard, termine ainsi : « On pourrait conclure de là que le journal était la quantité de terre qu'une charrue laboure en un jour ». Le journal de Paris valait alors 34,13 ares. (*Polypt. d'Irminon*, t. I, pp. 172 *sqq.*)

(26) Dans les anciens rôles, la parcelle est, sinon identique à l'unité, du moins identique à une subdivision de l'acre. Dans les rôles de Winslow, nous voyons que les parcelles avaient une superficie d'environ un demi-acre. Quand, par exemple, la tenure se composait d'un acre et demi, elle se constitue toujours de trois parcelles distinctes. (Seebohm, *The English Village Community*. Londres, 1898, chap. I, pp. 21 *sqq.*)

n'est pas autre chose que cette longueur de 201 mètres, telle que nous la trouvions dans nos champs du Tonnerois. Le mot dit l'origine. Ce « furrow long » est la longueur du sillon depuis le lieu où la charrue l'engage jusqu'au point où elle le termine.

Le *furlong* a pour subdivision le *rod* ou *pole* (la perche), dont la longueur est de 5,0291 mètres. Or, tout comme le furlong, le « rod » fut une valeur qui se dégagea strictement des labeurs de la terre et des conditions de structure du champ originel. Le « rod » correspond à la « hate », c'est-à-dire à cette largeur de terrain que couvre la volée de grains dispersés par la main du semeur. « Rods » et « hates » sont des valeurs identiques. Quatre « rods » ou quatre « hates » constituent la largeur type du champ originel. Il se trouve ainsi que la longueur du champ est exactement divisible par sa largeur, et la contient dix fois. Le *furlong* est donc divisible par le *rod* ($201.164 = 10 \times 4 \times 5.0291$).

Ces rapports, encore maintenant, et à notre insu, conservent peut-être leur valeur. Car les partages qui ont pu se faire ont respecté l'unité du *rod* ou de la *hate*, en maintenant souvent l'intégrité des longueurs originelles.

Mais en Angleterre, la correspondance entre les mesures agraires et les tâches humaines des champs est d'une précision plus significative encore. La contenance de la parcelle originelle est non seulement identique à l'unité de superficie agraire, à l'*acre*, mais la forme même de cette parcelle s'imposa à l'unité de mesure. Une loi de la trente-troisième année du règne d'Edouard le Confesseur règle en effet l'étendue de l'acre, non d'après une superficie, mais d'après des dimensions. C'est l'étendue rectangulaire qui a un « furlong » de longueur (201,164 mètres), et quatre perches ou « rods » de largeur, c'est-à-dire 20,1164 mètres (27).

De même que *journal* et *champ* ont été jadis une

(27) V. Seebohm, *the English Village Community.* (Chap. I.)

même chose, nous voyons s'affirmer ainsi que l'*acre* fut à l'origine le champ lui-même, non plus seulement dans son étendue superficielle, mais tel que le définissaient sa forme et ses dimensions, c'est-à-dire tel que l'ont construit les labeurs humains(28).

Cela prendra toute sa signification si on rapproche le mot *acre* de l'allemand *acker*, du latin *ager*, et du grec ἀγρός. Et il ne serait pas sans intérêt de rappeler que le sanscrit *âjras* désigne, non pas à proprement parler le champ, mais l'ensemble des champs, la plaine cultivée, la campagne agricole.

Aux vieilles époques de l'âge du bronze, quand se généralise en Angleterre, avec les usages de la civilisation agricole, l'emploi de l'idiome indo-européen, les premiers champs s'appelèrent du mot qui les définissait, autant dans leur forme partout semblable que dans leur étendue partout uniforme.

Dans cette civilisation rurale de l'ancien Occident, le champ a eu partout les mêmes dimensions et une structure analogue que déterminait partout la même fondamentale commune mesure, le même labeur humain, la tâche du jour.

(28) En Allemagne, l'expression *hufe* désigne originellement une mesure agraire en même temps qu'un champ.

III

LE MORCELLEMENT PARCELLAIRE

Les origines du morcellement.

Nous venons de voir le champ se déterminer dans les travaux du labourage, fixer son étendue sur la tâche d'une journée, ajuster sa longueur au parcours des charrues, et régler sa largeur sur le geste du semeur.

Mais si le champ correspond à la tâche quotidienne du laboureur ancien, celui-ci, tout comme l'actuel paysan, a un labeur qui n'est pas d'un jour, mais de toute l'année. Il faudrait donc nombre de ces unités de labeur pour composer une unité d'exploitation, constituer le domaine nécessaire et suffisant à une famille.

Or le trait caractéristique de la campagne ancienne, c'est non seulement la multiplicité de ces unités culturales, le grand nombre de ces champs, mais la dispersion sur tout le territoire de ces multiples éléments de chaque domaine (29).

Cette dispersion, elle était dans les conséquences nécessaires du régime cultural.

Ne nous imaginons pas en effet que le puissant attelage des laboureurs – disons des défricheurs primitifs – pût opérer exploitant par exploitant, et mettre en état les terres en dispersant ses sillons

(29) Morcellement et parcellement qu'on a souvent distingués l'un de l'autre, sont en réalité deux aspects du même phénomène originel.

selon les gens, au lieu de les grouper selon les lieux. Le croire, ce serait supposer qu'un régime préalable d'appropriation du sol a déjà été réalisé, que les droits à la terre en ont précédé les tâches, et que l'œuvre était distribuée avant d'avoir été faite.

Mais à l'origine, le travail en groupe était une obligation qu'imposaient les conditions particulièrement pénibles du labourage primitif. Celui-ci était en effet la remise en état d'un territoire qu'avait envahi la friche ou le taillis. C'était, à chaque année, comme un défrichement nouveau qui exigeait ses forts attelages et ses forts ouvriers. C'est sur un vaste champ qu'opérait ainsi chaque charrue et chaque équipe. Chacun de ces chantiers d'un puissant labour correspondit donc à une sorte de quartier qui avait son unité structurale. Les sillons y étaient ordonnés de même sens et de même longueur. L'ensemble composait une massive pièce, grand carré ou épais rectangle. Ces quartiers de labour existent encore maintenant. Ce sont là les blocs rubannés qui donnent à notre campagne son aspect significatif, sa structure en damier. Ils assemblent, en bandes parallèles et d'égale longueur, des parcelles qui furent à l'origine les anciens lots individuels.

Cet ample chantier d'un labour commun était partagé en effet entre tous les fournisseurs de la prestation; chacun recevait le champ de sa tâche particulière dans les travaux que le cultivateur assume isolément. La part individuelle, la parcelle, le champ seraient nés ainsi sous le geste du semeur. Or, celui qui jette la semence récolte nécessairement la moisson. Et le vieil homme de ces temps anciens était déjà ce paysan pour qui la récolte est moins le produit du sol que le résultat de son effort..., moins un bien de sa terre que le témoignage qui affirme son experte valeur, justifie et glorifie sa peine.

Ce caractère d'une exploitation rurale, individuelle dans ses initiatives, collective dans ses moyens, n'est-ce pas celui qui se manifeste encore aujourd'hui, à l'occasion de certaines opérations culturales mettant en action un dispendieux machinisme? C'est ainsi que les syndicats agricoles ont souvent en commun des battoirs à vapeur ou des tracteurs. L'emploi de cet outillage collectif ne se concilie-t-il pas aisément, non plus seulement avec des responsabilités individuelles de travail, mais avec le régime complet de la propriété individuelle? Et ne voyons-nous pas de nouveau le tracteur, qui travaille au compte de villageois syndiqués, opérer comme jadis, mettre la terre en état par larges quartiers indépendants des propriétés, effacer sous son passage les limites parcellaires, rétablir l'apparente unité d'un antique terroir?

Cependant, le partage du quartier labouré avait pour élément ce nombre déterminé de sillons qui correspondait à une des journées du travail commun. Mais chaque nouveau chantier recommençait ainsi la distribution à chacun de la part d'un jour dans l'œuvre de tous (30). Le territoire, qui se construit en ajoutant canton sur canton, ajoute donc à chaque terme de l'addition le morcellement au morcellement. Le laboureur n'est à chaque fois l'attributaire que d'une même parcelle; mais il la reçoit souvent; il la reçoit partout.

Le secteur primitif était donc déjà partout ce

(30) Les champs ont pu être répartis, non pas précisément selon les individus, selon le nombre des prestataires, mais selon le bétail fourni à la prestation. Quand, plus tard, se serait réalisée l'appropriation du sol, elle n'aurait été ainsi, en fait, qu'une consécration de la capacité d'exploitation de chaque cultivateur. Tout se serait passé comme si les champs avaient été distribués à des têtes de bétail plus qu'à des gens. Et pendant longtemps, en effet, l'importance de chaque exploitation se définira, non par une superficie de sol, mais par un nombre de têtes de bétail. Quand le « Domesday Book » nous apprend que dans telle pièce de terre du Bedfordshire, « un bœuf y laboure », nous sommes peut-être autorisés à penser que cela se réfère à la capacité d'exploitation de l'exploitant originel. C'est le bœuf qui aurait été alors « le père du champ ». Nous transposons ainsi la formule suédoise : « le top est le père du champ ». Car en Suède, ce fut le lieu de l'habitat (top) qui régla la répartition des champs.

D'ailleurs, l'appropriation du sol fut sans doute la conséquence d'un régime préalable d'appropriation dont le troupeau était l'occasion.

morcellement de tâches individuelles. Quand, plus tard, il réalisa son extension complète, il communiqua à toute la clairière culturale, en le multipliant par l'ensemble, le régime initial du morcellement.

La campagne prit ainsi tout entière l'aspect d'une terre infiniment dépecée. Elle releva moins de l'étendue et de l'arpentage que du nombre et de l'arithmétique. Elle ne fut pas le champ d'une géométrie plane qui livrait une étendue sans résistance. Mais elle fut le domaine de ce discontinu qui scandait l'œuvre par l'effort de chaque individu, et qui rythmait la peine humaine du battement des jours.

Ce régime originel, nous allons le voir fixer sur la terre les traits définitifs que nous contemplons encore. Ce morcellement parcellaire, il est un dessin qui dure, un tracé qui se stabilise.

Pendant longtemps en effet, comme nous l'avons vu, l'agriculture n'a cessé chaque année de déplacer son territoire autour du village. Or ces champs, qui sont assignés au villageois pendant l'année culturale, disparaîtront-ils quand cessera l'exploitation du secteur? Quand le territoire sera rendu à la pâture, seront-ils rendus à l'indivision?... Ou bien au contraire, à chaque restauration périodique de la culture, sont-ils restaurés dans leur forme, leur situation, et leur attribution? En discuter, c'est déterminer si le morcellement parcellaire est annuel ou s'il est définitif.

Mais d'abord, ces champs sont-ils tellement disparus? La restitution à la pâture d'un territoire cultivé ne fut qu'un éphémère effacement des fugaces vestiges de la culture. En réalité, sous l'herbe des pâturages, le champ de chaque tâche individuelle subsiste à l'état d'unité cadastrale. Sur le sol, une forme terrestre, une configuration idéale continue d'attendre le retour périodique du labeur qui en rétablira l'active réalité.

Les mêmes procédés cadastraux, qu'ont employés

les fellahs de l'ancienne Egypte pour retrouver après l'inondation leurs champs submergés sous les limons, ont sans doute permis au cultivateur occidental de repérer son champ effacé sous les herbes. De même que dans l'ancienne Egypte les chaussées émergées étaient les traits préservés du repérage cadastral, les chemins étaient l'indestructible charpente sur laquelle était bâtie notre campagne originelle; ils étaient les lignes du lotissement des tâches individuelles. C'est sur eux que venaient aboutir les chantiers du labour; c'est sur eux que s'amorçaient tous les sillons, et que toutes les charrues alignaient les départs et les retours de leurs paisibles voyages. Tous les champs d'un canton ayant même nombre de sillons, il était aisé ainsi, de rétablir le long de ces stables alignements la fidèle succession des tâches qui en partaient, et de rendre chaque année à chacun l'ancien champ de ses labours.

Non seulement cette restitution était possible, mais elle était nécessaire. Rendre le laboureur à son champ ancien, c'est en effet le rendre à un vieil attachement. C'est le rendre à l'œuvre où il a mis sa peine et à qui il s'est donné. A chaque restauration périodique du secteur cultivé, on rendit à chacun chaque terrain qu'il avait façonné, tous les champs, toute la même terre dispersée, qu'il avait maintes fois déjà ouverte aux semailles et livrée à un blé nouveau.

A cette condition formelle, la terre reçut de l'homme tout ce qu'il lui put donner. Cette terre française, dès ses origines, elle n'est pas le chantier d'un jour, la tâche d'une année, la vaillance et la sueur d'une saison. Mais elle est l'ouvrage de toute la vie; elle se fertilise de l'effort des jours innombrables; elle s'enrichit de la durée de toute l'existence; elle s'allonge et grandit de toutes les espérances de l'avenir; et elle entre à jamais dans la succession des générations et la générosité de cette perpétuité.

Dès les jours primitifs, une définitive attribution du sol était faite. Nos Anciens avaient déjà leur tâche partout fixée et attachée à de mêmes terrains. Une tradition vieille comme les âges maintenait à l'homme des premiers champs ce droit de reprendre toujours aux mêmes lieux qu'il a façonnés, la tâche interrompue. Ces Anciens avaient déjà tous ainsi « leur terre ». Mais cette terre n'était à eux que parce qu'ils pouvaient se donner à elle. C'est la première et touchante forme d'un attachement qui deviendra un jour les chaînes de la servitude. Ces laboureurs – qui commencent tellement de s'attacher à une terre qu'ils en deviendront plus tard les esclaves, les serfs – n'ont encore d'autre privilège, sur ce terrain qui leur est réservé, que celui de vivre et de peiner à son service. Le privilège qu'ils en ont est moins notre droit de possession et de jouissance, que ce droit d'en assumer les fatigues et les travaux..., ce droit d'en peiner, ce droit d'en souffrir, qui vaut déjà un droit d'aimer.

Mais cette définitive attribution du sol, ce n'est pas une appropriation(31).

Pendant des siècles, pendant des millénaires, la propriété rurale conservera en France les servitudes de ses origines. A certaines traces qui persisteront, on reconnaît qu'elle reste la tâche attribuée plus qu'un droit concédé. Les servitudes qui la grèveront seront moins une obligation établie par des dominateurs, moins une charge imposée d'en haut, que les vestiges d'une origine. Qu'importe si ces obligations en nature, et en argent ont été confisquées par un individu, par un chef féodal! Jusqu'aux temps modernes, prestations, censives, mainmorte et banalités, resteront les témoignages d'une originelle propriété collective et des anciens droits de tous sur la part de chacun.

Cependant, l'attachement de l'homme au sol ne fut pas la seule cause qui rendit définitives les

(31) Jusque dans les temps modernes, en Ecosse, certaines habitudes ont persisté qui rappellent encore les temps où chaque année se faisait une redistribution des terres. C'est le système dit *runrig* ou *rundale*. (V. Vinogradoff, *Growth of the Manor*, pp. 174 *sqq.*)

affectations du sol. La répartition de la terre était une opération trop difficile pour qu'on pût la recommencer. Et elle devint de plus en plus impraticable à mesure que le territoire cultivé prit de l'extension.

On s'explique en effet de quelle difficulté devait être une répartition en lots égaux des multiples parcelles. Pour réaliser cette égalité, il fallut faire entrer en chaque lot toute la diversité des sols, une représentation aussi complète que possible de tout le territoire. Etait-il facile, était-il possible, de recommencer chaque année sur un nouveau territoire cette laborieuse distribution?

Dès les origines donc, sur un territoire fixé une fois pour toutes, les tâches furent réparties, et les lieux distribués, une fois pour toutes. Les parcelles étaient en place. Le régime du morcellement parcellaire était établi sur notre terre pour ne plus s'en effacer.

Au début, cet aspect d'un sol découpé en lanières ne se manifeste apparent que sur le secteur en culture. Mais l'aspect spécial au territoire cultivé s'étendit de toute l'extension que prenait ce territoire. Et quand cette extension se fut réalisée sur toute la campagne, celle-ci tout entière ne fut qu'un assemblage d'innombrables bandes, un vaste ensemble rayé, aux raies tantôt sombres comme la terre, tantôt vertes comme le blé nouveau, tantôt parées des couleurs ensoleillées de la moisson.

Remarquons encore que plus se généralise le régime du morcellement agraire, plus il grave ses traits sur le sol. Plus en effet s'amplifiait le territoire agraire, plus s'écourtait la période qui en rétablissait l'activité pastorale. Et ces vacances de plus en plus brèves que la jachère donnait au sol permettaient une restauration toujours plus aisée des champs, des parcelles, des traits terrestres qui avaient à peine eu le temps de s'obscurcir et de se voiler.

Les caractères du morcellement parcellaire.

Le régime du morcellement parcellaire a permis d'adapter la variété des reliefs et des sols à la quasi-uniformité de l'étendue parcellaire. C'est grâce à lui que la terre a pu accepter cette unité culturale calculée sur les labeurs humains.

On a beaucoup discuté sur la disposition du morcellement parcellaire. Maintes théories ont cherché à expliquer la situation et l'orientation des parcelles agraires. Il est possible qu'en des pays, comme certaines régions flamandes, l'orientation des lignes du morcellement réponde à de véritables traditions. Mais cela reste fait localisé, et hypothèse discutable. En général, la mise en place du champ acheva de réaliser les intentions qui avaient présidé à toute l'élaboration du territoire agraire. Ces parcelles, ces pièces, le constructeur primitif les assembla et les combina, de façon à leur assurer à toutes identique facilité et analogue fertilité, pente partout propice, desserte partout aisée. La disposition parcellaire réalisa ainsi ce que l'aménagement général avait préparé.

Les champs furent disposés de manière à exploiter les avantages d'un relief choisi et comme façonné pour eux.

Les reliefs les plus favorables furent en effet ces heureuses pentes qui ne dépassaient pas le mouvement suffisant pour assurer l'écoulement des eaux. Ces légères déclivités, le champ les chercha et les adopta. Il s'aligna dans leur sens; et ses sillons furent les lignes naturelles où s'écoulèrent lentement des eaux qui avaient le temps d'abreuver la terre sans la saturer.

Les pentes plus accentuées, le champ les prit par le travers. Le laboureur évita ainsi l'effort qu'aurait exigé de son attelage la remontée de la pente. Le champ se disposa comme un ruban allongé qui suit le versant et contourne le coteau. La parcelle souvent s'allonge alors de ce qu'elle se rétrécit. Cet étirement correspond sans doute à la difficulté de faire tourner sur une déclivité trop forte les attelages de charrue.

Quand le coteau s'écourte, le système se complique. Le champ n'épouse pas toujours le contour de la pente. On sait en effet, que le laboureur aime à conserver sur toute la longueur de leur tracé la visée de ses sillons. L'aménagement des pentes se fait alors de façon à répartir la courbe et à partager la difficulté. Deux groupes parcellaires se déterminent ainsi bout à bout, prenant leur départage sur la ligne de relief qui rompt la perspective. De part et d'autre de cette ligne de rupture, chaque champ, quitte à en écourter sa longueur, peut ainsi contenir toute sa perspective. Si le terrain ne se prête pas à cette disposition, on en peut revenir au système du champ qui épouse directement la pente et la remonte. En ce cas, semble-t-il, le champ s'écourte et s'élargit. Tout se passe comme si le laboureur préférait tourner plus souvent et monter moins longtemps.

Il est impossible de dire lequel l'emporte de ces deux systèmes, l'un parallèle, l'autre perpendiculaire aux lignes de pente. Ils se varient en effet indéfiniment et se prêtent à toutes les adaptations. Sur chaque pente, les champs s'alignent sur sa ligne ou sur sa base selon que prévaut tel ou tel avantage.

La complication est d'ailleurs dans le relief même. Il est bien rare qu'une pente se présente comme un glacis régulier, et qu'elle ne soit pas associée à une déclivité d'origine secondaire et de sens différent.

Mais d'autres causes que le relief interviennent pour rendre la distribution parcellaire d'une complication déconcertante. Les parcelles ne s'orientent pas seulement selon la pente. Leur distribution est surtout réglée par les chemins. Tout le long de son parcours, le chemin dépose ces minces et longs rectangles qu'il aligne perpendiculairement sur lui. Il est ainsi comme la hampe qui porte ces bandes triomphantes, parées des couleurs de la saison, et qui semblent onduler dans les doux dépliements du sol.

Cependant, la rigide et massive forme géométrique du « quartier » ne s'adapte pas à la divergence des chemins. Pour que ces épais rectangles arrivent tous à se loger dans une étendue de forme plus ou moins trapézoïdale ou triangulaire, il faut nécessairement varier le sens de l'emboîtement, alterner les dispositions perpendiculaires aux chemins avec les dispositions qui leur sont parallèles.

L'influence du chemin s'associe et se combine ainsi avec l'influence du relief pour créer ces assemblages. Le plus souvent ces cantons culturaux se succèdent en intercroisant leur sens de rayures, leur alignement parcellaire, et à tout changement dans la disposition correspond une voie nouvelle.

D'autres causes encore que le relief et les chemins peuvent intervenir dans la distribution parcellaire. La nature du sol, l'orientation des pentes, l'étendue de la clairière, la proximité du village, le voisinage de la forêt, l'obstacle ou l'attirance d'un cours d'eau... s'ajoutent aux influences prépondérantes exercées par le relief et le réseau des voies. Ce sont toutes ces causes combinées entre elles qui ont dirigé le morcellement agraire, imposé à notre campagne son aspect, et communiqué à notre paysage rural sa signification.

L'évolution du système.

La théorie, dont nous venons d'esquisser les grands traits se prête encore plus aux réserves qu'aux commentaires. Les choses ne se sont certainement pas passées aussi simplement que nous nous plaisons à l'imaginer, et la réalité n'a évidemment pas eu la monotonie de notre description. Le régime du morcellement parcellaire n'a certes pas été l'œuvre brève et précise, le trait qui se fixe sans hésiter et sans flotter. Ces hésitations, nous les soupçonnons; ces flottements, nous les entrevoyons. Nous avons parlé comme si tout avait été projet délibéré et ordre prémédité. Or, ce qui s'est établi, c'est moins un système logique qu'un régime de fortune, qui était à chaque fois l'improvisation de l'indocile humeur humaine sur le thème sommaire dont la première glèbe déroulait déjà le plan constant. C'est à leur insu que les laboureurs primitifs ont fini par prendre ces habitudes de labeur, qui épargnent la recherche, économisent l'effort et préviennent le désordre. A chaque restauration du territoire agraire, ils se trouvaient sans doute moins en un lieu semblable que dans un ordre de tâche déterminé. Dans cette période de l'organisation préalable, on a moins dû se soucier de retrouver « *son* champ » que de reprendre « *son* rang »... Ce poste sur la ligne, ce rang sur le chantier, peut-être était, peut-être devint-il rang social, et fixa-t-il la ligne de la société avant de déterminer les traits de la terre. En tout cas, il est vraisemblable que l'*ordo camporum* est sorti d'un ordre humain. Les cultivateurs barbares, qu'observa Tacite en Germanie, en étaient encore à ce partage originel du sol *secundum dignationem*(32).

Maintenant encore, il nous serait aisé de retrouver sous nos yeux ces disciplines spontanées du travail agricole. En maintes circonstances(33), nous pouvons encore faire actuellement l'expérience que

(32) Tacite, Germ. 26, V. plus haut, p. 140, n. 5.
(33) En Bourgogne, les corvées de vignerons, organisées par les sociétés de secours mutuels, constituent des équipes qui conservent de vignes en vignes, de chantiers en chantiers, la même disposition des travailleurs entre eux. D'ailleurs, les vendanges sont une occasion qui nous manifeste, d'une façon plus précise encore, la force et la persistance de ce vieil usage. De vigne en vigne, à chaque déplacement de la joyeuse bande des vendangeurs, se reproduit toujours la même pittoresque scène. Et c'est en cris véhéments et en de gaillardes revendications que vendangeurs et vendangeuses défendent obstinément « leur rang », et cela malgré toutes les incommodités que peut susciter un chantier nouveau.

les travailleurs ruraux, appelés à opérer par équipes, abordent toujours leur tâche collective en se groupant entre eux dans un ordre constant, que déterminent des habitudes, une rustique hiérarchie, des convenances personnelles.

Le droit à réoccuper toujours le même sol, à exploiter toujours le même champ, n'a été au début qu'une habitude humaine de se mettre en place, jusqu'à ce que cette place fixât le sol et réglât la terre. Ici encore, le droit n'est qu'une habitude consacrée par le temps, et sur les plus archaïques origines d'une appropriation du sol, *jus* et *mos* sont déjà même valeur, même sens.

Mais les choses aussi résistent aux formules, et elles n'entrent pas dans la théorie sans en ébranler le cadre.

Ce n'est pas seulement en effet le système de distribution des parcelles qui subit l'effet des incertitudes et des temporisations humaines. La parcelle elle-même, ce champ type dont nous avons déterminé les origines, l'étendue, les dimensions, l'orientation..., n'est pas l'uniforme valeur qui toujours divise le sol à sa mesure. La réalité est plus riche de combinaisons que cette arithmétique. L'unité qui la mesure, cette terre la calcula, non sur une géométrie indifférente, mais en fonction des valeurs du sol et des circonstances des lieux. L'étendue de la parcelle se dégage ainsi de toutes les complexes conditions qui la discutent.

Cette adaptation constante de la parcelle avec le milieu, c'est cela qui a marqué la terre du signe de la puissance qui l'a su traiter et entendre; c'est cela qui a mis l'humain et son attentive pensée sur cette campagne; c'est cela qui a fait du brutal tailladement de ce territoire non seulement un dessin sans sécheresse, mais l'œuvre et l'accord réfléchis où chante l'harmonie entre la terre et l'homme.

Vous pouvez du regard suivre tout ce mouvement expansif et joyeux d'une campagne qui joue avec la terre, la traite à sa guise, et la plie à sa grâce!... Ces parcelles géométriques, elles ont su prendre le sol par toutes ses forces et par tous ses faibles. Elles savent l'épouser dans ses formes, l'éprouver dans sa vigueur, en saisir et en manier le geste, et réussir partout sur lui l'art qui le cultive.

Voyez! Contemplez! Chacune de ces mortes cases du quadrillage de la campagne s'anime de vie si vous savez faire vivre!... Voyez ce champ qui s'étire sur un long versant qu'il aime à suivre tout au long!... Voyez celui-ci qui s'écourte sur une pente où peine la charrue, et voyez comme il s'élargit de tout ce qu'il perd au long!... Et voici sur ces seuils aisés, sur ces vastes plans, les champs réguliers qui s'étalent et se développent à l'aise dans la forme des strictes règles et dans la libre abondance de l'étendue!... Et comparez à cette création facile, l'étroite et sinueuse galerie de ces labours qui, au fond de ce vallonnement, entre les versants qui rapprochent sur eux leurs bois, n'en finissent plus de suivre le creux pierreux qui gagne les plateaux en s'amincissant et en s'appauvrissant sans cesse.

Dans toute cette campagne taillée partout aux tâches quotidiennes des hommes, pas une de ces lignes qui ne nous parle..., qui ne nous parle de l'entente entre l'homme et la terre!...

Cependant, sur ces mouvements du sol où le jour qui passe règle chaque tâche et chaque champ de l'homme, nous allons introduire les gestes de l'Histoire.

Mais avant de rendre leur action et de redonner leur cours aux fugaces années mortes..., avant de ramener les temps et les âges agir sur ces plaines humaines et en agiter les éléments..., rappelons-nous combien les mutations qui ont affecté ces champs en ont fidèlement respecté le régime et l'ordre originels. Les longueurs parcellaires se sont presque partout maintenues. Les largeurs seules ont varié. Les champs continuent de fixer leurs indestructibles extrémités aux rigides chemins de pierre qui les ont créés. Presque jamais rompus, presque jamais écourtés, ces vieux champs n'ont guère eu d'autres mouvements que de se rétrécir ou de s'élargir. Ces agitations compensatrices leur ont composé une sorte de statut dont la fixité est plus dynamique que statique.

Formée de ces unités statistiquement immuables, notre campagne reste ainsi un ensemble constant et une composition stable. Son aspect demeure sensiblement ce que les temps originels l'avaient fait. Si nous pouvions donc reconstituer sous nos yeux en une prodigieuse accélération le film de son histoire, les mutations et les mouvements qui l'ont affectée, cette sorte de vue cinématographique, prise sur le déroulement des millénaires, nous ferait apparaître le flottement spasmodique de toutes les longueurs inscrites dans ce paysage morcelé; mais elle nous manifesterait aussi la calme fixité qui règne sur les lignes maîtresses. Puissamment saisie entre ses rigides chemins de pierre, la campagne n'a eu que d'insensibles tressaillements intérieurs. L'impassible visage du sol, que contemplent les cieux sans âge, conserve ses grands traits depuis l'époque où l'activité des humains en éveilla le terrestre frisson qui le ride de sillons.

Non seulement le régime du morcellement originel persiste sur cette campagne française, mais il y a pris de nos jours un sens plus apparent et un accent nouveau. Et chaque parcelle actuelle dénonce de plus en plus qu'elle est l'indépendante unité.

L'indépendance culturale de la parcelle fut, en une certaine manière, une conséquence de la disparition de la jachère. Les champs occupèrent alors toute l'étendue de la clairière culturale. La remplissant entièrement, ils cessèrent d'y trouver le jeu d'un déplacement. Or, quand le territoire cultivé acheva ainsi une extension qui lui imposa sa fixation, quand cessa la mobilité du groupe des cultures, disparut aussi la discipline qu'elle impliquait. Il fallait en effet une entente générale pour réaliser l'annuel déplacement des labours. C'est cette discipline rurale qui, à l'époque historique, réglementait encore la succession des soles, où la pratique de la vaine pâture imposait par surplus des habitudes de culture unifiée.

L'abandon de la vaine pâture au XVIIIe siècle permit déjà souvent aux cultivateurs de varier à leur gré la composition des deux soles cultivées. La disparition de la jachère y généralisa le régime de liberté que la culture avait acquis. La campagne achevait de réaliser son unité constructive en même temps qu'elle commençait à être cette diversité d'aspects et de teintes qu'entretient l'indépendance de production de chaque champ.

Mais le régime d'entente avait de tels avantages qu'il s'est parfois maintenu. En de nombreux villages, le système des trois soles est encore pratiqué. En Bourgogne, dans le pays d'Arnay, les trois soles ou « coutures » (34) continuent de se succéder, rétablissant alternativement chaque canton en *blé,* en *carêmes* et en *sombres.* Mais ici, chacune des trois soles, au lieu d'être constituée sur un territoire d'un seul tenant, est répartie en trois ou quatre quartiers distincts, que séparent les éléments des deux autres soles. Cependant, en général, chacune des trois soles forme une continuité. C'est ce régime qui existait encore partout, il y a quelques années, dans le Châtillonnais. On le retrouve en maintes autres régions de la France du Nord et de l'Est, où il apparaît encore comme le régime naturel aux vieux terroirs et aux campagnes à champs allongés (35).

(34) L'expression varie beaucoup. En Bourgogne on dit les *coutures* ou les *épis.* Dans la Haute-Saône, on parle de *pies.* Mais dans le même pays, le mot couture peut désigner aussi bien le quartier ou le lieu-dit que la sole, ou même l'ensemble des champs.

(35) Un des exemples les plus caractéristiques est celui du département de la Somme. La partie orientale, ravagée pendant la guerre, a été restaurée selon les principes les plus modernes, et offre un saisissant contraste avec la partie occidentale où se maintient le traditionnel régime des trois soles. (Communication verbale de M. Lucien Gallois).

Cette persistance du régime traditionnel s'explique aisément. Il facilite les travaux et les charrois en imposant l'uniformité de labeur à tout un territoire. Et il s'associe maintes fois à une sorte de surveillance tacite de la vaine pâture. Les deux choses, distinctes en principe, restent souvent associées en fait.

Dans l'ensemble pourtant, on peut dire que s'affirment de plus en plus, depuis le début des temps contemporains, la liberté de production et l'indépendance culturale de la parcelle. Chacun devint dans son champ libre de le cultiver et de l'ensemencer à son gré. Chacun y devint maître de la culture comme il y était déjà maître du sol. Et cette indépendance dans son labeur, le cultivateur l'acquiert au moment même où l'introduction de nouvelles cultures vient exercer sa liberté et le solliciter à des choix variés. Prairies artificielles, betteraves, pommes de terre ont non seulement permis de supprimer les vacances laissées à la terre, mais surtout, par la sollicitation qu'elles apportaient, ces nouvelles cultures ont encouragé le cultivateur à des initiatives et à des entreprises nouvelles.

C'est alors que la campagne réalise partout le bénéfice de son morcellement originel. C'en est fini souvent de cette monotonie des céréales et de la pâture qui ensevelissaient, sous l'uniformité de leurs aspects pauvres, la multitude des champs, la vie d'une foule. Chaque parcelle a sa culture particulière. Elle tranche de teinte et d'aspect. Toutes ces bandes rayées se colorent, chacune à son heure, ou du vert végétal, ou des blondes moissons, ou de la sombre terre fraîche des labours. Et cela se varie infiniment, de parcelle en parcelle et de pas en pas. Il y a mille nuances de vert; et l'or des blés mûrs a sur chaque champ sa couleur. Le morcellement parcellaire, le cruel dépècement de cette terre, devient le motif d'une incessante variation, le thème d'une éclatante orchestration, où une multitude de teintes vives entremêlent et croisent l'éclat de leurs tonalités chaudes ou fauves; et chaque sol chante sous l'illumination des cieux le ton qui lui plaît dans l'harmonie universelle de toute cette riante campagne.

Mais ce tapis bigarré se déploie sur le sol d'un geste dont vous avez surpris l'intime douceur et l'heureux calcul. Sous cette foule de pavillons déployés et de lanières de flammes, chante une terre ployée doucement au pieux labeur des humains. Ces reliefs de la campagne cultivée ont été rassemblés par le vieil homme qui employa tout le génie de son âme à composer cette terre, et qui y mit toute la subtilité de son expérience et la sensibilité de son art. Ce sont les pentes les plus propices, les déclivités les plus lentes, ce sont tous les aimables mouvements de ce sol, ce sont ses gestes les plus doux, c'est sa grâce la plus simple, que l'homme ancien offrit à la vieille Cérès, livra au blé nouveau, donna à nourrir et à réchauffer aux chaleurs de l'atmosphère.

L'enchantement de notre âme devant le spectacle de la campagne est fait de toute cette secrète entente du paysage. C'est de tout cela dont nous nous émouvons encore quand nous contemplons les aspects de cette campagne. Nous la sentons une très vieille chose. Nous la sentons composée avec un art presque aussi ancien, et un zèle sans doute aussi pieux que ceux dont témoignent les gravures rupestres de l'époque magdalénienne. Mais les contours et les traits gravés ici sont ceux du visage heureux de la Terre. Et les formes plastiques sont ce modelé et cette grâce des plus souples reliefs. La douceur de chaque pli a été comme une recherche et une intention d'art. Ce vaste tapis d'Occident, ce tapis triomphant et bigarré a été déployé par des mains aussi inspirées que si elles avaient su modeler un argile divin.

Regardez cette campagne! Contemplez cette grave composition! Entendez cette paix vénérable des âges!... Toutes les origines sont là, étalées sur ce sol docile; et de tous les premiers progrès, de tous les premiers pas de l'agriculture, le temps en a fait sur ce terrain d'immuables empreintes.

Ah! que les blasés viennent donc devant le spectacle familier des champs entendre le sens de la tâche humaine et prendre conscience de la simplicité de l'Humanité!...

Ceux-là qui ne peuvent nourrir les contemplations de leur âme qu'avec des panoramas glacés et des lieux sans vivants..., que ceux-là s'en viennent donc devant cette campagne qu'ont morcelée les laborieuses journées humaines!... Qu'ils y viennent écouter le courageux silence dans la plaine! Qu'ils y viennent renier leur indifférence et apaiser leur inquiétude dans cette paix des champs, dans cette campagne antique, où depuis les temps fondateurs, la terre, au service familier des hommes, s'est unie à leurs pensées et à leurs souvenirs.

Les conditions nouvelles.

Actuellement, dans l'ensemble, et exception faite du vignoble, la campagne agricole maintient ses positions et défend ses aspects.

Et pourtant de grandes transformations s'y préparent. L'introduction des machines agricoles, des moissonneuses, des faucheuses et des tracteurs, est venue modifier complètement les conditions de la culture. L'ancienne parcelle étriquée est apparue partout une gêne et une entrave. Et, d'autre part, la rareté de la main-d'œuvre a rendu indispensables ces moyens mécaniques. Le remembrement est ainsi devenu nécessaire. Peu à peu, le bloc parcellaire, composé de bandes égales et parallèles, concentre ses parcelles en une seule main; il est en voie d'effacer sur lui les limites et les bandes qui le rayent.

Un jour viendra peut-être où ces blocs parcellaires auront tous réalisé leur homogénéité. Substitués aux parcelles qu'ils ont absorbées, ils deviendront les nouvelles unités culturales. Par leur vaste étendue, par leur forme régulière et massive, ces nouveaux territoires individuels se prêtent aussi parfaitement aux nouveaux procédés de culture que la parcelle en lanière s'y adapte mal.

Ce remembrement indispensable que tout impose, tout le facilite. Ainsi que nous l'avons vu, la disposition parcellaire le prépare, l'appelle pour ainsi dire. Le dépeuplement, les départs, la disparition des familles, la rareté de la main-d'œuvre, l'impossibilité pour beaucoup de faire valoir le bien familial, tout cela multiplie, pour le cultivateur, les occasions d'arrondir son bien et les moyens de le faire à bon compte. La loi favorise ce remembrement. Après bien des résistances, les villageois l'acceptent et le sollicitent. L'opinion publique le veut. Sauf dans le vignoble, il est partout une œuvre en voie de réalisation.

Quels seraient les résultats de cette révolution?...

Evidemment, l'amélioration dans les conditions de l'exploitation amènera une amélioration générale de toute l'économie rurale, et peut-être un abaissement des prix de la production. La même main-d'œuvre, qui est insuffisante pour notre campagne actuelle, sera suffisante pour cette campagne transformée. La population villageoise, sensiblement diminuée, sera devenue un patriciat de propriétaires qui disposera des services de manœuvres étrangers ou de tâcherons misérables. Nos campagnes dessineront une physionomie nouvelle de leur humanité. Ce visage neuf sera-t-il plus tendre et plus touchant que la vieillotte figure de ces Anciens qui ont tant peiné, et qui ont tant aimé leur terre?... Qui oserait le dire?... Qui oserait le croire?...

Les aspects matériels de cette nouvelle campagne ne seront pourtant pas tellement différents de ceux que nous contemplons encore. Ce seront les mêmes éléments. Seules, les proportions en auront changé.

La parcelle sera devenue une géante pièce de terre d'une grandeur adaptée à notre puissant machinisme, comme l'ancien champ mesurait à la journée de l'antique araire. Labouré au tracteur, moissonné à la moissonneuse, le champ nouveau exigera à peine la même durée de labeur et contiendra à peine le même effort humain que l'ancienne parcelle. Et ainsi cette vieille parcelle et la grande pièce neuve, bien que de grandeur différente, resteront des unités identiques puisqu'elles seront l'une et l'autre la commune mesure d'un même travail humain. Ce serait à dire que notre campagne serait devenue bien plus petite puisqu'elle serait mesurée par une unité plus grande.

Les choses et les humains en seront revenus pour ainsi dire aux proportions du territoire originel de l'étroite campagne primitive. Même petit nombre d'ouvriers; même petit nombre de chantiers. Mais ces ouvriers, la mécanique en fait des géants. Ces chantiers sont à peine à la mesure de nos forces infatigables. Tout a grandi des mêmes proportions..., tout..., hormis le nombre des humains!... Le nombre des âmes est redevenu le chiffre chétif des temps anciens. Sur une campagne trop petite pour les moyens dont la science le peut armer, trop grande pour son nombre, l'homme reçoit à recommencer la tâche des origines..., la seule tâche qui compte sur terre : croître et multiplier en âmes, et non pas en forces!...

Mais d'une autre manière aussi l'homme recommence ses origines.

Sans avoir recours au remembrement, sans modifier la répartition de la propriété, il existe un moyen d'adapter notre campagne actuelle aux nouveaux procédés d'exploitation. L'association est susceptible de produire les mêmes effets que le remembrement. Dans un bloc composé de plusieurs parcelles, la propriété peut rester morcelée : il suffit que l'exploitation en soit unique, c'est-à-dire assurée par des machines et par une main-d'œuvre au service de la collectivité. Le village tendrait à devenir ainsi une association d'exploitants et une coopérative de production. On en reviendrait aux temps de l'exploitation collective; on en reviendrait aux temps originels où chacun était au service de tous.

Ne dissimulons pas nos préférences pour un régime qui restaurerait l'antique droit des foules sur le sol, et qui pourtant, en conservant à chacun sa part de la terre, maintiendrait cette campagne en son cadre originel et en son sens constant.

L'avenir de cette campagne est en effet lié à la fois à une fidélité du régime et à une fidélité de l'esprit.

Essentiellement productive de céréales, notre terre rencontre sur les marchés nationaux et étrangers la concurrence victorieuse des grands pays, qui produisent à bon compte sur un sol neuf et sur des espaces illimités. Cependant ces contrées, qui sont océans de céréales, ont beau être les étendues continentales : c'est une main brutale, c'est un geste démesuré, qui en ont bâti le territoire agraire. Ces vastes lieux sont voués aux désavantages de leur ampleur et de leur monotonie. L'agriculture n'y est qu'une colossale industrie du blé, soumise aux calculs et aux erreurs de la spéculation non moins qu'aux violences des saisons et aux caprices du climat. Ces immensités de tâches et de sols n'attacheront jamais l'homme. Toute œuvre passera sur ces tables rases et fatales, comme s'en sont effacées les dominations répandues sur leur immense argile.

Ici, chez nous, au contraire, chacune de nos campagnes réunit un monde de ressources apparentes ou cachées. Cette terre, qui est depuis les origines au service familier des hommes, a mille aspects intimes et humains, expression de ses aptitudes multiples et de ses emplois divers. La vie s'y entretient des champs et du bétail, des prés et des vignes, des bois et des vergers. Le poulailler et le jardin, la laiterie et la cueillette sont tout autant productions lucratives que les moissons, les forêts et les carrières. Il y a mille manières de vivre dans ces coins blottis et ces frais pacages.

Toutes ces activités se suppléent et s'associent, s'entretiennent l'une par l'autre. Toutes ces productions variées se compensent dans leur défaillance ou leur abondance. Il n'y a point d'année vraiment mauvaise, et qui n'apporte, par quelque artifice, son gain suffisant.

Or, notre régime foncier, avec son morcellement de la terre, épouse cette variété des sols et favorise cette variété de la production. Notre campagne, partout emplie de biens et de domaines, de lieux et d'aspects, est un Monde qui suffit. Chacune de nos campagnes, minuscule dans son étendue, est grande de toutes les choses qu'elle contient. Bientôt sans doute, on fera disparaître les inconvénients que le régime comporte sans en diminuer les avantages. Les associations et les coopératives, qui permettront de cultiver en grand et de moderniser les industries de la ferme, introduiront dans nos campagnes le double bénéfice de la spécialisation et de la concentration de la terre, tout en respectant le fractionnement de la propriété, l'indépendance de la production et les initiatives de la vie individuelle.

Ce jour-là, notre pays sera armé pour les luttes de la vie agricole dans le Monde. Avec sa vieille campagne composée de toutes choses, il pourra tenir tête aux pays qui n'ont que leur immensité d'un sol et leur massive fortune d'un produit et d'un jour.

Cette campagne française, c'est elle qui est défendue par sa masse. Cette masse n'est certes pas la réalité superficielle de l'étendue; mais elle est composée de la densité et de la richesse d'éléments qui sont chacun un petit coin ouvragé comme le Monde, une œuvre totale de l'art premier des hommes.

Cependant, sous la vie ancienne qui continue,

commencent des modes nouvelles. Au fond de sa campagne, ce cultivateur moderne n'est plus un isolé. Il connaît les commodités urbaines. L'automobile, l'électricité, le téléphone lui apportent les services et les lumières du loin, et viennent lui détruire son isolement. La T.S.F. lui communique les voix et les messages du Monde. L'antique solitude se dissipe. L'Univers entier donne son assistance et sa présence à cette vieille vie au fond des campagnes. Et dans son petit coin de la terre, le paysan se sent à la fois, et dans la fidélité de la tradition, et dans la générosité des actes nouveaux. Derrière lui, c'est la force des âges qui le porte et le soutient. Auprès de lui, l'humanité complète est là qui parle et qui pense!... Elle est là avec son âme immense!... C'est être deux fois sur terre que d'y être ainsi!

V

LES CHEMINS

Dans l'étude que nous venons de faire de la campagne, nous n'avons pu en abstraire la charpente qui porte la construction rurale. Nous n'avons pu séparer du reste de l'explication ce qui concernait les chemins. Et nécessairement tout a été dit ainsi sur le rôle de ces anciennes voies qui sont les lignes de force du territoire agraire, et qui sont, dans la clairière culturale, des traits de structure autrement essentiels que la grêle ligne disloquée des contours extérieurs.

En ce présent chapitre, nous ne retiendrons donc, avec les faits particuliers au système vicinal, que les considérations susceptibles d'en éclairer le caractère et les variations à la lumière des origines.

Ce qui domine en effet toute cette histoire, c'est que le chemin ancien fut surtout fonction des tâches rurales. A proprement parler, il n'est ni une voie de circulation ni même ce que nous appellerions une desserte des champs. L'apercevoir en ce rôle et sous ses caractères, c'est être plus fidèle à nos habitudes de voir qu'aux réalités de l'époque ancienne. Avant d'assurer « la desserte » des champs, il a fallu en effet créer ceux-ci. Que par la suite des temps, le chemin ait eu pour rôle de « desservir » les différentes parcelles culturales, cela est l'évidence même. Mais c'est là une tardive adaptation. Avant d'être cette soumission aux œuvres achevées, le chemin originel a été leur constructeur actif. Bien longtemps avant d'être affecté au service subalterne de cette campagne, le chemin en fut le bâtisseur, et y distribua l'ordre autoritaire. Et c'est dans les origines mêmes qu'il nous faut encore nous situer pour regarder à l'œuvre l'organe constructeur de nos champs.

Dans l'ancien secteur cultural qui fut la forme originelle du territoire agraire, il n'est pas encore question de ce que nous appelons « les champs ». Mais le chemin apporte et distribue chaque jour ses œuvres et ses ouvriers de la journée. On ne peut même pas dire qu'il répartit des terres : il répartit des journées de travail. Il est l'allée de l'atelier, l'allée d'où se lance et se ramène tout le jour la navette de chaque métier, le sillon de chaque charrue.

Le chemin est ainsi l'origine de tous les labours. Il est le constructeur de ces sillons qui partent de lui et qui lui sont perpendiculaires. Matériellement parlant, il les engendre : ils descendent de lui, ils sortent de lui. Le groupe de ces sillons, c'est-à-dire le champ, lui est donc aussi étroitement associé que l'origine est liée au développement, et qu'une cause est réunie à ses effets.

Dans cette intime association, les deux éléments se déterminent réciproquement l'un de l'autre; et le chemin est tout autant une conséquence des champs que ceux-ci sont l'œuvre des chemins. Ce ne sont donc pas des destinations qui règlent la direction et le tracé de la voie. Ce qui donne ce règlement, c'est le champ, c'est-à-dire le sol, son relief, même sa géologie. Chaque compartiment géologique, nous l'avons vu, comporte son groupe parcellaire spécial que borde nécessairement son chemin particulier. La voie primitive épouse donc les lignes enfouies qui départagent le sous-sol. C'est ainsi que les failles, qui mettent en contact des sols d'origine et de nature différentes, sont presque toujours jalonnées par des chemins primitifs. Et la détermination qui a fixé ces anciens tracés est si catégorique et si imprescriptible que ceux-ci n'ont jamais fléchi. Repris et restaurés sans cesse, ils sont devenus nos routes modernes. Sous les arbres de nos grands chemins, nous passons encore à notre insu sur les lignes solennelles et enfouies que nul ne voit, mais que le laboureur primitif soupçonna sous sa charrue.

Mais cette association intime avec le chemin, seuls y participent les champs qui lui sont directement perpendiculaires. Le chemin n'a de droits que sur ceux-ci. Les champs qui lui sont de sens parallèle lui sont étrangers. Le chemin qui longe les longueurs d'un groupe parcellaire est donc indépendant de celui-ci. Ces parcelles ont leur animateur particulier. Et c'est nécessairement d'un chemin perpendiculaire à la voie principale que les parcelles parallèles à celle-ci déroulent leurs longueurs. D'autre part, comme nous l'avons vu, les blocs d'alignement différents ont entre eux un jeu d'alternance constant. Le chemin n'a jamais ainsi de parties mortes; et, tantôt d'un côté, tantôt d'un autre, il ne cesse jamais de tenir un lot parcellaire sous sa dépendance.

Cette activité qui alterne d'une rive à l'autre n'était pas seulement dans la logique du lotissement; elle évitait aussi une funeste surcharge sur certaines parties de la voie. A ces sections surchargées en auraient évidemment correspondu d'autres d'une inactivité excessive.

Non seulement dans son tracé, mais dans sa structure même, le chemin est adapté à cc rôle ouvrier.

C'est sur lui que viennent en effet tourner les attelages. Et il devait être construit pour résister à cette incessante agression des charrues. Sa forme est déjà une défense. Taillé en creux, il eût été aisément comblé par les débris terreux que secoue la charrue soulevée sur le contour. Le chemin, érigé en saillie, domine donc de son exhaussement tous les sillons qui en partent. Ceux-ci l'atteignent au droit. Aucun fossé ne le borde. Et la descente même de son bref talus engage la charrue en pleine œuvre.

Cette saillie n'était d'ailleurs que la nécessaire émergence de la masse des matériaux. Bâti de pierres, le chemin a cette résistance que les charrues n'ont pas toujours pu entailler et entamer, et dont les siècles mêmes n'ont pas souvent su triompher.

La disposition de ces pierres est singulièrement ingénieuse. Fixées debout, ou plutôt légèrement inclinées, appliquées par imbriquement les unes sur les autres, elles se présentent de tranche, et se soutiennent de leur nombre contre chaque attaque du dehors. A d'autres fois pourtant, l'empierrement est fait de fragments informes dont la masse fait corps dans la glaise.

Cet empierrement est d'ailleurs, d'une certaine manière, un épierrement. Ces chemins primitifs furent en effet, en leur toute première origine, moins l'œuvre du labourage que du défrichement. Or, sur nos plateaux calcaires, le défrichement était souvent un arrachage de souches, un défoncement qui ne cessait d'amener aux superficies du sol ces pierres plates, ces laves, dont nos hautes terres s'encombrent souvent encore maintenant. Quand leur nombre n'est pas excessif, ces minces dalles maintiennent souvent sous elles une utile fraîcheur du sol. Trop abondantes pourtant, elles sont le terroir rebelle aux labours, infertile aux cultures. L'épierrement des terres défrichées était donc une nécessité. La construction du chemin assura le placement de ces pierreux déchets de la terre neuve. Le pavage « en hérisson » permit de les utiliser au mieux. Ces dalles plates et cassantes, qui auraient été promptement écrasées si on les avait fixées à plat, acquirent au contraire, dans la disposition en tranche, toute la résistance possible.

Mais ce robuste empierrement, qui édifiait le chemin de tout ce que rejetait le champ, n'était-il pas l'œuvre qui avait à résister plus encore aux abandons humains qu'aux entreprises humaines?

Dans la clairière originelle, qu'une brève section de cultures mettait vingt ans à parcourir de son fuseau promené sur l'horizon circulaire, il fallait que le chemin pût résister aux longues vacances de l'exploitation. Pour le préserver des envahissements broussailleux de la friche, des retours offensifs de la forêt buissonneuse, nul autre moyen que de lui construire un compact pavage. De là ces structures massives, ces maçonneries enfouies dans la glaise.

Ces puissantes constructions ne sont évidemment pas l'œuvre d'une année. Il a fallu certes plus d'un cycle cultural de la clairière pour les y édifier; et nombreuses furent sans doute les générations humaines qui apportèrent chacune sa pierre au rustique édifice. La première ébauche de cette construction n'a jamais apparemment cessé de recevoir d'incessantes retouches. Chaque restauration périodique de ces champs, qui renaissaient tous les vingt printemps, rendait à la vie la voie abandonnée, en réparait le bâti, y rétablissait une structure neuve.

Le procédé de ces réparations relève peut-être d'une technique si simple et si naturelle qu'elle reste actuelle. Sur ce chemin périodiquement abandonné, que broussailles et buissons ont envahi, dont les racines ont fendu ou crevé la plate-forme, les brèches se réparent, les fentes s'obstruent par des pierres plates enfoncées en manière de coins, et qui pénètrent de tranche. Entrés en forçant, ces matériaux de renfort introduisaient dans la masse ébranlée ou disloquée la fermeté et la rigidité. Mais de réparations en réparations, on s'acheminait ainsi vers un ensemble. La construction devenait homogène à force de se refaire en détail de pièces et de morceaux toujours les mêmes. Le procédé de la réparation serait devenu en fait le procédé même de l'édification.

Les chemins primitifs n'ont ainsi reçu leur vraie structure que de leurs incessantes réparations de fortune. Nul grand dessein n'a présidé à leur édification. Ils ne se sont puissamment construits que d'être une reconstruction constante. Ils ne se sont affermis que de se réparer sans cesse. Il a fallu les siècles pour leur donner cette solidité sans préméditation, qui a triomphé des séculaires abandons et de l'incurie villageoise des temps historiques. Mais l'antique campagne, saisie dans ces bras de pierre, ne s'est maintenue que de cette étreinte rigide.

Ces chemins ruraux ne sont vraiment assis, ne sont vraiment terminés qu'à l'heure où en commencent la ruine et le déclin. Comme tant d'autres choses, l'œuvre périclite de s'être achevée.

Quand la campagne prit en effet son statut définitif, quand la clairière culturale correspondit au territoire agraire, les champs reçurent alors limites et formes définitives, et gardèrent un façonnement que ne purent altérer les brèves périodes de la jachère. Dès lors, le chemin cessa son rôle ouvrier. Le champ n'eut plus besoin de lui pour se retrouver et se restaurer. L'allée du travail ne fut plus qu'une voie de la circulation. Et le villageois s'en désintéressa dans la mesure exacte où il s'en pouvait passer. Il continua d'entretenir en ce chemin une « desserte »; mais il cessa d'y fixer la précieuse et vivace attache de ses labours et de ses champs. Le chemin n'est plus au service des champs. Réciproquement, l'homme des champs cesse d'être au service du chemin. Des règlements, il est vrai, l'astreignent à maintenir en état la voie commune; mais ce sont là des contraintes autrement moins pressantes que les nécessités originelles. Le chemin, entretenu sans méthode et sans régularité, ne reçut plus que de hâtives réparations de fortune qui en appelaient d'autres toujours de plus en plus insuffisantes. A la période de l'affermissement continu et progressif, succéda peu à peu l'âge d'un progressif déclin.

Mais précisément, cette voie qui commence à s'offrir à la ruine va s'offrir aussi sans défense aux empiétements du riverain.

Un nouveau régime foncier s'est en effet établi sur cette campagne. A mesure que le champ devenait une réalité stable, l'exploitant, qui en avait la vigilante responsabilité, y prenait davantage de droits. Et l'autonomie culturale du champ prépara le régime de l'appropriation individuelle. Le champ finit par appartenir à l'individu, tandis que le chemin restait propriété de la communauté. Le bien collectif s'opposa alors au bien particulier. Ce qui était à tous apparut bon à prendre par chacun. Le chemin fut livré aux entreprises d'un laboureur devenu propriétaire de son champ. La charrue, qui épargnait jadis la voie commune, ne cessa de l'assaillir, d'en ébrécher la pierre à coups de soc, d'en enterrer la masse et la trace sous les terreux débris qu'elle versait à bout de sillon. Le laboureur en vint à trouver, sur ce lieu jadis privilégié, l'annexe et le prolongement de son champ. Le chemin attaqué, disloqué pierre par pierre, aminci et rongé de partout, ne fut bientôt plus qu'une crête disputée.

Dans nos campagnes, nous rencontrons encore fréquemment, entre champs, ces lignes de faîtes, anciens chemins enfouis sous les terres, mais dont les vestiges ensevelis composent encore les indestructibles lignes du morcellement parcellaire, voire même les tenaces limites de sections cadastrales.

La plupart de ces primitifs chemins – qui étaient les voies de renaissance et les lignes de force de cette campagne vouée aux périodiques défaillances – ne sont plus aujourd'hui qu'une grêle trace qui s'efface sous les champs.

Cependant, beaucoup de ces chemins ruraux ont survécu, ont maintenu leur activité et leur aspect. Ce sont ceux qui avaient direction et destination privilégiées, et qui purent conserver la valeur d'une voie de communication après avoir abdiqué le rôle originel.

L'activité et l'utilité de ces chemins les préservèrent des agressions de la charrue et des empiétements du labour, et leur assurèrent la durée. Non seulement ce domaine interdit fut respecté du riverain, mais il bénéficia des défenses dont celui-ci entourait son champ. Car le laboureur, qui n'avait plus d'autres droits sur le chemin qu'une liberté d'y circuler, fut tenter d'en isoler son champ pour être vraiment chez lui. Il eut souvent intérêt à le faire; et il creusa un fossé pour préserver sa terre, aussi bien des eaux qui ruisselaient du chemin en saillie que des envahissantes herbes qui prospéraient sur les rives pierreuses de la voie commune. Champ et chemin ont désormais des destinées séparées. Le champ eut son labour indépendant du chemin; il contint toute l'œuvre de la charrue, et les contours de celle-ci furent intégrés dans les extrémités de la parcelle. Quant au chemin, bordé de ses fossés, il perdit le contact avec la glèbe; et, libéré définitivement d'elle, il s'offrit et se voua à une circulation de plus en plus indépendante des champs et des lieux immédiats.

Et c'est ainsi seulement sous l'aspect et l'allure des voies de communication que ces chemins primitifs ont persisté et duré. C'est donc en ce rôle qu'il nous importe maintenant de les étudier; et après les avoir vus à leur ouvrage intérieur, il nous faut maintenant reconnaître en eux les organes de la circulation.

⁂

Notre point de départ sera toujours dans ces origines qui contiennent le germe et l'explication de tous les développements.

Dans la campagne primitive, les chemins ruraux, ordonnateurs des champs, ont été aussi nécessairement les voies de communication, les voies où circulait la vie. Mais la distinction que nous avons introduite parmi eux intervient de tout temps. De tout temps, dans cette campagne primitive, il y a eu des voies exclusivement vouées aux travaux intérieurs et à l'intérêt local, et d'autres qui étaient par surplus des directions privilégiées et qui conduisaient vers l'extérieur.

Allons plus loin. Ces voies privilégiées, qui, après avoir donné l'animation intime à la campagne, en dirigeaient les activités vers le dehors, en portaient la vie vers le monde extérieur..., ces voies essentielles, elles étaient parfois dans une détermination plus ancienne et plus certaine que le territoire agraire lui-même. L'œuvre rurale s'est peut-être tout entière composée d'elles et sur elles. Ces voies de jonction entre les lieux et de communication générale, elles seraient antérieures, préalables à tout. Ce sont peut-être ces minces tracés, jalonnés des sites propices, qui ont fixé les sièges des agglomérations rurales, qui ont déterminé les rassemblements, provoqué et distribué les points de vie et d'humanité sur le territoire barbare. Ce sont sans doute là les lignes de force qui parcouraient une terre encore ensauvagie de ses aspects naturels, et y gravaient, à pointe sèche, l'ébauche préparatoire de l'imprévisible monde des champs. Chacune de nos campagnes, gonflée de ses fertiles terroirs, ne serait que l'épanouissement d'un bourgeon sur la mince tige où circulait la sève générale.

S'il en est ainsi, ce serait à dire que la piste, battue par les tribus de chasseurs des temps les plus anciens, prépare et trace la voie à la route des temps de l'agriculture. Les créations humaines sont-elles en effet autre chose, souvent, que des adaptations? L'homme des laborieux âges néolithiques a conservé sans doute ses vieilles habitudes de parcours, en les accommodant à des activités et à des besoins nouveaux nés de l'usage de la terre et de l'exploitation du sol. Les vieux tracés du chasseur en forêt n'auraient donc jamais été prescrits; et, à l'époque de la civilisation agricole, plus d'une grande voie de communication aurait continué, en l'ajustant à ses fins, la piste jamais abandonnée où passait le chasseur des temps chelléens.

Serait-ce là une gratuite hypothèse si nous réussissions la paradoxale tentative de retrouver, non seulement sur le terrain actuel, mais même sur la carte d'état-major, ces premières et indestructibles traces du passage humain?

Pour conduire cette investigation, il nous faut appliquer une méthode qui continue de se référer aux origines de la campagne agricole. Si on admet en effet que les campagnes sont la formation qui se développe aux points sensationnels, aux points germinatifs des tracés préexistants..., on peut, on doit supposer que l'ancienne piste continue de porter sur sa trace obscurcie les lumineuses campagnes humaines. Mais ces territoires agraires masqueront d'autant plus la frêle ligne des fondations qu'ils auront plus d'ampleur et de continuité. Au contraire, sur les lieux accidentés et rétrécis où les clairières culturales n'ont pu prendre leur développement, le vieux tracé des temps paléolithiques a quelque chance de rester préservé par sa stérilité même, de rester un vestige demeuré simple et clair par son impuissance à prospérer.

La première investigation à faire est donc de déterminer le site propice à cet avortement, le milieu d'inaptitude où périclite la fortune humaine. Nous aurons ensuite à y découvrir des fragments significatifs de tracés. Ces fragments, il ne suffira pas que nous puissions arbitrairement les ajuster sur la carte. Il nous faudra prouver qu'un lien naturel et disparu les a jadis unis, et qu'ils sont d'authentiques tronçons d'un unique parcours.

La preuve en sera faite si nous réussissons à justifier toutes les interruptions du parcours.

C'est alors que devra intervenir une subtile analyse des circonstances de chaque interruption. Il faut, pour ainsi dire, soumettre à toute l'action des lieux et de l'histoire le tracé dont on veut éprouver les droits. Il faut étudier une à une toutes les péripéties de cet antique parcours. Il faut soupçonner, rétablir toutes les sollicitations successives qui sont venues s'exercer sur lui; et il faut vérifier les attitudes qu'il en prit, justifier les réponses qu'il en donna.

La campagne qui s'est créée, les clairières culturales qui se sont aménagées, les villages qui se sont fondés ont été pour cette antique route forestière une occasion de tentations incessantes. Tantôt le chemin sera dévié vers le village; il ne reprendra sa direction primitive qu'après s'être mis au service des champs qui sont survenus sur lui, au service des villageois qui se sont groupés à son voisinage et l'ont entraîné vers eux. Tantôt les routes qui le viendront traverser excerceront sur lui un véritable phénomène de capture. Tantôt enfin, les clairières culturales, aux lieux les plus fertiles, l'enseveliront sous les labours sans lui laisser ces vestiges qui avertissent et ces témoignages qui parlent.

La méthode de cette investigation nous apparaît ainsi singulièrement différente de celle que nous avions préconisée à l'occasion du chemin de la campagne agricole. Ce ne sont plus les fragments qu'il faut interroger, mais les interruptions dont il faut rendre compte. L'ancien chemin forestier, nous le restaurerons, non aux ruines qui en restent, mais aux atteintes qu'il a subies, aux déviations qu'il a acceptées, aux interruptions qui l'ont brisé. Ce vieux chemin d'avant les blés et les champs, nous le retrouverons, non à ce qui en persiste, mais à ce qui en est mort.

Cette voie de la haute Antiquité, il nous serait possible d'ailleurs de l'identifier à des témoignages plus formels que ceux de ses ruines. Car cette piste s'affirme partout plus liée aux sources, aux issues forestières, aux seuils et aux passages naturels, qu'elle n'est associée aux territoires, aux ressources de la vie agricole, et aux agglomérations rurales.

Mais pour rendre compte de cette adaptation du tracé à une Nature encore inhumaine, c'est sur les lieux, c'est à chaque pas qu'il nous faudrait discuter une solution, qui s'éclaire plus humainement aux humbles choses qu'aux considérations générales. Une fois de plus, nous éprouverions combien la muette campagne sait nous parler. Mais cette fois, ce qu'elle nous dirait serait le plus ancien témoignage que le sol nous peut donner des tentatives du vieil homme qui commençait de trouver sa route sur terre.

Ces antiques tracés, nous les méconnaissons presque toujours. A l'écart des campagnes, loin des villages et des champs, ils nous semblent souvent de vieux chemins de coupe abandonnés. Mais plus ils ont cet aspect chétif et dégradé, ces allures incertaines..., plus ils sont retirés, enfouis, sans forme, sans nom, sans destination apparente..., et plus ils sont susceptibles d'être une très vieille survivance et le témoignage des premiers itinéraires humains.

Souvent, loin de se confiner aux forêts et d'y être une ruine, ce chemin de primitive circulation, nous le retrouverons à l'époque de l'agriculture, engagé activement dans la clairière culturale. Il y est une des nombreuses voies qui assurent le service des champs. Mais parfois aussi, il a conservé de ses origines un rôle général et des destinations lointaines. Il serait ainsi une de ces routes entrées au service non plus seulement des champs et des lieux immédiats, mais de la circulation générale.

Ces chemins de communication, nous les avons vus prospérer de tout le déclin qui frappait les chemins de stricte desserte locale. Nous les avons vus se séparer des champs, se défendre et s'isoler d'eux, se vouer à leurs buts lointains. Et tandis que les autres voies périclitaient sous les usurpations constantes du labour, ces voies de circulation achevaient leur spécialisation et en perfectionnaient les moyens. Restées seules bénéficiaires des prestations qui entretenaient jadis tout le réseau, elles ne cessèrent de recevoir l'entretien qu'exigeait une circulation sans cesse accrue. Et la solidité de ces structures en assura la durée.

Ces puissantes constructions sont à la fois la caractéristique des chemins de long parcours et le témoignage de leur tardif achèvement. Chaussées et tranchées relèvent de ce perfectionnement technique qui ne fut complètement acquis qu'à l'époque gauloise. Le système des tranchées, du chemin en creux, appartient notamment à l'époque tardive où la civilisation rurale en déclin créait, sur les territoires neufs de l'Ouest, des modes nouvelles. Aux époques de Halstatt et à l'époque de la Tène I, l'usage des chemins creux se répandit des pays océaniques, où il était une adaptation à de barbares nécessités, sur tout le territoire des Gaules et principalement dans la Belgica. Il y devint partout le procédé de la technique nouvelle et le témoignage d'une époque nouvelle (1).

C'est ainsi que les particularités qui sont habituellement considérées comme les caractéristiques du chemin ancien, c'est-à-dire l'exhaussement en chaussées, le creusement en tranchées, les fossés de bordure, loin d'être des titres d'ancienneté sont en réalité des caractères tardivement acquis et des témoignages de l'époque historique. Les anciens chemins ne nous paraissent vieux que de ce qui en était jeune.

Parmi ces chemins, cependant, les uns réalisèrent une spécialisation complète; les autres concilièrent leur rôle nouveau avec leur rôle originel. Dans ce réseau routier, il est donc naturel, il est donc logique de distinguer les voies de grande communi-

(1) V. G. Vincent, les Chemins creux en groupes de l'époque de la Tène (*Rev. des Etudes anciennes,* t. XXXI, n° 4, pp. 327-339).

cation d'avec les chemins qui restent voués à une circulation locale ou régionale.

Les routes de la grande circulation générale ont bénéficié en effet d'une progressive amélioration, qui a fini par en dénaturer complètement l'aspect et le caractère primitifs. De rectifications en rectifications, le chemin tend aux directions rectilignes, tandis qu'il ne cesse d'affermir l'édifice de ses assises, de travailler et de corriger ses pentes. La voie franchit maintenant les lieux déprimés sur de puissantes chaussées; elle se taille, au passage des seuils, de profondes tranchées. D'année en année, de siècle en siècle, elle grandit dans sa structure aux proportions des trajets qu'elle parcourt.

Mais à l'époque où ce chemin de grande communication épuisait le progrès dont il était susceptible, depuis longtemps la campagne avait cessé d'être le système ordonné et la communauté homogène que nous avons connus.

C'est dans les temps de décadence, c'est dans la période gauloise, qu'achève de se développer sur la Gaule tout le réseau des voies générales. Mais ces rapides parcoureurs franchissent sans la voir une campagne qui se brise, et se dévaste. Eux, cependant, de plus en plus indifférents aux douloureux territoires qu'ils traversent, ils continuent de rester alimentés par les lointains centres épargnés, qu'ils réunissent de leur longs et rectilignes tracés. Les belliqueux peuples gaulois maintiennent et entretiennent en eux les voies de leur redoutable expansion. Puissamment édifiés, et de plus en plus indépendants des pays qu'ils parcourent, ils courent au plus loin et au plus droit porter la conquête et l'autorité. Et ils sont déjà ainsi plutôt les organes d'un impérialisme que les animateurs d'une campagne. Ils annoncent déjà les routes impériales romaines.

A côté de ces voies spécialisées jusqu'à en être inaptes à la desserte locale, la plupart des chemins conservés concilieront à la fois les besoins de leur petite campagne et ceux d'une circulation plus générale. Leur fortune nouvelle ne leur fit pas oublier leur rôle ancien. Et ils gardèrent les aspects et les allures de leurs origines. Ils restèrent essentiellement des chemins locaux raccordés les uns aux autres, empruntés à chaque clairière culturale, gauchement juxtaposés de bout en bout. Il est visible que les différents fragments qui se sont soudés ont réalisé le tracé général sans y être adaptés. Chaque élément constitutif garde son caractère local et son indépendance d'allure. La voie reste d'aspect ce qu'elle fut originairement : un chemin local intimement associé aux origines du village qu'il a suscité, et dans lequel il pénètre et circule profondément. C'est par cette circulation sinueuse à l'intérieur du village que chaque fragment se raccorde au fragment suivant. La bourgade est le nœud aux subtiles torsions, qui attache bout à bout les morceaux disparates de la grande route des temps primitifs.

Cependant, à la sortie de chaque clairière, le chemin subit une analogue violence. Il est rare en effet que le chemin d'une campagne puisse trouver dans le réseau voisin un continuateur exact de son tracé. D'une campagne à l'autre, c'est donc par des raccords de fortune et par des déviations, que deux éléments consécutifs arrivent à s'affronter et à se souder. Ces déviations, nous aurions maintes fois l'occasion de les constater encore maintenant. C'est souvent à la faveur d'une courbe ou d'un infléchissement que nos chemins actuels abordent la lisière boisée, qui compose encore le cadre du territoire communal.

Mais l'allure disloquée du tracé n'est pas simplement due à la difficulté des raccords entre les fragments qui entraient dans la composition. Cet élément, cette longueur prise sur chaque campagne, était déjà, en celle-ci, moins l'unité d'un trait qu'une création complexe. Elle y est l'œuvre irrégulière du travail agricole. Elle est moins un tracé qu'un chantier. Elle est la succession des bases que déposeraient plus ou moins bout à bout les divers cantons culturaux. Le chemin s'est construit par les champs, et non dans les champs. Et il a autant de vicissitudes dans son parcours qu'il y eut d'épisodes dans l'histoire du défrichement primitif.

De là cette singulière allure de nos routes actuelles, restées si souvent fidèles à ces anciens tracés. Certes, les courbes et les sinuosités de ces routes sont souvent l'adaptation de la circulation aux pentes et au relief. Mais souvent aussi, ces accidents nous manifestent l'irrégularité d'un effort qui s'exerçait moins vers une direction que sur place. Ces tracés sont d'une œuvre qui ignorait son ultime destination, et se vouait à des tâches terre à terre. Et c'est la lueur trouble des origines qui fait encore vaciller le trait sur notre campagne.

Disloquée dans l'assemblage d'éléments déjà contournés et tourmentés par eux-mêmes, la voie de communication locale réalisa évidemment un incommode parcours. Aussi est-elle souvent doublée d'une voie de grande communication plus tardive, plus rectiligne, plus rapide.

Un exemple caractéristique est celui des deux routes qui conduisaient de Divio (Dijon) à Alésia.

La voie primitive, suite de raccords difficiles, péniblement réalisés, chevauche les vallées de l'Ouche et de l'Oze. Les passant et repassant plusieurs fois, escaladant les pentes raides, traversant les fonds marécageux, longeant les falaises de Baulme-la-Roche, elle est une succession de grimpettes hardies, de descentes à vertige, de passages périlleux. Mais sur tout le parcours, il n'est point de site habité qui n'ait été visité, pénétré, suscité par cette besogneuse route de rochers et de forêts (2).

Aux temps gaulois cependant, d'autres routes s'établirent pour conduire des plaines de la Saône aux vallées parisiennes. Ces routes aisées ont aménagé en un vaste glacis dépouillé tout le versant, qui, au nord de la vallée de l'Ouche, par les coteaux de Hauteville, de Daix et d'Ahuy, descend vers la dépression dijonnaise. La plus importante de ces routes conduisait à Alésia en partant d'un oppidum qui, du sommet de Hauteville, dominait toutes les pentes déboisées conduisant à la plaine. Le tracé de ce vieil itinéraire, encore en ses débuts suivi par la route de Paris, traversait le Val-Suzon et les bois de Cestres, et par Saint-Seine gagnait le site élevé de Bligny-le-Sec. De là, le chemin descendait franchir la vallée de l'Oze, à Boux-sous-Salmaise. La route suivait ensuite jusqu'à Alésia la cime de l'arête rocheuse qui sépare les vallées de l'Oze et de l'Ozerain. Maintes sections de cette voie se sont encore conservées en leur état primitif (3).

La seule inspection de la carte nous révèle toute la différence de ces deux itinéraires. Celui du sud, plus long, disloqué et accidenté, contraste étrangement avec la route septentrionale, composée le plus souvent de longues sections rectilignes. Ces tracés rectilignes nous apparaissent les plus simples, et nous leur prêtons volontiers le caractère d'une conception élémentaire. En réalité, ils répondent à des besoins généraux et tardifs. Ce sont des créa-

(2) Ce tracé, qui quitte le site dijonnais à Chèvre-Morte, gravit au plateau par les Carrières Blanches, passe à la Ferme de La Cras, redescend dans la vallée de l'Ouche à l'emplacement de l'ancienne bourgade de Saligny, et remonte par après aux coteaux opposés pour traverser le plateau, de Neuvon à Lantenay, par les bois de Champlaran et la ferme de Champ-Vichey. Nous retrouvons ensuite de nouveau cet ancien tracé dans la vallée où il se confond avec le chemin actuel de Lantenay à Ancey. Enfin, à partir d'Ancey, la vieille route regrimpe aux escarpements abrupts à Baulme-la-Roche, pour gagner Bligny-le-Sec par Panges, Fromenteau et le bois du Coroy. (V. Drioton, *Rev. préhist. de l'Est de la France*, 1905-1906, p. 171.)

(3) Tel est notamment le vieux chemin aboutissant au Parc de Salmaise. (*Rev. préhist. de l'Est de la France*, 1905-1906, p. 171.)

tions d'ensemble, où la simplicité du trait ne doit pas nous dissimuler la complexité des déterminations. Cette route des villes lointaines et des grandes distances n'est pas la création simple et le trait spontané qu'accepta le sol. Tout au contraire, le vrai chemin primitif dénonce de toutes ses apparences cette complexité d'ensemble qu'implique l'adaptation naturelle de chaque élément à chaque site, et la réalisation d'une intime et constante soumission à la terre. Le trait, ici, est à chaque pas riche de toutes les choses du terroir. Mais si nous nous confions à la longue et droite voie gauloise, nous ne lui trouverons souvent sur son passage qu'indifférence aux lieux ou violence faite aux choses.

Après la conquête, les Romains, constructeurs de grandes voies stratégiques qui portaient les légions aux lointaines frontières, exagèrent encore l'indépendance de la route avec les lieux traversés (4).

En Bourgogne, la Via Agrippa a réussi à fuir des agglomérations plus loin encore que ne le fait la ligne P. L. M. (5). Elle a pu, tout à la fois, et éviter les villages qui jalonnaient les coteaux du Pays Bas, et ignorer les populeuses bourgades qui déjà prospéraient au pied de la Côte ensoleillée.

Le chemin primitif, au contraire, se donnait, se vouait tout entier au petit pays. A cause de cela, le pays lui est souvent resté fidèle; et, même quand le chemin originel n'est plus qu'un tracé rompu et dégradé, les ruines en restent actives.

Voyez l'étrange précision du contraste!... L'ancêtre de cette torpide Via Agrippa, la voie de Pied-

(4) Il est, je crois, inutile d'insister sur la tradition populaire qui attribue aux Romains la paternité de toutes les voies anciennes. Et ce n'est certes pas une rectification suffisante que de reporter cette paternité sur les peuples dits « gaulois ». Le chemin primitif n'a été qu'un des éléments de la construction de toute la campagne.

(5) Il serait possible de faire maintes constatations analogues, par exemple sur la voie militaire de Clermont à Limoges, en particulier dans la section Aubusson-Bourganeuf. (Communication verbale de M. Porteau.)

mont, visite et anime encore maintenant tous les villages de la Côte. En chacun d'eux, elle continue de créer le carrefour essentiel, la partie centrale et active. Et, plus ancienne encore que cette antique voie, il en est une autre, vieille comme les temps. Elle n'apparaît plus aujourd'hui que comme un chemin de desserte, suspendu aux pentes difficiles, et presque accroché sous les premiers rochers. C'est lui pourtant qui est venu le premier visiter le site, y explorer chaque entrée de combe, y reconnaître les sources, y fixer des habitats. C'est ce vieux chemin rompu, c'est ce fureteur de rochers, qui a suscité le pays, qui en a donné les lieux à l'humanité!... Et partout il en est ainsi. Comprenons partout ces ruines : plus les chemins sont vieux et dégradés, plus ils ont fait œuvre forte, œuvre qui dure.

Le temps est venu donner raison aux primitifs efforts, et consacrer le vieil ouvrage.

Au contraire, les grandes routes qu'adopta ou construisit l'envahisseur gaulois ou romain ont aujourd'hui cessé d'être actives et de vivre; et dès les temps de leur splendeur, elles étaient déjà étrangères à nos campagnes, comme si elles y étaient déjà des ruines.

Les indestructibles routes du Romain sont depuis longtemps de stériles solitudes. L'homme des temps chrétiens n'en a rien pu faire. Pendant trois siècles, les légions ont circulé sur elles. Mais les laborieuses générations n'ont jamais suivi ce pas du soldat. Et la plupart de ces voies autoritaires qui traversaient l'Empire sont aujourd'hui, au fond de nos forêts, la ruine de pierres et la sente solitaire où l'équivoque rôdeur, loin des hommes et de leur surveillance, chemine en épiant.

La voie gauloise connaît presque un même abandon. Ses longues lignes droites ne parcourent plus que de rocheuses solitudes. Les anciens centres religieux ou profanes, qui la sollicitaient de loin à tirer vers eux au plus court, sont aujourd'hui des lieux morts, sans appels et sans voix. Et dépossédée de ses buts, elle reste reniée du territoire qu'elle ignorait. Rien ne vit plus aujourd'hui sur le silencieux sentier du Celte, sur la route qu'anima le mouvement du Monde; et, ruine sous les ronces, elle n'est même plus, dans ces lieux qu'elle méconnut, le souvenir qui en parle (6).

Tout au contraire, le primitif chemin des champs qui gagnait les horizons en besognant de la terre, et avec les gauches hésitations de celui qui cherche sa voie et ne sait pas encore voir au loin..., cette route indigène, qui a été l'instigatrice du labourage, la familière inspiratrice de la jeune campagne...; cette route où a cheminé le cortège de toutes les générations du pain noir..., c'est cette vieille route usée des pas, c'est elle encore maintenant qui jette sur notre passage l'ombre légère de ses ormeaux.

Parce que ces chemins primitifs étaient la naturelle adaptation de l'homme aux lieux, ils ont été préservés. Et à quelques poteaux télégraphiques près, ils sont restés les mêmes.

Ces vieux chemins, le temps les confirma en effet dans leur gaucherie initiale. Ils ne réussirent jamais à corriger leurs tares natives. Cependant, ce sont ces malvenus dont nos routes modernes ont hérité. Nos routes, nous l'avons vu, ont souvent succédé à ces tracés impérissables et éternellement inachevés. Sous le double cortège de leurs ormes ou de leurs peupliers, nos grandes routes continuent de suivre encore le même exact tracé, étrangement contorsionné, que l'homme antique composa des traits rompus et contournés qu'il puisait en chaque primitive campagne.

De là tout le caractère de nos routes actuelles, leurs sinuosités étranges, l'imprévu de leurs déviations et de leurs courbes, toute cette fantaisie du

(6) Il est évident que cette théorie générale comporte des réserves. Maintes fois la route moderne a pu s'adapter au tracé d'une des grandes voies antiques ou d'un « chemin des Romains ». Mais le réseau primitif se prêta à une adaptation autrement plus constante et plus générale.

tracé qui fait songer à une sorte d'humeur déréglée. Et en effet, c'est de l'allure disloquée de son sectionnement le plus ancien, c'est de l'humeur de ses plus vieux souvenirs que chaque coin de terre fabriqua le morceau de route qui le pénètre et le traverse.

Pour expliquer cette fidélité des passages et des tracés, il ne suffit pas de mettre en cause les habitudes et les traditions. En réalité, si nos routes et nos chemins actuels se sont presque toujours substitués à des tracés anciens, c'est que nulle part il n'y avait place pour l'improvisation des traits neufs dans cette campagne, fixée une fois pour toutes dans un dessin immuable et un statut intangible. Ce petit monde des champs était partout d'un cloisonnement rigide où nul passage nouveau ne pouvait se frayer. Chaque parcelle y a droit à sa forme intègre. Et le trait rectiligne et arbitraire, dont on viendrait balafrer ce terroir calculé sillon par sillon, serait un tel dépècement de propriétés qu'il romprait l'équilibre de tout l'ensemble (7).

Pour aménager au chemin nouveau un passage qui respecte l'intégrité des parcelles, pour lui faire traverser ce lotissement serré, il n'est pas d'autre moyen que de faire épouser au tracé neuf l'alignement parcellaire. Mais cet alignement, n'est-ce pas le chemin qui le fixa partout et en composa le trait?... De sorte que la route nouvelle en vient toujours, soit à épouser le tracé resté apparent, soit à restaurer celui qui s'était effacé. Et de toute façon ainsi, depuis l'origine de ces campagnes, l'homme ne marche jamais sur cette terre que sur la trace de ses pas anciens.

La route moderne règle donc encore, sur le plus lointain passé, le doux mouvement qui déroule son cours, et l'agite à chaque instant du souvenir qu'elle lève du sol à chaque pas. Un charme secret, une

(7) Les voies de grande communication de l'Antiquité n'avaient en général de sections rectilignes qu'à travers les territoires boisés.

allure intime, semble encore partout animer le geste du paresseux tracé, qui s'abandonne aux pentes du coteau et en épouse la grâce ondulante.

Et l'animation est en effet humaine et véridique. C'est la vieille humanité qui donne encore geste et mouvement au chemin ombragé où nous passons sous les mobiles feuillages, sous l'ombre légère trouée de rayons. C'est la vieille humanité, qui de ses morts les plus lointains semble agiter encore de sinuosités tressaillantes cette route rampante, la faire flotter de toutes les légères formes du sol, la faire s'émouvoir de toutes les habitudes humaines, que chaque coin de ce sol reçut dans la subtile ferveur d'une terrestre mémoire.

VI

LA VIGNE

Si l'introduction de nouvelles cultures est venue animer de vie et de couleur le paysage rural, la disparition d'anciennes cultures a eu pour résultat, par ailleurs, de ruiner certains des lieux de la campagne et d'en assombrir l'aspect.

La vigne a été alternativement cette nouveauté qui pare le paysage et cette ruine qui l'altère.

Son histoire est une partie de l'histoire de notre agriculture. Mais cette histoire est particulière. Rien ne s'en déroule sur le thème traditionnel et dans le cadre originel.

De toutes les formes de l'activité rurale française, c'est la culture de la vigne qui a été soumise aux plus complètes péripéties. Chacune de ces sensationnelles phases a inscrit son effet sur le paysage. L'introduction du vignoble, son déclin et sa prospérité ont modifié les aspects de nos campagnes et en ont perturbé le régime.

Il est indiscutable d'abord que cette culture fut très prospère à l'époque gallo-romaine. Nous en avons le témoignage dans un texte décisif du pseudo-Eumène, à la fin du IIIe siècle. Le disciple d'Eumène, qui rédigea le Panégyrique de Constantin, nous y parle des grands vignobles de la Côte de Beaune et de Nuits d'une façon suffisamment précise pour qu'aucun doute ne puisse intervenir dans l'identification du pays (1).

A son insu, le panégyriste nous apporte la preuve que ces vignobles remontaient déjà à la plus haute Antiquité. Les procédés de culture en étaient les mêmes qui y étaient encore en pratique avant la récente introduction des cépages greffés. Le rajeunissement de la vigne était réalisé par le provignage. Pour remplacer les ceps vieillis, on couchait en terre une souche voisine et vigoureuse, de manière à faire émerger du sol les tailles de l'année, qui, taillées à deux ou trois « yeux », constituaient chacune un nouveau cep, jeune et productif.

Or, à l'époque d'Eumène, cet enfouissement avait fini par accumuler dans le sol, nous raconte le rhéteur, un tel amas de bois détruits, de débris ligneux et de vestiges végétaux, que la terre en avait comme perdu son élément propre, et que la culture en était devenue à peu près impossible. L'opération, capable de transformer ainsi le sol, avait dû nécessairement intervenir grand nombre de fois. Or, elle ne se produit que tous les quinze ou vingt ans. Cela nous fait entrevoir à quelle Antiquité immémoriale remontaient ces vignobles du IIIe siècle (2).

Cette origine de la vigne, qui remonte ainsi bien plus haut que la conquête romaine, ne peut pourtant pas être antérieure à l'époque halstattienne.

Ce qui nous en apporte la preuve, c'est le témoignage des aspects actuels de ce même pays dont Eumène interroge les aspects anciens.

Sur la côte bourguignonne en effet, la vigne est postérieure à l'établissement des tumulus de l'épo-

(1) Ce pays, c'est le « Pagus Arebrignus ». – Eumène, *Discours d'actions de grâces à Constantin, au nom des habitants de Flavie.*

(2) Lors de la crise phylloxérique, l'arrachage des anciennes vignes, en certains grands crus (Chambertin par exemple) a mis au jour de longues chaînes de souches pourries que les couchages avaient enfouies. Cela suppose des vignes d'une ancienneté plusieurs fois séculaire. Et pourtant, ces sols, où s'étaient accumulées tant de dépouilles, étaient encore bien loin d'avoir eu le temps de réaliser le funeste entassement que signale le pseudo-Eumène.

que halstattienne et même des oppidums (3). L'étude des gîtes néolithiques nous montrerait que les anciens établissements n'y sont pas adaptés au terroir graveleux du vignoble. Les villages les plus anciens de la Côte sont en effet situés à des débouchés de combes, aux lieux où le versant s'entaille, et ouvre ses brèches aux alluvions, aux sols compacts. Le vieux Gevrey, le vieux Brochon, Fixin, Fixey, Couchey même n'ont dû leur première prospérité qu'à la présence d'une vaste lentille de marnes liasiques, bordée par la faille de la Côte, et qui, de Gevrey à Couchey, appuie sa masse de lourdes terres sur les marnes de l'oligocène. Ces villages ne sont anciens, ne sont sans âge, que parce qu'ils furent au début sans vignes. Il en est ainsi plus au sud encore, dans cette région de Comblanchien qui sépare la Côte de Nuits et la Côte de Beaune. Là, dans ce paysage tourmenté et boisé où se rompt la régularité du versant, la Côte s'abaisse, se disloque, s'emplit de sources et d'alluvions, de terres grasses et de lourds terroirs. Les villages de Premeaux, Comblanchien, Corgoloin, Ladoix et Serrigny y ont dû leur prospérité, non à la vigne, mais à leurs champs, à leurs eaux, ou à leurs carrières.

Les chemins qui alimentèrent de leur réseau routier cette Côte ancienne, n'y sont pas davantage adaptés au vignoble. Venus de la plaine, ils gravissent aux éperons barrés de la corniche calcaire, sans qu'un seul d'entre eux desserve les grands crus. Leurs tracés semblent ignorer nos vignes.

Mais l'aspect même de tout le versant nous montre que le vignoble y est d'une construction dont la date se situe déjà sur le seuil des époques historiques.

Les vrais villages de la vigne y ont un tout autre aspect que les villages archaïques dont nous venons

(3) Beaucoup des oppidums sont de la Tène III, contemporains même de l'invasion des Cimbres. Mais d'autres sont d'une époque antérieure. Ce serait le cas des camps établis sur éperons rocheux le long de la falaise calcaire de la haute Bourgogne.

de parler. On leur devine des origines troublées et toute une aventure.

Ils furent en effet, à l'origine, des villages de plateau. Leur territoire s'étendait sur la large terrasse, sur les replats calcaires qui surmontent la Côte, couronnent cette falaise morte. Ils avaient là de spacieuses étendues cultivées. Des ruines, des lieux de ronces, des jardins dégénérés témoignent encore de cette ancienne prospérité. Des éperons barrés, des camps retranchés, des groupes de tumulus, presque tous de l'époque halstattienne, restent associés à ces sites anciens.

Plus tard, quand la culture de la vigne s'introduisit dans le pays, ces villages de hauteur, plus désavantagés que les vieux villages agricoles de la Côte, abandonnèrent presque tous leur site difficile. Ils descendirent s'établir sur le versant, sur les pentes les plus régulières, les plus ensoleillées et les plus chaudes. Il existe en effet une relation précise entre la régularité du versant et la qualité des crus. Les grands vignobles ne se situent qu'aux pentes douces et amples dont le sol de pierres avait rebuté l'agriculteur. Mais cette terre graveleuse que n'engraissent pas les boueuses alluvions, est entretenue de débris calcaires riches en minerais de fer. Et sur ces plans réguliers règne une immobilité relative des couches atmosphériques, qui favorise la floraison de la vigne et la maturité du raisin.

Sur ces lieux propices, les villages se vouèrent complètement à la culture nouvelle. Ils en prospérèrent. Associés aux origines mêmes du vignoble, attirés, entraînés, fixés par lui, ils restent encore maintenant les vrais villages de la vigne, liés à sa fortune, assortis à ses aspects, soumis à son influence, pénétrés de son esprit.

Cependant sur les hauteurs, les anciens territoires de la culture, abandonnés par elle, sont devenus des friches pastorales auxquelles, çà et là, de vieux souvenirs fixés par les choses viennent donner l'accent troublant de la vie humaine. Entre des combes déchiquetées de ravins, s'étendent, sans mouvements du sol, ces paisibles étendues d'herbes odorantes, piquetées de genévriers d'azur, rayées de saillies rocheuses, où s'alignent les buis d'or. A leur pied se creuse la plaine jusqu'aux cimes neigeuses d'où se lève le ciel.

De ces calmes solitudes descend le somptueux versant du vignoble. Ces friches dominent ainsi directement les lieux fortunés à qui elles doivent leur abandon et leur silence..., disons « leur infortune ». La richesse de ces pentes vineuses a provoqué la désertion des sommets qui les couronnent..., leur a retiré leurs villages et leurs villageois. De telle sorte qu'à ces étendues pastorales des sommets, correspondent les grands vignobles du versant. Presque partout, sur la Côte, nous trouvons ainsi l'association de ces cimes dépouillées et de ces versants réguliers couverts dc grands crus. Et réciproquement, les vieux villages de laboureurs, qui s'étaient fixés au pied de la Côte sur des lieux façonnés et nourris par les eaux, cultivèrent, non pas le plateau, mais les basses terres robustes qui les entouraient. En haut de ces sites agricoles, la montagne resta donc boisée; et ce sont ainsi des aspects barbares, qui surmontent et dominent encore maintenant les vignobles les moins favorisés.

Mais les mêmes influences qui construisent ce pays par en haut, le construisent aussi par en bas.

Ces archaïques villages agricoles de la Côte, qui ont respecté la forêt difficile des sommets rocheux, ont déboisé le terroir fertile, la plaine. Leur territoire s'est ainsi développé en face de leurs combes, sur la dépression limoneuse qui interrompt le glacis de graviers qu'entasse la montagne à ses pieds.

En face des grands vignobles au contraire, la forêt est restée libre de ses avancées. Et ces promontoirs boisés font ainsi vis-à-vis à des sommets dépouillés.

Dès lors, tout le sens de ce pays nous apparaît. La plaine avance sa forêt partout où la montagne recule la sienne; et, réciproquement les cimes boisées dominent des campagnes dénudées. Entre ces deux jeux, le versant développe, en une alternance symétrique, une succession de plans calmes et réguliers chargés de nobles vignobles, à la fois séparés et réunis par des débouchés de combes, régions d'articulations souples et creuses, travaillées par les eaux, emplies de routes et d'habitats.

Ces aspects ne sont pas seulement expression des aptitudes du sol et fonction du relief. Les origines et les durées nous y sont clairement exposées. Les vieux pays, reconnaissez-les à cet aspect tourmenté des choses : un versant disloqué, déchiqueté de combes, buriné de ravins, des villages tassés et vieillots, des sommets à forêt et à rochers..., et, débouchant de tout cela sur la plaine, des eaux, des labours, des moissons, des villages, des routes..., tout ce que semble avoir charrié la force du torrent ancien. Tout cela subsiste encore mêlé au témoignage qui affirme les origines et les âges anciens. Tout cela, en effet, s'associe à un réseau de chemins dégradés qui, entre deux rives buissonneuses, cheminent, comme des vieux, avec leur rigide charpente de pierre partout rompue.

Et voici les pays presque neufs qui n'ont encore inscrit sur eux ni vieillesse ni atteinte profonde!... Ce sont, au calme flanc de leur montagne dépouillée, ces opulents vignobles dont s'approchent les forêts de la plaine. Ici, point de vraie campagne élaborée, mais ce quelque chose d'inachevé et de sommaire qui n'a pas connu le trouble et la peine des genèses anciennes.

Sur cette côte, des lignes simples et claires nous racontent l'histoire. Elles nous disent que la vigne est ici une intruse, dont les droits ne sont pas inscrits dans le statut originel de cette terre, dont les titres ne sont pas dans l'acte de fondation de cette campagne.

La vigne n'est pas, en France, une culture originelle, car elle n'est pas adaptée au régime originel de la terre. Partout, en effet, ses domaines tranchent sur le reste dans la structure générale de la campagne. Ils se présentent exclus du cadre et des conditions du morcellement. Sa culture est en contradiction avec l'ancien règlement des tâches. Le particularisme, le caractère individualiste de cette forme d'exploitation, est un désaveu du régime communautaire auquel fut associé la vieille terre des champs.

Partout ainsi, il est apparent que le domaine de la vigne a été surimposé au territoire agraire primitif; partout, il se manifeste comme une tardive annexe ajoutée à la campagne primitive, et sans harmonie avec celle-ci. Sauf dans les plaines méridionales, la vigne siège en effet sur ces pentes roides, sur ces versants pierreux, qui ont été laissés à la forêt dans la distribution originelle de la terre, et qui appartenaient de droit à la Nature libre.

Sur ces lieux usurpés, le vignoble découpe ses chétives parcelles. Rien dans cet âpre site ne rappelle les allures générales du morcellement. La vigne y a été partout une installation libre, réalisée selon les goûts ou la fantaisie de l'individu. Chaque petit enclos y a été arraché à une nature rebelle, conquis sur le taillis, les épines et la pierre. Cep par cep, la vigne a fait sa courte grimpette. Et pour l'établir sur le raide talus, il a fallu y tracasser chaque pierre, y quereller chaque gravier. Toute l'allure du vignoble dénonce cette indépendance, cette fantaisie, cette turbulence de l'établissement. La vigne n'a soumis que les lieux indociles. Triomphant des résistances et des ingratitudes du sol, elle semble partout se glisser, s'insinuer, s'installer, sans autre loi que l'humeur de ses ceps irrités. Partout elle apparaît cheminant entre les pierres, dans l'heureuse liberté de ses tailles, dans le désordre et le caprice de son riant feuillage hérissé de vrilles.

Cette installation libre est le témoignage de l'indépendance de la propriété. Mais ce n'est pas seulement la création et la plantation qui impliquent une appropriation individuelle du sol : la culture de la vigne réclame, elle aussi, ces soins diligents et éclairés qui ne peuvent être que des zèles de propriétaires. De tous les travaux de l'agriculture, il n'en était point de plus dur que ce labeur du vigneron. Courbé presque jusque sur le sol, accroupi de ses jarrets écartés sur cette terre sévère, l'homme devait, de sa courte pioche, remuer et briser cette glèbe de fer et l'alléger de tous ses liens de pierre. Tous ces terribles travaux s'accumulaient dans la hâte d'une seule saison.

Mais la vigne était encore plus un ouvrage de zèle délicat que de force brutale. C'est en effet à la main de la femme que se taille et se pare la vigne. La toilette en est faite à chaque instant de la bonne saison. Tailler et ébrousser, c'est une science difficile; et la grâce lente du geste nous dit que c'est un art.

Aujourd'hui, les mêmes causes continuent de produire les mêmes résultats. Les raisons, qui, dès les origines, ont imposé au vignoble le régime de la propriété individuelle, continuent d'exercer leurs effets. La vigne tend à appartenir au vigneron, seul capable de lui donner les soins nécessaires et de lui vouer le zèle suffisant. Par le fait des maladies cryptogamiques, par le fait des soins sans cesse accrus que réclame le vignoble, de plus en plus la vigne est aux mains qui la travaillent.

Et en cela encore nous en revenons aux origines, aux temps où chaque vigne fut création spontanée et libre, propriété individuelle, exploitation indépendante.

L'introduction de la culture de la vigne fut donc, nous le voyons, très postérieure à la création de nos campagnes. Le vignoble, tel qu'il existe encore en partie, nous est le témoignage que ses origines sont associées à l'existence de la propriété individuelle.

Elles datent d'un temps où le vieux régime communautaire était en complète dissolution.

Antérieure de plusieurs siècles à la conquête romaine, très postérieure à l'établissement de notre système rural, plus récente même que la période de Halstatt, l'introduction de la culture de la vigne en Gaule a dû se faire à une époque pas beaucoup plus ancienne que la civilisation de la Tène. En hésitant sur ce seuil de l'Histoire, et en y tâtonnant un peu, nous arriverions peut-être à fixer cette époque aux environs du VIe siècle avant notre ère.

Cela exclut l'hypothèse d'une pénétration venue par la voie rhodanienne. A cette époque en effet, ainsi que nous l'avons vu, Marseille n'était pas le départ des actives relations qui faisaient pénétrer l'influence hellénique à l'intérieur de la Gaule. C'est par la voie continentale, c'est par la Suisse et les défilés du Jura qu'arrivaient alors dans nos régions les produits de l'industrie grecque. Et c'est par ces mêmes brèches, où entraient sur la Gaule la civilisation et la magique lumière de l'Orient, qu'ont pénétré sans doute alors l'habitude de la culture nouvelle, l'usage du vin, le secret et la joie du vieux Dionysos.

Or, précisément à cette époque, les premières terrasses du plateau bourguignon se peuplent de nombreux vestiges de l'industrie et de l'art grecs. L'arrivée en Gaule se faisait sur ces pentes heureuses. Et sur ces versants ensoleillés, qui jetaient jusqu'aux lointaines portes de l'horizon l'appel de leur séduction, le mouvement qui venait de l'Orient vint déposer, en même temps que les vases sacrés, le germe d'un précoce vignoble.

Sur ces plans pierreux et secs, où les campagnes ne s'étaient pas installées, se fixa le premier vignoble. Et il prospéra du privilège de cette antiquité, plus encore que des vertus du sol.

Qui voudrait en effet pénétrer le secret de cette riante fortune de nos crus bourguignons le chercherait en vain dans les ressources originelles du sol : la Nature ne l'y a pas mis!... Mais c'est la vigne elle-même, qui, en entassant ses débris et ses déchets, s'est construit son propre terroir, et s'y est composé la noble et subtile essence dont elle nourrit son fruit (4). La primauté de ce vignoble est un droit d'ancienneté. C'est, en fin de compte, non les vertus du minéral, mais les rudes labeurs humains, les misères et les peines de multiples générations de vignerons, qui ont fait, de ces sols ingrats entre tous, des terres de choix, de nobles crus, des lieux élus.

Et ainsi, même la forme la plus tardive de l'activité rurale manifeste déjà la loi générale que nous vérifions bientôt : c'est dans son antiquité que cette campagne puise les conditions de sa prospérité ou de sa résistance. C'est son ancienneté qui lui assure ses destinées.

Introduite ainsi en Gaule à l'aube des temps historiques, la culture de la vigne y réalisa, par la suite, une extension qui s'est généralisée à tout le territoire, pour se restreindre finalement aux régions où elle prospérait. L'histoire de ce déclin n'a pas moins de signification que l'histoire des origines.

La disparition de la vigne des contrées qui n'étaient pas spécialement adaptées à sa culture a eu pour ces régions de funestes effets.

Jusqu'au XVIIIe siècle, la vigne était cultivée à peu près sur tout le territoire français. Les mêmes raisons qui avaient, au Moyen Age, donné à cette culture une extension jusque dans les pays septentrionaux, ces mêmes raisons maintenaient en

(4) Cette construction du sol est le résultat d'une opération culturale : le provignage. Celui-ci avait un double effet : d'une part, la terre du sous-sol était sans cesse ramenée à la surface, où elle s'aérait, et, d'autre part, les débris végétaux étaient entassés dans la profondeur. Sur ces terres régulièrement en pente, les eaux entretenaient constamment un apport superficiel de débris calcaires variés, de riches limons, que le provignage incorporait profondément au sol. C'est ce régulier brassage de la terre, associé à son constant enrichissement en matières minérales et végétales, qui a fini par donner à ces terroirs de la vigne cette qualité si particulière et si subtile dont aucune analyse chimique ne saurait rendre compte.

France, autour de tous nos villages, une ceinture de vignobles d'une production aussi pauvre que l'exploitation en était difficile. L'absence de voies de communication retirait, en effet, aux pays capables de la grande production vinicole le bénéfice de leurs aptitudes. Les vignobles importants ne prospéraient vraiment qu'au voisinage de la mer et à proximité des ports. Il en était ainsi pour le Bordelais. Partout ailleurs, sauf l'exception de quelques grands crus bourguignons, le vignoble n'était en général susceptible que d'alimenter une consommation strictement locale. Chaque pays était donc obligé de produire son vin. La vigne était répartie en France, non selon des aptitudes, mais selon des besoins.

En général, chaque agglomération française avait donc jadis son modeste vignoble. Sur les coteaux voisins, sur les pentes propices qui dominaient le village, s'étendait la foule des petits enclos. Ces versants roides et riants, ombragés de fruitiers, ouvragés de treilles et de jardinets, la vigne les escaladait de murées en murées, de grimpettes en grimpettes, capricieuse, échevelée, pampres au vent et au soleil.

Ce vignoble morcelé et difficile donnait ce qu'il pouvait. Mais on en avait tant de soin et d'amitié qu'il finissait par trouver son soleil, rougir son pinot, dorer son aligoté ou son chasselas. Et, bon an mal an, au risque d'un brin d'acidité, le vignoble du village donnait son petit vin clairet. L'étranger en faisait fi. Mais les bonnes gens du pays y reconnaissaient et y aimaient la probité et la vivacité des lieux. Entouré de cette ceinture de coteaux heureux, de cette parure d'ouvrages ensoleillés, le village prospérait; et la vigne était de tous les pays, comme le vin était de toutes les fêtes.

Cependant, depuis longtemps déjà un mouvement d'adaptation se préparait dans le vignoble français. La construction des routes au XVIIIe siècle, et surtout la construction des chemins de fer au

XIXe, ont permis aux régions vouées spécialement à la vigne d'expédier ou même d'exporter leurs vins. Elles ont pu développer ainsi leurs vignobles, améliorer les rendements, les qualités et les prix, et se saisir de tout le marché.

Partout au contraire où la vigne aventurée risquait les gels tardifs et les maturités inachevées, le vigneron, lassé des mauvaises années, ruiné par une concurrence victorieuse, abandonnait la partie. La crise phylloxérique acheva sa déroute.

La retraite de la vigne s'est faite ainsi peu à peu, et se continue encore. Progressivement, elle abandonna la France des frimas et des pluies. Elle quitta d'abord les plaines du Nord et les coteaux de l'Ouest; puis, village par village, de vallée en vallée, de côte en côte, elle se retira vers les contrées heureuses où elle trouve l'exaltation de la qualité ou l'abondance de la production. Alors là, en ces lieux propices, elle prit à elle tout le pays. Elle en chassa le champ, le verger et le jardin. Elle couvrit le territoire de sa nappe victorieuse. Elle devint absolue; et sur son flot étalé comme une inondation, le village ne fut plus qu'un îlot de toits ardents et de frais celliers.

Mais à ce triomphant envahissement des contrées privilégiées correspond partout un abandon et une détresse des lieux sans privilège.

La vigne a quitté les petits pays qu'elle aimait peu et où on l'aimait tant. En se retirant, elle a laissé derrière elle les ruines. Dans le nord, où elle n'était qu'une intruse, la terre fut tout de suite reprise par les occupants légitimes. Dans l'Ouest depuis longtemps abandonné par le vignoble, la réparation a eu le temps de se faire. Sur ces côtes sans raideur, sur ces pentes molles, le villageois du Maine, du Perche, ou même de la Bretagne, a installé ses champs, ses jardins et ses vergers. Mais dans l'Est et le Centre, les prospères coteaux qui entouraient le village d'un vert vignoble sont maintenant des lieux d'abandon. La ceinture de treilles est devenue ceinture de buissons. Les petits enclos, où la vigne mûrissait ses grappes roses ou blondes entre les groseilliers, les rosiers et les ruchers, se sont emplis de ronces et d'épines. Les murées se sont écroulées. Les fruitiers ont dépéri ou dégénéré. Et les abeilles ont quitté ces ruines sans fleurs.

VII

LE VILLAGE

I

ORIGINES DE L'AGGLOMÉRATION HUMAINE

Notre village actuel est souvent la survivance du village primitif. A d'autres fois pourtant, celui-ci a disparu sans laisser d'autres traces que des ruines méconnaissables. De toute façon, qu'il ait persévéré sur les lieux ou qu'il s'en soit effacé, il importe essentiellement de pouvoir retrouver le siège de la primitive vie agricole, reconnaître l'antique lieu des foyers et des demeures. Originairement, le village n'existe qu'en fonction des chemins de sa campagne. Leur réunion lui donne sa raison d'être. Leur rencontre lui donne sa structure. C'est dans les conditions dont se réalise cette croisée des chemins que se dégagent la forme et le plan de l'agglomération humaine. Les routes nous font faire ainsi la découverte de tout l'ancien village. Elles nous aident non seulement à en retrouver le site, mais à en rétablir le plan et à en restaurer les aspects.

Ce que nous disons là s'applique d'ailleurs à toutes les agglomérations. Les villes peuplées, comme les bourgades misérables, n'ont pas d'autre décision originelle que d'être ce carrefour de routes, et n'ont pas eu d'autre expansion que d'être la fortune développée au loin et au long de ces voies. La ville, née de la réunion des routes, ne grandit qu'en fonction de celles-ci, et le long d'elles.

Et pourtant il peut sembler qu'au centre de

grandes cités siège une valeur constructive entretenue de la seule puissance des initiatives spirituelles, des entreprises politiques et des calculs humains. Mais ne croyons pas trop à ces constructions intérieures et à ces fortunes libres!... Il y a eu certes des cités – telle l'Athènes du Vᵉ siècle – qu'illuminèrent soudain la Victoire et le Génie. Mais ces clartés seraient restées des lumières dans la nuit si elles n'avaient pas donné la direction vers elles à tous ceux de la route, sur la mer et dans le Monde. Telle grande capitale actuelle semble avoir les générosités créatrices et spontanées. Et pourtant, ce cœur, lui aussi, ne vit et ne bat que du sang qu'il reçoit.

On m'opposera peut-être des cités qui furent créées par un acte de volonté souveraine : l'Escurial, Versailles!... Mais leur histoire même est le témoignage qu'on ne fait pas violence aux conditions naturelles de l'urbanisme. Qu'en reste-t-il de ces cités nées d'une volonté exercée hors des lois? Qu'en reste-t-il?... Voyez-en le vide : sépulcres et musées!... Entendez-en le silence!...

Mais pour nous convaincre jusqu'à quel point la ville se détermine par un carrefour de routes, arrêtons-nous à l'exemple d'un cas particulier. Et pour jouer la difficulté, prenons une ville à qui l'Histoire sembla n'apporter qu'une grandeur de hasard et une fortune de circonstance.

A Dijon, en effet, l'Histoire a trouvé un de ses sièges actifs. La cité ducale du XVᵉ siècle fut un centre de politique et de diplomatie. A la fin du Moyen Age, son rôle et son expansion apparaissent ainsi assez indépendants de sa situation et semblent dépasser ses droits. Et pourtant, dans cette ville accidentellement transformée, rien n'a effacé le témoignage des origines naturelles, et n'y a diminué la rigueur du déterminisme des lieux. Parée de tous les artifices, masquée de deux mille ans d'ouvrages, la ville continue de nous livrer les lignes indestructibles de la fondation.

Au centre, réunie autour de ses clochers émouvants, il y a l'ancienne ville, dense et serrée. Elle garde encore, dans le geste qui la comprime, le témoignage du rude corset de pierre, de l'enceinte murée qui l'étreignit mille ans et qui lui a été la gaine rigide de l'Histoire.

Libérée aujourd'hui, affranchie de sa contrainte millénaire, elle commence de jeter tout autour d'elle, à l'assaut des collines, une foule éparpillée de blanches villas et de jardinets..., tout un ensemble de quartiers neufs, joyeux, expansifs.

A qui la contemple, la ville laisse deviner son sens. Elle porte sur elle ses âges et son histoire. Si vous le désirez, d'un geste, vous pouvez tout dissiper; de ces lieux sensationnels, vous pouvez à votre volonté en abstraire toute la vision d'un urbanisme superbe, et rétablir, sur un territoire délivré de l'homme, les traits nus d'une Nature qui appelait pourtant déjà l'homme dès que celui-ci put entendre et parler.

Mais le geste qui rétablit les lieux dans leur primitif dépouillement n'est pas un geste de ruine. Ce sont les anciennes sollicitations venues des campagnes lointaines ou proches, qui ont à s'exercer ici, devant nous, comme si elles y préparaient les premiers rassemblements humains. Il faut amener et réunir ici les routes du pays éduen, du pays lingon, et celles de l'antique Séquanie. Ces voies nombreuses et actives, voyez-les venir du fond de l'horizon! Elles sont appelées de loin. Voici la route de Bibracte à la Porte de Bourgogne, route de Gaule en Germanie!... Voici les routes venues d'Alésia et des vallées parisiennes, et qui gagnent les pays de Saône et les lointaines brèches du Jura!... Or, aucun de ces grands traits grêles, qui ont vacillé sous les bouleversements de l'Histoire, n'a cependant vraiment cédé. Toutes ces routes primitives, vous les retrouverez encore maintenant. Tantôt dégradées et ruinées, tantôt restaurées et modernisées, elles continuent de parcourir la campagne et d'animer la banlieue.

Mais ces chemins originels, vous les retrouverez bien mieux encore dans la ville même. Ils en forment les rues populeuses et les artères essentielles. La ville est construite sur eux. La cité s'est bâtie sur la route, en s'y érigeant maison par maison. D'un chemin, d'un tracé, elle a fait une rue... Rue ou route : autre chose qu'une verbale distinction!... Le grand chemin qui passe, saisi par la cité, y a cessé d'être un vestige superficiel. La cité lui a communiqué un profond relief en creux d'une fixité indestructible. Epaisse émergence de pierre, la ville enfouit en elle la rue comme une longue entaille creusée dans sa maçonnerie. La route qui passe, qui vient de loin et qui s'en va, a pour ainsi dire, en devenant une rue de la cité, fait chez celle-ci une halte éternelle. Là, immobilisée en rue, rien ne l'y peut déplacer et mouvoir. La chaussée, le pavé, le trottoir, les pignons..., tout cela est une composition solide. Les rues ne périssent jamais. Bien domanial, fisc impérial intégré par la suite dans la seigneurie, enfin propriété inaliénable de la communauté urbaine, la rue est défendue par ses droits millénaires autant que par la solidité de sa structure et de sa matière.

Mais la rue a une autre réalité que de jouer un rôle vicinal. Chaque rue a une individualité matérielle qui tend nécessairement à s'associer une sorte d'individualité morale.

Bien des choses réalisent cette individualité. Chaque rue a sa physionomie, composée à tous les aspects de ses vieilles maisons, et qui rassemble, en une seule et familière image, les visages alignés de tous les logis. La rue a sa spécialisation professionnelle; elle a ses artisans d'un métier, ses négoces particuliers. Elle a ses boutiquiers, ses rentiers, ses affairés, ses bavards; elle a ses traditions, ses fêtes, ses parlotes, ses ragots, et ses habitudes dolentes qui font les bonnes gens. Elle a tout cela, la vieille rue!...

Elle a aussi ses passants, ses passagers, ses voyageurs. Et sa personnalité dépend, essentiellement et originellement de tout ce que lui apporta, du fond des campagnes et des horizons, la route dont elle est à la fois la naissance et la terminaison chargées d'humanité. La rue dépend ainsi de la banlieue et de l'arrière-pays. Et dans presque chaque ville, on respire, en telle ou telle vieille rue, un air qui sent les champs, ou les prés, la vigne ou la forêt, la Côte ou le Pays Bas.

De quelle antiquité est donc faite cette âme des choses qui traîne les rues?... Depuis les temps les plus reculés les choses sont ici en place et en expression attentive. Depuis les origines, les maisons qui bordent la rue ont ainsi, en suspens sur elle, leurs mille foyers qui prennent sur elle l'air et la lumière. En haut, les toits découpent l'espace infini en une lanière de cieux; mais, en bas, les êtres y reçoivent d'une humanité sans cesse en marche et en mouvement des empreintes alertes que se fixe vivement l'âme, de tumultueuses émotions, et un sens parfois trouble, mais toujours énergique de la vie sociale.

Car ces maisons de la rue, ce sont les rives de pierre entre lesquelles s'écoule le fleuve intarissable de la foule, le flot de vingt siècles d'individus et de toutes les générations. Et l'origine du mouvement est ici plus vieille que la plus vieille des pierres.

La rue primitive résiste même aux pires épreuves. Tenace et immuable, attachée par les fondations, elle persévère même quand lui est retiré ce qui la suscita, le chemin qui l'apporta, la route qu'elle ouvre et qu'elle achève.

Telle fut l'aventure à Dijon de la vieille rue Berbisey. Qui oserait aujourd'hui penser que cette potinière rue de petits employés et d'honnêtes brocanteurs fut fragment sensationnel de l'antique voie sacrée qui menait de Bibracte en Germanie, et où circula sans doute le souffle précurseur, qui dès les premiers temps de l'Occident, y cherchait déjà l'esprit et le génie d'une Europe unie.

Cette rue fut, jusqu'à la fin du haut Moyen Age, une partie de l'axe nord-sud de la ville. Elle fut une des deux lignes constructives de la cité.

Cependant, au début du Moyen Age féodal, cette antique voie fut condamnée. La nouvelle enceinte, construite après l'incendie de 1137, lui ferma en effet toute sortie et tous débouchés.

Les Temps et les Dieux avaient changé. La nouvelle entrée de la ville au midi se fit au bénéfice d'une rue à laquelle les circonstances de l'époque vinrent donner la valeur essentielle. La rue Saint-Philibert, bordée d'hôtels abbatiaux, et qui conduisait à la basilique de Saint-Bénigne, prit le pas sur la voie gauloise et profane. Terminée en manière de cul-de-sac, la voie, dépossédée de son contact avec l'extérieur, et que n'alimentaient plus ni entrée, ni sortie, ni passage, persévéra pourtant en vertu de l'indestructible privilège qui maintient toute rue, même celle que tout abandonne et que la cité renonce. Mais cette voie méridionale, aux attaches rurales, qui avait jadis conduit aux riches vignobles de la Côte et aux campagnes prospères du Pays Bas..., désormais ne connut plus le trafic, les voyageurs, les charrois, les convois du vin, les arrivées des denrées, les clameurs du charretier, les odeurs du foin et des champs, les carrioles et les chars, les auberges, les rouliers, le tapage, le vagabondage, toute la vie qui se rassemble du fond des campagnes pour franchir bruyamment les portes d'une ville. La voie, abandonnée par la campagne et le territoire, fut réduite à vivre d'une vie cloîtrée par la cité, et strictement urbaine. Elle cessa d'être marché, lieu d'approvisionnement. Le bien foncier, sensiblement déprécié, y fut souvent racheté par les riches parlementaires, qui y substituèrent leurs somptueux hôtels aux indigentes demeures. Dans le reste de la rue, on s'ingénia pour y vivre. On y pratiqua les petits métiers besogneux entretenus sans l'aide du rural et du pays. On y fabriqua le parchemin (1). On acheta de rencontre; on vendit d'occasion. On y fit la brocante. On y vécut de peu. On y fut heureux de rien. Un gai génie malicieux et populaire est né et s'est entretenu de ces dénuements.

La rue actuelle a repris l'air sur le dehors. Pourvue de débouchés, elle a retrouvé son activité. Mais ses aspects sont restés ce que l'Histoire les fit : un singulier mélange de froides grandeurs patriciennes et de lieux expansifs et familiers, ouverts et plébéiens. Les hautaines façades fermées, derrière lesquelles le riche hôtel s'isole des foules, y alternent avec les arrière-cours populeuses et bavardes, et avec les boutiques d'antiquaires, qui sont encore là pour témoigner de l'ancienne et nécessaire adaptation à la misère ingénieuse.

Non moins que la ville, le village a ses rues primitives, auxquelles s'attachent toutes les fortes significations des origines de la campagne et de sa longue histoire. Car le comportement des chemins a la même allure, aussi bien dans la petite agglomération que dans la grande. La convergence des routes détermine le village comme elle suscite la ville; et la persistance de cette convergence y maintient et y manifeste partout les tracés primitifs. Le chemin primitif, une fois entré dans le village, y trouve cette même fixation solennelle que s'il était dans la cité. Rien ne l'y détruit. L'antique rue villageoise, avec ses allures tortueuses, ses rives pauvres et dégradées, triomphe du temps presque aussi bien que si elle était l'artère populeuse où le déterminisme, qui commande la circulation de la vie, a fixé dès les origines urbaines l'axe frémissant d'une cité.

D'une certaine manière, la voie primitive est même mieux protégée dans le village que dans la ville. Dans la ville, en effet, aux époques prospères, sous l'influence d'une administration éclairée, peu-

(1) C'est alors que la rue commença à s'appeler « rue Parcheminerie ».

vent être réalisés certains aménagements qui altèrent les conditions du tracé primitif.

Le village n'a point d'aventure analogue à redouter ou à espérer. L'initiative de l'administration y est faible. Rien, sinon l'usure, n'y menace les choses qui sont en place. Elles y périclitent paisiblement, et s'y dégradent sans faste offensant de misère. Rien n'y trouble la vieillesse des choses, et n'y inquiète les ruines. La rue villageoise est née avec le village. Elle ne vieillit que de sa ruine; elle ne disparaît et ne meurt que quand il s'efface.

Et pourtant, à certains autres égards, la rue villageoise est moins bien défendue que la voie urbaine. Les masures qui la bordent se dégradent souvent et se ruinent aisément. Aucune contrainte ne s'exerce pour les entretenir, les réparer, les reconstruire. Il est presque toujours plus avantageux de rebâtir à neuf que de refaire un édifice nouveau sur la ruelle tortueuse où se délabre l'antique logis. Les vieilles rues des villages s'abandonnent et se délaissent sans cesse.

Et pourtant leur tracé demeure. De l'irrémédiable effacement, elles sont préservées par les ruines mêmes qui les encombrent; et plus elles se détruisent, mieux elles se défendent.

Si, aux origines, il joue le même rôle dans le village et dans la ville, le chemin primitif reste souvent plus associé aux destinées du village qu'à celles de la ville.

Plus une ville grandit, en effet, plus son développement tend à devenir indépendant des conditions de la circulation primitive. Les quartiers neufs et les rues nouvelles qu'ont suscités des industries importées se construisent de plus en plus loin du carrefour central. Plus on s'éloigne ainsi du lieu où convergent les artères primitives, plus le nouveau réseau vicinal se situe dans leur divergence, et se dégage de ces voies anciennes.

Le village, lui, leur demeure en général fidèle. Né de la terre et vivant par elle, il reste strictement astreint aux conditions et aux directions qu'elle impose. Aucun labeur ne l'en détache. Il reste ce qu'il fut, ce qu'il est né; il persévère dans le même plan, le même dispositif; et les mêmes tracés continuent de rester adaptés à l'élément invariable, à une campagne demeurée constante dans ses aspects et dans ses lignes.

II

CARACTÈRE GÉNÉRAL DU VILLAGE

Le village et sa campagne.

L'association que le village a fondée avec la clairière culturale demeura en effet un statut intangible.

La clairière a façonné le village à son image, comme elle le fabriquait à son usage. Le village a reçu sa forme de la configuration de la clairière; et il a construit sa charpente sur les traits qui portent son territoire.

Sur ce carrefour essentiel, le cultivateur a situé sa demeure à proximité et aux intentions de sa tâche quotidienne. Il l'a bâtie sur le chemin qui le conduit à ses travaux, sur la route qui le mène et le ramène sans cesse avec ses denrées, ses attelages difficiles, ses grands chars des moissons. Il se trouve ainsi que la rue villageoise est d'autant plus longue et peuplée qu'elle a une destination plus lointaine et un débouché plus vaste. La rue du village a la valeur du chemin rural qu'elle termine. Elle s'allonge ou s'écourte selon la sollicitation qui lui vient du fond des champs. Comme s'ils étaient les bras mêmes qui font l'ouvrage et créent les champs, les rues se développent et s'allongent vers les labours lointains; elles s'écourtent ou s'atrophient devant les avancées de la forêt barbare. Le village primitif a ainsi une sorte de forme tentaculaire qui, par la suite, s'est généralement altérée. Mais, à ses origines, le village, être vivant, a pris forme de son chantier, et, tout autant que l'homme, il s'est façonné de ses œuvres. Sa grandeur ou sa petitesse mesure l'étendue de son territoire; et ses dimensions calculent l'amplitude de sa tâche. Il se dilate ou se contracte, s'amplifie ou se rétrécit du mouvement qui recule les frontières de sa terre ou qui les rapproche.

Car la clairière culturale a donné bien autre chose au village que sa configuration. Elle lui a donné son nombre, son aspect, tout son caractère.

Le chiffre des habitants a dépendu de l'étendue du territoire et de ses ressources. Le fertile terroir y a multiplié et grandi les demeures; les ingrates étendues pierreuses appauvrissaient le nombre et l'aspect des logis; et l'indigence du village est faite de la misère des lieux qui l'entourent.

Les aptitudes du sol ont donné aux maisons et aux rues leur dispositif et leur physionomie. Pasteurs, vignerons, laboureurs, carriers, bûcherons se sont construit des édifices adaptés à leur tâche et à leur exploitation.

Le village de plaine fertile, étale, sur un large espace, les vastes hébergements qui recevront et abriteront les moissons d'une opulente campagne.

Le village de plateau et de montagne développe ses brèves et besogneuses exploitations dans la symétrie de l'étendue agraire; il bâtit ses granges et ses étables à la mesure de son territoire rétréci. Le logis, construit de pierres sèches, couvert de laves, semble un témoignage non moins qu'une image de la difficulté des lieux et de l'ingratitude du sol.

Le village vigneron, qui fait l'épargne de son sol coûteux, et qui ne craint pas l'obscurité et la fraîcheur propices aux caves et aux cuveries, se resserre et comprime ses bâtisses comme pour les faire jaillir plus haut et se creuser de puits d'ombre. De toutes les agglomérations rurales, c'est celle qui affirme le plus un caractère urbain. Il semble un vieillot faubourg de ville, avec ses ruelles étriquées, ses logis tassés, ses courettes étranglées entre des constructions où souvent tout est mis en hauteur : la cave, la cuverie, le logement, le grenier (2).

Souvent le village n'a pas ce caractère simple qui correspond à un territoire homogène. Il est au contraire d'une complexité qui l'adapte à une campagne variée de reliefs et d'aptitudes. Mais selon que prédomine un terroir et que l'emporte une activité particulière de l'agriculture, le village affirme une valeur correspondante. Ses bâtiments sont à la proportion de son territoire; leurs dimensions et leur physionomie répondent à des étendues dans les champs et à des aspects dans le paysage.

Et c'est ainsi que tout le mouvement qui meut le paysage et développe la campagne, qui creuse ou étale le relief, qui le dresse ou le brise..., toute cette silencieuse et immobile agitation de la terre..., le village en épouse le geste, et en modèle sa physionomie et son être.

Les matériaux eux-mêmes, tirés du sol immédiat, en disent la substance et la valeur. Toits de chaume, de laves ou de briques, murs de pierre ou de torchis témoignent de la nature du sol. Le village est l'expression, matériellement réalisée aux choses humaines, du sol et du relief, des eaux et des champs; il est la fonction mise en compte humain de toutes les valeurs et de toutes les figures inscrites par le sol et les lieux; il est le produit de l'obéissance humaine à la Nature; il est le témoignage et la traduction des indigences et des vertus de toute la vaste terre nue dont il contient l'homme, l'homme qu'elle façonne aux œuvres et qu'elle détermine jusque dans son âme.

Dans la ville, les déterminations essentielles sont

(2) Aujourd'hui il n'en est plus ainsi. Le village vigneron, sous l'influence des nouvelles conditions de culture, s'est transformé et embelli (V. plus loin, pp. 266-267).

venues de loin. C'est la facilité et la qualité des communications générales qui ont suscité le développement de la cité. Celle-ci reçoit sa fortune et ses destinées du fond des grandes routes et du lointain des horizons. Et parfois même les sollicitations lui sont venues des rives de la mer, des frontières de la patrie..., de l'étranger..., du Monde!... Le village, lui, ne grandit que des choses dont il est né. Il reçoit de la terre voisine sa susbtance et sa couleur. La maison, la rue et les âmes sont façonnées sur place et aux matériaux des lieux. Et c'est le territoire, qui, du poids de tout son sol, décide de sa matérialité et de son humanité.

Le village et ses rues.

Si les villages ont forme et physionomie différentes, du moins ont-ils même origine et même fonction organique. Comme la ville, ils restent essentiellement ce qu'ils sont originairement : un carrefour de routes.

La rue villageoise compose le village tout autant que la rue urbaine compose la cité. L'une et l'autre ont leur caractère, déterminé du dehors. Comprenons dès maintenant, en effet, que la rue est dans le village, en valeur correspondante de ce que fut le chemin dans la campagne primitive. Les chemins sont les traits fondamentaux qui supportent et charpentent le territoire agricole. Leur réunion sur un centre réunit les valeurs qu'ils portent.

Cependant ces chemins, qui viennent faire village, ne cherchent point le site ample qui appelle la ville. Un étroit relief leur suffit pour contenir leur rassemblement. Mais admirez avec quelle ingéniosité et avec quels doux gestes naturels, ils savent s'entendre entre eux pour se rassembler et s'unir dans une poignée de terre!...

La convergence des chemins à l'intérieur du village se fait selon certaines conditions. Nous les pourrions aisément méconnaître si nous cessions un instant d'être dominés par la souveraine idée que toute cette primitive vie villageoise a entretenu, avec les chétifs détails du sol et les menues formes du relief, une fréquentation à la fois familière et savante. La familiarité en était attachement pour la terre nourricière. La science en était l'expérience fabuleuse et terre à terre, recueillie par chaque coup de pioche sur chaque coin de sol, pendant l'immensité des âges préalables.

Le village, qui concentre ses habitats autour d'un point d'eau, s'étale rarement à plat; mais, par un prodige d'aménagement, il sait ramasser dans une légère dépression, et comme dans le creux de la main, les constructions et les routes champêtres. Et celles-ci, après qu'il les eut liées en un nœud commun, il a su leur rendre aussitôt le champ libre.

Etudions en effet le caractère du carrefour villageois. La bifurcation ne s'y établit pas sur angle aigu et en aiguille; mais presque toujours la divergence des deux branches se réalise brusquement dès la rencontre. Il devait en effet en être ainsi, pour donner le champ à la construction et l'aisance à la plantation du village. Et, d'autre part, cette divergence précoce des voies était nécessaire pour adapter le territoire agricole au morcellement parcellaire, et cela dès la sortie du village. Mais pour réaliser cette soudaine divergence, il fallait une brusque flexion de chacune des deux branches. Or, presque toujours ce coude initial est à deux fins : en même temps qu'il donne le départ immédiat au chemin, il est la courbe de montée de la pente.

Cependant, le village primitif est autre chose que ce carrefour schématique à deux branches. Il est la convergence de toutes les voies nombreuses qui aménagent la clairière culturale. Pour leur donner à toutes l'accès au centre villageois, il a fallu ainsi un ample jeu de courbes ingénieuses, d'arrivées tortueuses, et de sinuosités calculées.

Aujourd'hui, le lacis serré de ces ruelles appauvries ne nous semble plus qu'un désordre étrange. Il nous apparaît déconcertant que le villageois ancien, qui disposait de l'espace, soit venu ainsi comprimer son habitat et étriquer son logis dans une ruelle obscure. Et nous comprenons mal qu'il ait pu mettre au régime cloîtré d'un taudis, enfoui comme en un trou, une vie nourrie de grand air et une âme entretenue de soleil.

Cependant, tout s'explique dans la vieille histoire. Le dédale des rues villageoises n'est pas conséquence ou témoignage d'une libre et pittoresque fantaisie. Mais l'agglomération rurale, dans ses parties les plus anciennes, a souvent cette sorte de complexité vicinale qui caractérise le quartier central dans les vieilles cités. Et en effet, il y a dans le village quelque chose d'aussi urbain, disons même de plus urbain que dans la ville. Le centre villageois est plus intimement fouillé que le cœur d'une cité.

Car la ville est soumise à des lois et à des déterminations qui dépassent son site. Ses destinées se commandent de loin. Les grandes voies primitives qui l'ont suscitée obéissent aux directions, aux appels, aux suggestions de toute une vaste région. Elles ne se réunissent que pour repartir. Elles ne se rencontrent que pour reprendre, avec une circulation accrue, leur voyage interrompu. Elles sont pressées pour ainsi dire de s'en aller. La ville n'est pas leur vrai but. Elle leur donne moins la pénétration et la halte que le passage et la hâte.

Le village primitif, au contraire, est un petit monde fermé, achevé, complet. Il vit et s'entretient de son territoire et se suffit à lui-même. Il ignore les influences extérieures; il échappe aux causes étrangères; et il contient toute sa détermination. Les routes et les chemins qui lui arrivent, s'y terminent et s'y achèvent.

Ces chemins en effet, qui après avoir développé les champs de l'homme viennent lui porter ses maisons, trouvent leur vraie destination, et achèvent leur réelle recherche, en venant apporter la force et la fortune humaines à la cause inerte qui appela au rassemblement.

Car les êtres et les chemins obéissent à la même sollicitation. Le même but qui attira les chemins fixa les êtres et les logis. Que ce soit la commodité d'un gué ou d'un pont, ou la voix d'une source, ou la sécurité d'une cime, qui fut l'attrait ou l'appel jeté à ceux de la route..., la route n'a reçu vraiment vie qu'en donnant elle-même la vie au but inanimé..., en venant le toucher du geste matériel..., le toucher et l'inspirer.

Rendons-nous compte alors pourquoi nous avons tellement aimé ces rues tortueuses et vieillottes de nos antiques villages!... Elles ont je ne sais quoi de doux et de médité, appliqué au relief, ajusté au sol. Elles vont, viennent, tournent, circulent, avec une sorte de plan concerté et d'expérience avertie. Elles ont beau être vouées à l'abandon et à la misère, être bordées de ruines croulantes, et passer souillées entre des rives à jamais dégradées..., elles savent où elles vont et d'où elles viennent.

Là-haut, sur le plateau, regardez de quel ample geste humain, ces voies pénètrent vers le lointain, et s'évadent dans l'horizon!... Et voyez-les, au village, comme elles nous mènent toutes au lieu, au centre, où siégea – esprit sur les eaux ou génie sur la cime – la cause créatrice qui rassembla ici des maisons et des foyers, et fit de leur réunion une personne morale.

III

LES DIFFÉRENTS TYPES DE VILLAGES

Le village de source.

Le village est le lieu humain, le centre humain du territoire agricole. Mais ce qui fixe ce centre, ce qui y appelle les chemins, c'est toujours une commodité particulière du site. Les chemins ne se réunirent que quand le lieu les invita.

L'invitation est faite de bien des façons. Mais tout se ramène, en général, aux avantages que peut procurer la présence de l'eau, un passage fréquenté, ou une facilité de la défense (3).

Ce ne sont pas seulement là, pour l'agglomération humaine, simples conditions de fixation, mais aussi conditions de prospérité. L'association de ces conditions peut même suppléer à l'insuffisance agricole du territoire. Plus d'une grande ville est née sur des lieux où la terre nourrissait mal son homme, mais où un site inexpugnable commandait un

(3) Je m'en suis tenu à trois types essentiels de village : village de source, village de vallée, village de cime. Mais il existe évidemment des villages d'une caractéristique tantôt plus spéciale, tantôt plus générale. Village de plaine et village de plateau sont ainsi d'un type général que j'ai décrit à propos de la clairière culturale. Les villages de côtes sont souvent des villages du vignoble dont nous avons déjà parlé. Maintes fois d'ailleurs les types les plus caractérisés peuvent se combiner et se concilier.

confluent de rivières, un carrefour de vallées et de routes. Cependant, ces sites privilégiés conviennent mieux aux destinées d'une grande ville qu'à celles d'un modeste village, à qui un petit coin de bonnes terres assure une fortune suffisante. Je me bornerai donc à certaines considérations particulières à la vie villageoise primitive.

L'eau est aussi nécessaire au village primitif qu'au village actuel. Peut-être même exerce-t-elle, dans la détermination des premières agglomérations rurales, une influence plus décisive qu'on ne l'imagine. Ainsi que nous l'avons vu, la primitive activité agricole confine en effet encore étroitement à la vie pastorale; et les premiers agriculteurs ont pour le moins autant vécu de leurs troupeaux que de leur blé. Or, l'eau était nécessaire au bétail. Il la fallait moins abondante que d'accès aisé. Aussi, à tout prendre, les anciens agriculteurs ont préféré de spacieuses citernes à des puits profonds; et ils se sont plus volontiers établis sur des collines sèches ou des cimes sans eau que dans des lieux sans sources, mais où l'eau circulait aux couches souterraines.

Cependant, lorsque n'intervenait pas le souci d'exploiter pour la défense ou les communications la situation d'un site privilégié, c'est la source pérenne, c'est le cours d'eau intarissable, qui appela les hommes et fixa les anciens établissements agricoles.

Mais l'homme n'a pas seulement trouvé, sur ces lieux d'apparition des eaux, la matérielle assistance dont il avait besoin. Les décisions sont venues d'autres choses encore. Et c'est une secrète influence des lieux qui s'est exercée sur les vies primitives pour en attacher les destinées à un frémissant coin de sol.

Avant même que l'homme ait reconnu la surnaturelle bienfaisance de la lumière, c'est la source qui donna l'origine à ses premières émotions de la nature; et ce sont ces eaux naissantes qui lui commencèrent la révélation d'un mystère et d'une bienfaisance dans le Monde.

Qui de nous sait entendre sans émoi la rumeur cachée de la source, de l'humble poignée d'eau claire où semble chanter l'ombre des arbres ou l'image limpide d'un coin des cieux!... Murmure sous les mousses, sanglot sur les pierres!... Voix de jeunesse et d'amour!... Voix qui cause avec les cailloux, et qui babille pour les fleurs et les oiseaux!....

Pour les fleurs, pour les oiseaux..., et pour nous aussi!... Car cette voix blottie nous murmure quelque chose de tellement semblable à notre rêve et de correspondance si intime avec notre secrète nostalgie sur terre, qu'on se demande si c'est soi, si c'est soi libéré enfin de souvenirs et de chaînes..., si c'est soi qu'on entend dans cette humble chanson de délivrance!...

Puis l'eau coule; le ruisseau s'en va vers sa destinée lointaine. Il glisse entre les longues herbes qui se couchent et les roseaux qui tremblent. Et les vieux saules contorsionnés déposent sur cet humide frisson qui leur humecte les racines l'adieu de leur ombre penchée, disloquée dans le tressaillement du flot.

Déjà le site, avant que l'homme lui donne, prête par lui-même. La source, qui est au point d'intersection de la surface du sol avec un niveau d'eau souterrain, souligne presque toujours un épisode sensationnel de l'histoire du sol. La péripétie géologique a laissé alors son témoignage sur tout le site. Tantôt c'est un à-pic de rocher; tantôt c'est une brèche dans la muraille; tantôt, un creux déchiqueté. Et, d'autre part, sur ce point d'eau, la forêt a donné rendez-vous à ses grands arbres, aux vieux chefs de la haute futaie. Elle a paré le lieu de ses plus épais tapis de mousse et de lierre. Elle a disposé du haut des branchages les grands voiles de velours sombre de ses ombrages séculaires. Et elle a invité toute la nature et tous les êtres, tous ceux de la vie, à se rassembler là pour boire et se désaltérer.

Et l'homme surtout est invité. C'est la voix de ces eaux libres et jasantes qui a appelé les hommes, et qui a fixé les anciens établissements agricoles. C'est cette voix jeune et pure, sortie de la terre nourricière, qui a été pour les hommes l'ordre vivace qui les rassembla.

Les villages se sont bâtis autour des sources. La source a été pour le village d'Occident ce que fut le feu du foyer pour l'homme méditerranéen et sa cité. C'est de cette onde naissante que le village est né, comme jadis, sur une neuve acropole, naissait d'une braise sous la cendre, la puissance de la « πόλις » et l'âme d'une patrie. Site essentiel et lieu de frémissement humain, la source repose au creux du village comme au cœur des choses humaines. Elle y est ce doux génie chantant qui appela les vies individuelles, groupa les foyers, et sut attacher à la terre immobile la chaîne tremblante des générations qui montent à la vie.

Toute l'existence du village a été associée à la vertu de sa source. Il n'a valu que de la valeur de ces eaux dont l'abondance lui donna son ampleur.

L'influence du village de source a été ainsi prépondérante. C'est le village de source qui a imposé son type de groupement à toute l'agglomération villageoise. Et, ainsi que nous le verrons, c'est lui aussi qui a communiqué à toute l'histoire villageoise le premier thème où se déroule la tradition d'une confiance humaine en la Nature.

Le village de vallée.

Les eaux des cours d'eau ont pourtant exercé sur le développement des agglomérations humaines une influence encore plus précoce sans doute que celle des sources. Depuis les temps les plus anciens, les rivières, dont rien n'avait encore souillé l'onde, ont fixé sur les bords de leurs eaux poissonneuses nombre d'établissements humains et tous les plus importants. C'est de ces villages de pêcheurs et de chasseurs qu'est parti l'essor d'une civilisation pastorale et agricole. Clairières culturales et territoires agricoles se sont élaborés en prenant maintes fois leur appui et leur départ sur ces villages archaïques. En général, la vie agricole n'a donc pas vraiment à rendre compte de l'établissement des villages ripuaires? Mais ils sont disposés pour exploiter les avantages et les ressources du cours d'eau. Presque toujours leur site correspond à la fois à un ancien gué et à une courbe de la rivière. Les deux choses sont en effet souvent associées ensemble. C'est à la sinuosité que se façonne le gué. Le courant, ralenti après avoir heurté et érodé une rive concave, laisse presque aussitôt déposer les débris dont il vient de se charger. Le plus souvent aussi, la courbe correspond à une entrée de vallon. Au sommet de la courbe en effet, le niveau de base s'avançait, pénétrait dans le plateau, venait solliciter les eaux, qui devenues actives et travailleuses, creusaient et affouillaient un vallon. Le village ancien se trouvait ainsi au point de vie de la vallée, à la fois en face du gué qui permettait de franchir la rivière, et au débouché du vallon qui donnait l'accès aux plateaux.

Quant au site même du village, il est à remarquer qu'en général il ne s'établit pas sur le bord même du cours d'eau. Il se fixe plutôt dans son voisinage immédiat, sur des pentes modérées où il est préservé des crues, tout en conservant l'accès facile à la rive.

Cet accès facile, le village archaïque, le village des pêcheurs, ne l'avait pourtant pas toujours. Ses habitants n'en éprouvaient pas la nécessité. La simple proximité des eaux et un raide sentier pour y descendre leur suffisaient. Ils recherchaient surtout les sites accidentés, les escarpements qui surplombent une courbe de la rivière et par conséquent l'entrée d'un vallon.

Plus tard, le village eut à s'adapter aux conditions de la vie pastorale et agricole. L'adaptation fut aisée. Le village n'eut qu'à descendre de son site rocheux vers les pentes plus douces, vers ces terrasses qui encadrent l'entrée du vallon. Beaucoup de nos villages présentent ainsi le double aspect d'un groupe essentiel situé au débouché d'une vallée affluente, et d'un faubourg vieillot accroché aux escarpements de la rivière, et qui y persévère comme un témoignage des très lointaines origines.

Ce faubourg nous étonne souvent par l'étroitesse de ses ruelles et l'exiguïté de son assiette. Le village archaïque qu'il représente et continue eut plus le souci de se resserrer que de s'étendre. Mais l'importante agglomération agricole qui s'y adjoignit par la suite, et qui forme le groupe essentiel actuel, ne profita pas beaucoup davantage de facilités de son site nouveau. Elle s'adapta moins, en effet, à ces pentes amples et à cette rive aisée qu'au débouché unique. Ce débouché, c'était le gué; plus tard ce fut le pont. C'est vers ce point, qui donnait le passage, que le village orienta toutes ses voies intérieures. Aussi, le plus souvent, le village ripuaire présente tout un système de ruelles ingénieusement agencées, pour réunir sur un centre toute la circulation dispersée qui vient des campagnes. Il réalise ainsi ce type d'agglomération rurale d'un vieillot aspect urbain.

Mais évidemment le village est dans la dépendance de cette campagne, et il est en fonction de l'expansion qu'elle a pu trouver. Il dépend par conséquent de l'ampleur de la vallée affluente. C'est dans le vallon dont il garde l'entrée que l'ancien village put s'aménager un territoire agraire. Et souvent cette vallée, qui fut le lieu des premiers labours, lui donna l'accès aux vastes terres fertiles et sèches du plateau.

Seuls ont pu participer à l'activité agricole, et par conséquent seuls se sont maintenus et nous intéressent, les villages ripuaires situés aux entrées de vallées confluentes, ou sur des pentes adoucies propices à la vigne et aux cultures. S'il exista d'autres agglomérations ripuaires établies dans des conditions plus précaires, sur des pentes sans accès aisé, sur des rives sans débouchés faciles, elles disparurent sans laisser de traces ou ne subsistèrent que par suite de circonstances exceptionnelles.

On entrevoit maintenant les conditions qui ont agi pour déterminer la forme et le caractère du village ripuaire. Il dépend à la fois du cours d'eau qui le baigne, de la vallée principale qui lui fournit son débouché, ses prés, ses eaux, et de la vallée affluente qui lui compose une campagne agricole et lui apporte la vie des champs, des vignes et des bois. Toutes ces influences multiples, le village les réunit, les concilie en lui, en règle son activité et en réalise son aspect et son caractère.

Le vrai village ripuaire s'est établi sur les rivières que n'anime pas la navigation, mais qui ont façonné une vallée à la mesure de leur modeste débit, et comme à l'image de leur cours moins riche qu'il n'est riant. Mais il y a autant de types de villages ripuaires qu'il y a de cours d'eau. Chaque rivière élabore pour ainsi dire son type d'agglomération humaine, en l'adaptant à son régime et à sa vallée. L'association du village avec le cours d'eau peut d'ailleurs être elle-même très diversement réalisée. Le village, qu'un ruisseau tranquille aligne tout au long sur ses rives sans danger, est à peine dépendant des eaux. Le village de gué ou de pont se rassemble et se garnit de ruelles pour exploiter le passage qu'il donne. Sur les grandes rivières, dont la batellerie anime le cours et vivifie les rives, le village prend aisément rang de tête d'étape et de grosse bourgade. Mais s'il s'agit d'un puissant cours d'eau aux crues dévastatrices, les villages cherchent refuge sur de lointaines terrasses alluviales. La Saône, par exemple, chasse l'homme de ses rives. Seules se risquent, aux bords de ces eaux irrégulières, quelques grosses agglomérations établies en de rares sites protégés. Elles y ont prospéré de l'isolement et du privilège qu'elles avaient. Petites villes et places fortes, elles ont toutes pour le moins un pont, un port, des quais, des remparts, une valeureuse histoire.

Tout autant que de la rivière, le village dépend de la vallée qui le contient. C'est sur elle qu'il détermine ses proportions, et qu'il fixe son aspect. Il grandit de son ampleur, se dilate dans ses bassins, s'allonge et se rétrécit dans ses resserrements, se serre et se tord en ruelles dans ses défilés rocheux. Les prospères campagnes de la vallée, les fertiles terrasses alluviales, les riches collines vineuses lui composent de multiples rues et d'abondantes demeures. Le village de la vallée la reflète. Il en a la molle aisance, ou la sinueuse douceur, ou l'indigence et l'aspect tourmenté.

Cependant qu'une grande route transversale vienne soudain, sur ce site prospère, rencontrer et croiser l'abondante et calme circulation qui monte et descend la vallée et la rivière..., et du coup alors, c'est la vie urbaine avec son trafic et ses industries qui s'installe sur ces lieux de bonnes terres et d'eaux vivantes!...

Nous en venons ainsi à considérer le rôle qu'a joué le passage dans la fixation et le développement des agglomérations humaines.

Un passage, cela implique un obstacle à franchir. Or, dans toute la moitié septentrionale de la France. exception faite des Vosges et de la forêt d'Argonne, on peut considérer les cours d'eau comme les seuls obstacles capables de susciter des difficultés. Chaque lieu guéable où pouvait aisément se franchir la rivière est ainsi devenu, dès l'époque la plus ancienne, un centre important. Et, pour que l'aggloméheration se développât, il n'était même pas nécessaire que le pays eût une valeur par lui-même. Peut-être même, sur les grands cours d'eau rapides, les premiers ponts se sont-ils établis précisément sur les lieux malaisés et qui rebutaient, sur les seuils rocheux et les sites accidentés. Telle fut par exemple l'origine de certaines villes du Rhône.

Il est malheureusement très difficile d'expliquer la construction des premiers ponts, et il est impossible d'en préciser l'époque. Nous pouvons affirmer, pourtant, que dès une époque très antérieure à l'arrivée des Romains, des ponts sur pilotis, ou des passerelles existaient sur les rivières, aux gués les plus aisés et les plus importants (4).

Le village de cime.

Le village de cime, lui aussi, exploite plutôt une situation privilégiée qu'un territoire fertile. Mais le privilège est ici la sûreté des lieux plus que leur avantageuse commodité.

Nous savons quelle préférence l'ancienne humanité a eue pour les lieux élevés. Le village de sommet est moins une exception qu'une règle. On le trouve partout. Il n'est pas une colline isolée, une motte conique, un tertre important, un belvédère naturel, qui ne porte son village encore actuel, ou ne livre les ruines d'une antique occupation humaine.

Sur ces sites élevés, le néolithique trouvait double sécurité. Le village, érigé sur ces pentes roides surmontées de murailles, y était une citadelle, d'où s'exerçait la vigilante surveillance d'un panorama partout libre et d'un territoire dépouillé. Nulle

(4) Avant l'arrivée des Romains, il y avait partout déjà des ponts en Gaule, même sur les grandes rivières et les fleuves. Paris, Melun, Orléans, Nevers, Saumur, les Pont-de-Cé, etc., avaient leur pont. A Pont-Saint-Esprit, un pont franchissait même le cours impétueux du Rhône. Ces ponts étaient en général en bois et établis sur pilotis. Mais les Gaulois faisaient aussi usage, en temps de guerre, des ponts de bateaux. (V. Jullian, citant Orose, *op. cit.*, t. II, pp. 230 et 231).

surprise n'était à craindre. Sur ces sommets entourés de claires solitudes, l'homme ancien a connu les quiétudes de la sécurité, peut-être les orgueils de la domination. Et, sur ce site de rocher, le lien social se fortifia de la force des lieux.

Cette origine a donné au village perché son caractère particulier. Son plan est du type le plus simple. Le centre d'attraction est ce sommet où s'érigera plus tard un castrum. Sur cette cime dépouillée comme une place d'armes, aboutit un chemin circulaire le long duquel se sont disposées les habitations. Ces demeures, restées fidèles à leurs dimensions primitives, rappelaient par leur exiguïté le temps où le clan des chasseurs y trouvait son abri. Comme pour témoigner de cette tradition, les maisons se rassemblent et se tassent au plus haut de la pente. Il fut facile ainsi à cette agglomération sans ampleur, resserrée sur son roc et sa cime, de s'entourer plus tard d'une muraille qui semblait continuer et achever l'abrupt des pentes. Sur cette cime sans eau et dans ce village-citadelle, l'agriculture a dû prendre le pas dès les origines sur l'élevage ou la vie pastorale. Les espaces conquis sur les bois furent livrés aux labours plus qu'aux troupeaux. Et ces sites perchés, ces nids d'aigle, ont peut-être été ainsi les lieux de départ de toute l'histoire des champs, des lieux d'où sont descendus les premiers sillons, et où l'homme a commencé son œuvre sur la terre.

Encore maintenant, nous l'avons vu, de vastes campagnes dépouillées entourent souvent ces antiques forteresses rurales. Mais souvent aussi, l'œuvre a débordé l'ouvrier. Ces vastes territoires agricoles ont difficilement pu continuer à recevoir leur exploitation du haut de ce sommet et de ces demeures perchées à l'étroit du rocher. Le village n'a pu se maintenir qu'en se transformant. Il a dégarni la cime dont le seigneur prendra plus tard possession; et il a bâti et peuplé les pentes inférieures. Par ailleurs, il a abandonné le site lui-même; et le villageois est descendu vers les sources y construire à neuf, y construire en grand, y vivre de ses troupeaux autant que de ses labours.

Le village disparu a laissé ses traces. Une sinueuse ligne de buissons y circule et y gravit. Maisons et jardins ont laissé leurs vestiges emplis de ronces et d'orties. La Nature elle-même a renoncé ces lieux dont l'homme fit usage et fit abus. Mais tels qu'ils sont dans leur abandon sauvage, ces lieux savent montrer et parler à qui les sait voir et entendre.

IV

L'ÉVOLUTION DU VILLAGE

Influence de l'activité agricole.

Comme toute chose, le village a évolué. Conséquence et reflet de sa campagne, il s'est transformé de tout ce qui la transformait; il a subi en lui des mutations correspondantes aux modifications que subissait sa terre.

En étendue d'abord. Le village, construit aux proportions de sa superficie agraire, a grandi ou diminué de tout ce que cette étendue grandissait ou diminuait. Les défrichements qui ont construit des rues et des maisons. Les abandons de terre lui ont mis des ruines.

Cette question des défrichements intéresse surtout les villages de vallées. Dans les temps historiques, et spécialement à l'époque monastique, les fonds de vallée ont été conquis par l'agriculture. Ils sont devenus de gras pâturages qui ont suscité les progrès de l'élevage. Le village de vallée bénéficia de cette activité nouvelle. Il se construisit des étables et des granges, se créa des fermes neuves. Mais son site étroit se prêtait malaisément à ces développements nouveaux. Le village garnit donc de ses quartiers neufs les pentes plus douces et les terrasses voisines. Or, c'est sur ces replats que s'établirent les routes de l'époque moderne. Attiré par ces voies nouvelles, le village fut ainsi, d'en bas comme d'en haut, doublement sollicité à s'élever.

Sous l'influence de causes analogues, une sollicitation contraire s'exerça sur le village de cime. C'est surtout pour entretenir et développer son élevage qu'il fut obligé de quitter son site difficile et de se rapprocher des points d'eau. Tandis que le village de vallée grandissait par en haut, c'est en bas quartiers que se développait le village des hauteurs. Au XVIIIe siècle, les fourrages artificiels lui ont permis d'entretenir et de maintenir un troupeau que menaçaient des habitudes nouvelles. A la même époque, en effet, où s'introduisaient les « artificiels », on abandonnait peu à peu la vaine pâture, et on cessait d'ouvrir au bétail les coupes de bois. Au siècle suivant, la culture de la betterave et de la pomme de terre est venue donner une ressource nouvelle à ces villages de plateau qui ont pu tirer avantageusement parti des fonds frais.

Sur les grandes tables calcaires, pourtant, commençait alors à sévir la crise du dépeuplement. La Nature y prenait sa revanche des violences qui lui furent faites. La crise, qui frappa la culture du blé à la fin du XIXe siècle, fit surtout sentir ses effets sur ces hautes terres légères où l'homme avait fait d'imprudents déboisements. La ronce et le buisson en prirent souvent possession. Par ailleurs, on en revint au système des anciennes jachères. Le troupeau y prospéra ainsi de la proportion dont périclitait la culture.

Le village de plateau introduisit en lui les effets alternatifs de ce déclin ou de cette prospérité. L'abandon des terres y provoqua le délaissement des maisons. Le dépérissement et la ruine y vinrent atteindre tout ce qui était ancien et mal adapté. On abandonna donc de plus en plus les parties hautes, le quartier archaïque, où le resserrement des ruelles et l'exiguïté des immeubles s'accommodaient mal des conditions nouvelles de l'agriculture. D'ailleurs, depuis longtemps déjà, ces rues incommodes étaient habitées par de petits exploitants besogneux. La restriction ou la suppression de la vaine pâture les réduisit à la condition de tâcherons misérables, que rien n'attachait plus au pays (5). Le régime nouveau fut au contraire avantageux aux cultivateurs aisés, dont les terres étaient libérées de la servitude du « banon ». Leurs exploitations, établies au large sur les pentes basses, auprès des points d'eau, grandirent et prospérèrent de la détresse du reste.

C'est ainsi que dans le village des plateaux, dans sa partie basse, auprès des eaux et des routes, de grands toits neufs, qui brillent de tuiles rouges ou d'ardoises bleues, signalent l'agriculture prospère... Cette animation d'en bas compensera-t-elle l'abandon qui règne sur le haut quartier, les ruines qui couronnent le vieux village?

Dans le village de vallée, une évolution identique, mais de sens opposé, est venue de même accentuer le contraste des quartiers bas qui se ruinent et se meurent, avec les quartiers hauts restés vivants et laborieux. Là encore, nous retrouvons à l'époque moderne cette spécialisation des quartiers. Le quartier bas et ancien se peupla en partie de besogneux, dont la misère s'aggrava après la suppression de la vaine pâture. Mais une autre cause vint agir pour achever la ruine de cette vieillotte partie du village.

Ce quartier, aux ruelles étriquées, ne s'accommodait en effet que d'exploitations auxquelles n'étaient point nécessaires les amples dépendances. La culture de la vigne est le type même de cette sorte d'exploitation. Le vigneron pouvait vivre et prospérer aux demeures insuffisantes que le cultivateur abandonnait. Or, la culture de la vigne était depuis longtemps une des ressources du village de vallée,

(5) « La disparition graduelle du banon et des usages se fit, dans les temps modernes, aux dépens des plus misérables villageois, qu'elle força à vendre leur bétail. » Sion, *les Paysans de la Normandie orientale*, Paris 1908, p. 142.

que dominaient des pentes propices. Ces côtes difficiles, le vigneron seul en pouvait tirer un avantageux parti. Un grand nombre de nos villages de l'Est et du Centre ont ainsi connu l'association du vignoble avec les champs. La vie villageoise s'accommoda de cette double existence. Le village de vallée eut ses granges et ses pressoirs, ses cuveries et ses étables; il connut les chars de moissons et les voitures de vendanges, le battage des grains et la pressée des raisins; il connut les grandes journées chaudes et laborieuses, où la terre accablée sent le foin ou le blé mûr; et le village connut de même les soirées d'allégresse dionysiaque; où il s'emplit de l'odeur musquée du marc et du vin nouveau.

Mais la concurrence des grandes régions vinicoles et la crise phylloxérique ont fait disparaître ce vignoble d'exploitation difficile et de production irrégulière. La destruction de ce vignoble acheva nécessairement la destruction des vieux quartiers que le cultivateur avait abandonnés au vigneron. Par en bas dans les vallées, par en haut sur les sommets, le village devint ainsi entassement de ruines.

Tout autre pourtant devint la fortune du village dans les vignobles prospères. La culture de la vigne, renouvelée et transformée depuis la crise phylloxérique, s'est adaptée aux vigoureuses et régulières plantations américaines. Les vignes se travaillent maintenant partout à la charrue. Les sulfatages se font de plus en plus avec des appareils de bâts sur chevaux ou mulets. La culture du vignoble emploie des animaux de trait. L'exploitation viticole comporte ainsi souvent maintenant d'amples dépendances, dont l'installation s'inspire d'une technique nouvelle.

Les améliorations de la culture ont concordé, en effet, avec une amélioration des procédés de la vinification. Une fermentation régularisée a donné des vins fermes et nets, d'une valeur marchande accrue. Et, d'autre part, l'association des producteurs est venue stabiliser les prix. Le commerce a intelligemment amélioré ses débouchés. Et une estime plus juste a été faite de nos vins, qui ont obtenu la réputation et les prix qu'ils méritent.

La prospérité règne aujourd'hui dans le grand vignoble. Le vigneron y est souvent devenu un propriétaire qui abandonne la production du vin ordinaire pour se vouer surtout au vin noble. Sa tâche diminuée, son labeur soulagé, ses gains accrus, sa demeure embellie lui composent une vie nouvelle. Le village reflète en ses aspects cette récente et équitable aisance (6).

Influence des voies de communication.

Les transformations dont le village est le siège n'interprètent pas seulement le déclin ou la prospérité des activités rurales. Elles manifestent aussi l'incessante évolution des voies et des moyens de communication.

Essentiellement carrefour de chemins, le village subit la fortune des routes qui lui viennent.

Les vieux chemins ruraux, nous l'avons dit, ont souvent vu disparaître leur tracé. Mais ces tracés se sont moins facilement effacés des lieux bâtis que des glèbes nues. Et ces voies dégradées, qui n'introduisent plus dans le village la circulation et la vie, y entretiennent encore des ruines chancelantes.

Les chemins qui ont accru au contraire leur circulation et leur activité manifestent dans l'agglomération l'énergie de leur rôle. Ils la traversent en rues sans cesse remaniées, restaurées et prolongées. Ces faubourgs nouveaux indiquent dans quelle

(6) Cela a été écrit en 1929. Mais la crise actuelle est venue singulièrement compromettre cette prospérité. A l'heure où je corrige les épreuves de ce livre, la vérité m'oblige à rectifier cruellement les traits de l'heureux tableau que je m'étais complu à représenter. Dans la Côte bourguignonne, par l'effet de la mévente des bons vins, la gêne et la misère se sont réinstallées, pires que jamais, dans ces modestes demeures vigneronnes d'où elles semblaient avoir été à jamais bannies.

direction l'activité villageoise progresse. Et, de même, les rues dégradées révèlent souvent les déclins d'un territoire, l'abandon d'une relation. Au quartier en ruine correspond un terroir en friche, ou un village voisin qui périclite et dont s'oublie la route. De toute façon, c'est quelque chose qui s'altère, qui se perd, au loin, là-bas, dans l'espace ou dans la vie.

Quelquefois la ruine est complète. Beaucoup des grands chemins, qui circulaient sur la vieille campagne ligure, ne sont plus aujourd'hui que d'incertaines sentes enfouies sous les bois. La circulation et la vie s'en sont retirées. Et ces routes solitaires, qui montent aux montagnes et y cherchent les sommets, ne trouvent plus d'humains.

Le plus souvent, c'est le contraire. La route nouvelle est venue solliciter le village, l'attirer et le grandir. Les routes de grande communication sont venues partout, sur leur passage, apporter cette sollicitation aux agglomérations humaines. Dès les âges du bronze, de longues routes commencèrent à parcourir la Ligurie. Et il est possible de voir de vieux faubourgs villageois, alignés sur ces vestiges de directions, indiquer encore, tout roidis et décrépits, le geste ancien qui anima l'antique bourgade.

Mais les changements qui nous sont les plus apparents sont ceux que suscitèrent les grandes routes du XVIIIe et du XIXe siècle.

Ces routes, en effet, n'étaient pas établies dans les conditions normales de la campagne. Elles étaient moins destinées aux villages qu'aux villes. Elles reliaient à la capitale les grands centres urbains de la France. Leur tracé était souvent indépendant des villages. Les agglomérations qu'elles évitaient, mais qui en étaient à une proximité suffisante, établirent alors sur ces voies de grande circulation des relais, des gîtes d'étape, des auberges de rouliers, une maison de poste. Le tout finit par constituer un faubourg, qui porte souvent un nom significatif : « les Baraques ».

L'établissement des chemins de fer, la disparition des diligences et du roulage amenèrent le déclin de ce quartier où le silence succéda à l'animation d'un actif passage. Les auberges se sont fermées. La poste s'est transportée au bourg. Des tâcherons et des petites gens sont venus occuper les bâtiments délaissés. Récemment, la circulation des automobiles est venue rendre partiellement sa prospérité et son activité à ce quartier méprisé. Mais l'automobile brûle les étapes où la diligence s'attardait. Cette circulation n'enrichit vraiment que les rares bourgades privilégiées, où le rapide touriste, à la fastueuse voiture, trouve « l'hostellerie » vantée, le confort à son goût, et les prix à son intention.

Les chemins de fer ont amené des transformations analogues à celles que provoquèrent les grandes routes. Ils exercèrent même une sollicitation plus active. Maintes fois, les gares sont devenues, dans la campagne, les noyaux d'une nouvelle agglomération. Mais ces voies ferrées, plus indépendantes encore des villages que les grandes routes, passent souvent trop loin des bourgades pour pouvoir exercer sur elles l'attrait suffisant et en détacher un faubourg. Par contre, les bifurcations importantes sont presque toujours devenues des centres peuplés, qui n'ont parfois aucun rapport avec l'activité rurale du pays.

Cette activité sollicitatrice qu'exercent les chemins sur l'agglomération humaine, c'est au fond la forme sous laquelle nos campagnes recevaient l'excitation de l'Histoire.

Vérifions-le sur l'exemple de ce pays bourguignon qui nous a déjà livré sa signification géographique. Demandons-lui de nous terminer et de nous résumer sa leçon d'histoire en y mettant l'action et le geste des chemins qui l'animent.

C'est de nouveau la Côte bourguignonne qui est devant nous, le somptueux versant que la montagne, d'un revers de son épaule, jette à la plaine en un geste de grâce et de négligence!...

Fixons-nous y un point où nous contemplerons le passage des âges, chacun sur la route qui lui appartient.

Parmi les villages de la Côte, choisissons au hasard!... Qu'on m'excuse de prendre celui que tous les souvenirs de la vie m'amènent devant les yeux!...

La bourgade de Gevrey-Chambertin a toute son histoire qui se déroule de la montagne à la plaine; et c'est, chaque fois, le calme appel d'une route nouvelle qui entraîne chaque mouvement de sa descente.

Là-haut, sur le plateau, siégea la première agglomération. C'est le village primitif. Il n'en reste ni nom ni souvenir. Il en reste le vide qu'il fit. La solitude de ces hautes et vertes étendues pastorales est son œuvre. Une route y monte encore et s'y épuise à le chercher. Coudée sur le flanc de la montagne, comme un coude ployé sous un front qui médite, elle monte vers la cime où son geste inquiet cherche et se perd.

Cette route qui monte de la plaine vers la montagne est dans le sens de toute la circulation ancienne. Car cette circulation était strictement locale. C'est, en effet, entre la plaine et la montagne, entre ces deux domaines si voisins et si différents, dont les ressources se complètent, que se développaient tout le système des échanges et toute la vie de relation. Encore maintenant, nous pouvons trouver tout le long de la Côte ces vieux chemins, à la structure de pierre, qui conduisaient les villageois alertés à leurs rochers de refuge, montaient les troupeaux à leur pâture, descendaient la pierre, le bois, et le plâtre. Et ce sont ces routes dégradées et indestructibles qui nous aident maintenant à retrouver, à travers ce récent vignoble, les sites et les vestiges de la vieille humanité.

Ce chemin vieillot, gravissant au droit du versant, a été remplacé par une route moderne qui, attaquant la montagne dans sa partie faible, parvient au plateau par les déclivités de la combe. Mais le nouveau tracé n'a point détruit l'ancien; et le village hésite et tâtonne entre ces deux voies qui s'approchent et se fréquentent. Car elles sont la ligne de force qui oriente et meut ce village. Toute l'histoire de la bourgade s'est déroulée dans le sens de cette direction fondamentale. Elle est le geste, vieux comme les hommes, qui des monts aux plaines entraîne sans cesse, qui a fait le brassage et le mélange, qui a rassemblé la force sur cette Côte, et y a pétri le cœur musclé de la vieille Bourgogne. Et c'est tout le long de cette primitive route, qui descend de la montagne à la plaine, que la bourgade va descendre du geste lent qui déroule la pente des siècles et qui s'attarde à y marquer les âges forts.

Mais si cette orientation de l'ouest à l'est règle le mouvement des choses, c'est du nord au sud que se développera l'activité générale et que circulera la vie qui vient de partout.

Cette circulation adopta quatre tracés successifs par lesquels la vie arrivait toujours chaque fois d'un peu plus loin. Chacune de ces tentatives est venue mettre en mouvement le village.

Un premier « chemin de la Côte », dont les fragments en ruine circulent encore çà et là en haut du vignoble, est venu susciter, sur ce palier de marnes liasiques dont nous avons parlé, une première agglomération vouée à la vie agricole. Ce noyau entra se fondre dans le façonnement d'un village de vignes. Un nouveau « chemin de la Côte », fragment de la grande voie de Piedmont, vint aligner en effet ses exploitations vigneronnes au pied d'un versant ensoleillé, que couvre encore maintenant tout un noble vignoble. Ce village dura pendant bien des siècles. A la fin du Moyen Age, la vieille bourgade, immobilisée autour de son église et de son château, semblait avoir fixé à jamais une forme qu'avait déjà flétrie l'âge.

Mais au XVe siècle, le pays à vignes bénéficia grandement de la fortune générale de la Bourgogne. La Côte connue une soudaine animation; et le chemin qui la parcourait du nord au sud devint comme l'axe d'activité de la Bourgogne. Ce chemin restauré et prolongé créa alors, au croisement de la route nouvelle de la Montagne, un populeux centre, une bourgade animée qui eut ses rues, ses boutiques, ses négoces, s'entoura de domaines, de riantes demeures, de nobles parcs.

De nouveau, tout semblait dit, quand, au XVIIIe siècle la grande route vint passer au bas du village, jeter à ses pieds la sollicitation d'une circulation qui parcourait la France. Et le village, détachant là son gros quartier des « Baraques », descendit massivement assister ce passage de la vie générale.

Au XIXe siècle, enfin, la grande voie ferrée de Paris-Lyon apportait à une demi-lieue de ce centre populeux le torrent de la vie universelle. Mais cette fulgurante circulation prend pour se donner au village des airs endormis. Elle n'arrête ici que de vieux trains omnibus, dont les wagons ont des aspects de diligence. Aussi la calme petite gare, où gronde le tonnerre des express, éclairs qu'échangent Paris et Marseille, a pu à grand-peine exercer son modeste attrait sur la lointaine bourgade, et en détacher quelques maisons égrenées sur une longue avenue. Moins lointaine pourtant, la voie ferrée eût attiré à elle la vie du village. Elle eût fixé près d'elle un « quartier de la Gare » actif et animé, ayant l'avenir pour lui.

Car ces chemins où circule la vie sont les forces qui mettent en mouvement le village. Et ces forces sortent des sources qui alimentent l'énergie de l'Histoire.

Voyez, aux temps les plus anciens, l'unique prépondérance des lieux immédiats!... La première bourgade du plateau et le village agricole du palier appartiennent à la vieille humanité, qui ne vivait que de sa terre et de son site étroit.

Le village de la vigne, pendant presque toute la période historique, témoigne déjà de la véritable activité de la Côte.

La prospère bourgade du XVe siècle est comme le reflet de la prospérité de toute la Bourgogne.

Les Baraques du XVIIIe siècle sont la conséquence d'une circulation qui est celle de toute la France.

Et la petite gare, avec ses signaux de flammes colorées, donne la voie libre où passe le Monde entier.

Des sommets de là-haut, où règne le silence des choses qui n'ont plus de nom et plus de souvenirs, jusqu'ici, dans cette plaine, sur ces rails grondants du passage universel, les choses humaines de ce petit pays sont descendues sans cesse se saisir d'une relation de plus en plus vaste. Et toute l'histoire inscrit ses effets dans l'effort qui meut ce village, quartier par quartier. Chacun des déplacements de cette agglomération, née des déterminations strictement locales, obéit à une sollicitation de moins en moins locale, écoute un appel de plus en plus lointain, se règle à des destinées de plus en plus générales. Des reflets de plus en plus vastes et colorés éclairent ces lents gestes assoupis des choses.

Chacun de ces petits villages, qui commença par être tout seul sur terre, s'éveilla peu à peu au Monde avec sa campagne solitaire. Il s'anima d'abord à la vie de tout le pays; il connut par après la province; ensuite la France. Et maintenant, c'est l'universelle volonté du Monde qui règne aujourd'hui sur ce site étroit et y dicte les mêmes volontés impérieuses qu'à toute la Terre. Des crises mondiales y décident de la prospérité du vignoble, de l'aisance et de l'activité de chaque logis. Tout sera dit de cette campagne, quand on aura montré que l'homme universel y est aussi entièrement contenu dans son histoire que dans ses destinées.

VIII

L'EXTENSION DU SYSTÈME

I

LA CONQUÊTE AGRICOLE DU MIDI

La campagne telle que nous venons de la décrire est d'un type qui est loin de se réaliser partout. Elle est le système des *villages à champs assolés*. L'agglomération y porte sur les deux éléments : l'habitat et le champ. Et les deux groupes sont associés : le gîte tassé des hommes est le centre de l'étendue circulaire des champs.

Le système, nous l'avons vu, se généralisa dans les plaines sèches de l'Allemagne occidentale et de la France de l'Est. Dès les temps néolithiques, il s'étendit sur les plateaux calcaires du Jura français, de la Souabe et de la Franconie, sur les plaines limoneuses du Neckar et du Haut-Rhin, sur les terrasses asséchées de la Bourgogne et de la Lorraine, sur les étendues dénudées de la Champagne, de la Beauce, de la Brie, sur les limons fertiles de la Picardie, sur les collines de l'Artois, sur le Hainaut et la Hesbaye. Plus tard, à l'époque du bronze, ce type d'agriculture couvrit la plaine anglaise, en même temps qu'en France il se répandait sur la plaine de la Saône et pénétrait au cœur du Massif Central par les vallées de la Loire et de l'Allier. Il ne s'arrêta qu'aux confins boisés du Massif Armoricain, au pied des étendues pastorales de la haute Auvergne et au bord des limons mouillés de la Bresse.

La frontière méridionale de cette aire d'expansion est la ligne essentielle de la structure rurale et sociale de la France. Traversant le territoire de l'est à l'ouest, contournant les hautes terres du Massif Central, portée au nord par leurs promontoires et se repliant au contraire devant les vallées septentrionales, il y a là une grande ligne de défense appuyée au relief, et derrière laquelle les vieilles races du Midi n'ont subi l'expansion de la civilisation rurale du Nord qu'en s'en adaptant les caractères. Cette ligne, qui s'accroche aux brèches du Jura méridional, et qui contourne les terres trop basses aussi bien que les terres trop hautes, les marais de la Bresse comme les monts du Beaujolais et les plateaux du Limousin..., cette ligne s'en vient se fixer au nord du Poitou, pour aller flotter par après sur les confins océaniques. Elle est la ligne des fondations intérieures dans la vieille France. Elle n'a cédé qu'une seule fois, quand la riante construction du Midi craqua et s'effondra dans l'aventure albigeoise. La monarchie capétienne en profita pour une soudaine irruption vers le Sud. Mais si l'Histoire, avec les annexions dynastiques, méconnut la limite formelle établie sur les origines, et tracée autour d'éternelles fondations, cette ligne antique, que rien ne manifeste sur les cartes, établit sa monumentale barrière sur les choses, et un solennel partage des âmes.

De chaque côté, la campagne et le village, les maisons et les champs ont pris leur allure particulière. De part et d'autre, le pays, les choses et les gens, commencent une association nouvelle et des aspects nouveaux. D'un côté, la maison aplatit son toit et se couvre de tuiles rondes; de l'autre côté au contraire, la toiture, alourdie de briques ou de laves ou de chaume épais, s'allège du geste qui dresse au ciel son faîte aigu. D'un côté, c'est le champ indépendant dans sa forme et son exploitation. De l'autre côté, ce sont les parcelles longues et minces, et tout le régime communautaire de l'exploitation. Ici, c'est l'horizon du Nord avec ses bleuâtres nébulosités, et les douceurs voilées de ses cieux presque humains. Là, au contraire, se prépare déjà une pureté méditerranéenne des lointains; une nature ardente et maigre commence de prospérer sous ce soleil qui devient le sensuel maître de la Terre. Et l'homme s'associe à ce puissant contraste, et le souligne de traits vivants. Si, d'un côté, c'est l'individu avec la chère liberté de son isolement, de l'autre, c'est la discipline et le règlement de la collectivité villageoise. Voyez les choses! Voyez les gens! Ecoutez-les parler... Ici, c'est langue d'oïl!... C'est le lent et sage parler du Nord; et les sons graves et sourds disent l'autorité d'une volonté réfléchie et la calme austérité de l'esprit. Là, au contraire, la brève syllabe de la langue d'oc commence de dessiner son sourire sonore sur les lèvres babillardes; je ne sais quoi d'heureux et de hardi scande et martèle les sons, illumine et allège la réflexion. De chaque côté de la barrière, la terre s'est composé une campagne distincte, et l'homme y a réalisé ses deux âmes différentes (1).

Ce n'est point là cependant une ligne de dislocation dans le territoire matériel et spirituel de la France : c'est la ligne de rencontre de deux mondes. De là descendent deux versants. L'un accidenté, empli de vallées fruitières et de soleil, regarde au midi et en reçoit les lumières, les influences, les allégresses libératrices. Aussi a-t-il fallu les remparts de pierre de la cité pour y contenir et y régler la turbulence du groupe humain. L'autre versant,

(1) Evidemment, ces trois frontières – frontière des toits, frontière des dialectes, frontière des campagnes – ne coïncident pas toujours. Assez confondues à l'est (Bresse louhanaise et Beaujolais septentrional), elles se séparent à l'ouest. La campagne irrégulière du Midi, par les pentes pastorales du Limousin, est descendue faire irruption sur les campagnes berrichonne et poitevine. D'autre part, dans le Poitou, l'Angoumois, l'Aunis et la Saintonge, il semble bien qu'il y ait eu pénétration de la langue d'oïl au détriment des dialectes méridionaux. Cette assimilation linguistique, qui était commencée quand apparaissent les premiers documents linguistiques locaux, s'est continuée surtout à la faveur des rapports historiques du Poitou avec la royauté capétienne. (V. A. Terracher, *la Rencontre des langues entre Loire et Dordogne*. Librairie Occitania, Paris, 1926.)

ample et puissant, compose la terre grasse où chaque campagne est une grande tâche, une vaste discipline, et entre déjà dans l'ordre de l'Etat. Au nord, tout s'ordonne et s'assagit. Au midi, tout s'éclaire et se libère.

Cette ligne formelle, c'est la civilisation rurale qui la fixa. A la frontière des dialectes et des toits, correspond la frontière qui sépare le territoire des champs associés du territoire des champs libres.

C'est en effet sous le signe de cette indépendance agraire que la campagne s'est organisée dans la moitié méridionale de la France. Les habitats continuent d'y rester groupés en agglomérations rurales. Mais les champs se dispersent, libres dans leur installation et dans leurs formes, sinon même dans leurs cultures.

Ces deux agricultures, dont les éléments diffèrent et dont les valeurs s'opposent, ont-elles des titres égaux?... Sont-elles l'une et l'autre créations indigènes, œuvres de leur sol et de leur humanité, produits d'un terroir?... Ou bien, au contraire, l'une est-elle sortie de l'autre, et les caractéristiques n'en sont-elles que des caractères d'emprunt, les traits sans mouvements d'un masque étranger?... La campagne méridionale n'aurait-elle été que la partielle adaptation du régime septentrional, le résultat d'une tardive expansion venue du Nord?...

Constatons d'abord que le système individualiste du Midi s'associait souvent à des obligations analogues à celles qui constituaient le règlement de l'agriculture septentrionale. Les champs restaient ouverts, soumis en général aux pratiques de la libre pâture et d'un régime d'assolement, qui en était resté à la forme archaïque du rythme biennal.

Mais ces obligations étaient loin de constituer, dans le Midi, ce règlement systématique auquel était astreinte l'agriculture du Nord. La vaine pâture y est, au même titre que l'interdiction d'enclore, un usage de fait plus qu'une institution de droit. Et, dès le début des temps modernes, certaines régions comme la Provence commencèrent à s'en affranchir. S'il fut si facile de s'en libérer, c'est que vraiment l'obligation ne relevait ni d'un principe reconnu, ni d'une tradition motivée, ni d'une origine indigène.

Elle n'était pas la nécessité et l'œuvre du pays. Quant à l'irrégularité des champs, elle n'est qu'un témoignage de désordre. Le dessin du territoire agraire relève de l'improvisation constante, et semble bien ne s'être réglé que de conditions particulières à chaque lieu, sinon même à chaque individu. Des parcelles géantes y peuvent alterner avec des piécettes étriquées; des carrés y succèdent à des lanières analogues à celles dont sont lacérés les terroirs septentrionaux. Ces champs allongés sont représentés dans le Midi au même titre que le sont dans le Nord les champs à forme massive. Ils y dénoncent l'exception et l'établissement tardif. Il est visible que nulle intention d'ensemble n'a présidé à l'élaboration du territoire et des usages de l'agriculture.

La seule caractéristique de ce système méridional, c'est donc qu'il apparaît inorganisé. La seule règle qu'il nous manifeste, c'est l'absence d'un ordre qui s'impose; c'est celle d'une incertitude et d'une irrégularité générales. Ce système méridional, il est plus facile de dire ce qu'il n'est pas que ce qu'il est; il ne se définit que de caractères négatifs. Il est le triomphe d'une pratique que les lieux particularisent partout, et que les individus diversifient sans cesse, mais qu'aucune théorie ne détermine, qu'aucune idée générale n'ordonne.

Il est cependant une pratique agraire tellement générale dans la France méridionale qu'on a pu la considérer comme le caractère spécifique de cette économie rurale. C'est le système de l'assolement biennal.

Mais l'assolement biennal, qui est le seul en usage dans la France méridionale, ne lui est pas particulier. Au XVIIIe siècle encore, il existe en maintes régions de la France septentrionale. On le rencontre alors dans le nord de l'Alsace et de la Bretagne, en Franche-Comté, en Bourgogne, en Normandie, dans l'Anjou, le Maine, etc. Il serait plus exact de dire qu'on le rencontre un peu partout.

Ce que fut au juste cette pratique, l'exemple particulier d'une province nous le fera connaître.

Il s'agit précisément d'un des pays et d'une des époques où semble triompher la révolution technique. A partir de 1767, la Bourgogne nous apparaît une des régions où l'agriculture s'affranchit en partie des vieux règlements collectifs. En réalité, quand on examine le pays, village par village, on y cherche vainement le régime universalisé qui serait soumis à ce zèle de rénovation (2). Bien loin de renoncer à la pratique de l'assolement triennal, c'est l'époque où on l'installe en maintes localités (3). Par contre, à la même époque, et dans d'autres villages voisins, la communauté des habitants réclamait la suppression du régime de l'assolement triennal et son remplacement par le système biennal (4).

Or les raisons invoquées sont singulièrement les mêmes dans les deux cas. Franxault et Palleau qui suppriment le régime biennal, Montot et Saint-Seine-en-Bâche qui l'instaurent, se plaignent des mêmes maux, pénurie et épuisement des terres, pour réclamer des remèdes symétriquement contraires (5).

(2) Les villages que nous allons citer sont tous situés dans la même région de la plaine de la Saône, les uns aux environs de Saint-Jean-de-Losne, les autres, au sud-est de Beaune.

(3) A la suite de délibérations de la communauté, et de décisions prises unanimement et que le Parlement homologue, la pratique de l'assolement triennal est substituée à celle de l'assolement biennal : en 1765, à Chevigny et à Port-de-Palleau, – en 1769, à Aubigny, – en 1773, à Montagny, près Beaune, – en 1779, à Demigny, la Chapelle, Breuil, – en 1781, à Franxault, – en 1784, à Palleau, etc. Il serait facile de trouver nombre d'autres exemples.

(4) Il en fut ainsi à Montot en 1764, à Saint-Seine-en-Bâche en 1769, à Saint-François en 1783.

(5) V. dans un sens, les deux délibérations motivées de Saint-Seine-en-Bâche (*Arch. Côte-d'Or*, B. 2, 39 (7), p. 148), et Montot (B 2, 39 (5), p. 199). Dans l'autre sens, consulter, pour Franxault (B 2, 39 (10), p. 427), et pour Palleau (B 2, 39 (11), p. 143).

A travers les documents bourguignons, on découvre ainsi une étrange complexité. Ces régimes agraires sont plus compliqués qu'ils ne le paraissent à qui s'en tient aux définitions sommaires que les mots comportent. Le système biennal, tel qu'il se manifeste à nous dans les villages bourguignons, est tantôt d'un archaïsme rebutant, et tantôt il nous semble se prêter à une exploitation rationnelle et moderne. Tantôt, c'est la jachère qui intervient un an sur deux; tantôt c'est l'alternance des cultures complémentaires et compensatrices sur un sol toujours en production (6). Quant au régime triennal, tantôt il laisse prédominer les « sombres », tantôt il développe les emblavures sur la plus grande partie du territoire. Et ce régime peut nous apparaître parfois assez arriéré pour qu'il semble avantageux de lui substituer le système biennal; de telle sorte que celui-ci prend ainsi figure de l'amélioration qui représente le progrès. De toute façon, on a ainsi le sentiment que le régime importe peu, et que l'essentiel est la façon de le manier.

Mais ce qui est paradoxal, c'est que le même territoire agraire nous puisse inviter aux impressions contradictoires. Il n'est pas nécessaire en effet qu'un régime soit toujours la règle absolue de tout un finage. Dans les pays du régime triennal, certains quartiers privilégiés n'entraient jamais en repos. Et d'autre part, dans les campagnes soumises au système biennal, il arrivait qu'un certain canton restreint fût affecté chaque année « aux menus grains » (7). Mais comment caractériser le régime de

(6) A Chevigny et à Port-de-Palleau, l'assolement biennal, tel qu'on le pratiquait avant 1765, ne comportait pas de jachères du sol : mais les « menus grains » y alternaient avec les blés. Les habitants se plaignent que ce système exige de trop coûteuses fumures. (B 2, 39 (5), p. 202; et 39 (11), p. 143.) Par contre, ce régime, les habitants de Montot, d'Aubigny et de Franxault demandent à l'instaurer, et veulent remplacer leur jachère par les menus grains un an sur deux.

(7) A Saint-Seine-en-Bâche, les habitants demandent à substituer au système triennal le système biennal. Mais le régime qu'ils adoptent ressemble singulièrement plus au système abandonné qu'au système innové, puisque certains cantons continueront d'être mis en « menus

Saint-François, où « chaque habitant a toujours labouré ses champs comme il le voulait, c'est-à-dire que *le sombre* se trouvait toujours mêlé avec les pièces ensemencées (8) »?

En dernière analyse, la décision nous apparaît ainsi appartenir à la terre qui adapte son statut à ses moyens et le varie selon sa valeur. Le régime biennal est moins celui d'une agriculture rudimentaire que d'une terre précaire. Il est certes le régime primitif. Mais il ne s'est maintenu que par l'effet des conditions défavorables du milieu physique. Ce régime ne s'est introduit dans le Midi qu'après s'être déterminé dans le Nord. C'est dans le Nord qu'il a pris ses caractéristiques, et par un travail de lente adaptation, dont on peut suivre jusqu'à l'époque moderne les manifestations naturelles et les vivaces effets. Ce régime est évidemment dans le Nord bien moins répandu que le système triennal. Mais s'il y est épisodique, il y reste toujours un système en vie et une force en travail. Dans le Midi au contraire, ce système implanté n'y a point trouvé le milieu qui le pouvait activer. Il n'y a pas évolué. Il y a été la tradition sans souplesse, qui reste toujours et partout la même. Il y a été l'habitude passive qui ne s'adapte plus, ne varie plus, et ne sait même pas disparaître. Car le perfectionnement, dont ce régime était susceptible, a rencontré la résistance des lieux : une nature plus maigre, un relief plus tourmenté, un climat plus sec, peut-être aussi une humanité moins passionnée de la terre, et d'une vocation agricole moins ardente. Dans la France septentrionale, il en fallait bien moins que cela pour y perpétuer en maintes régions ce régime archaïque.

Le système de l'assolement biennal, loin donc de nous caractériser l'agriculture méridionale et de

grains » un an sur trois. (*Arch. dép., Côte-d'Or*, B 2, 39 (7), p. 148.) En 1852, dans le canton d'Auxonne, 8 180 hectares étaient encore livrés à l'assolement biennal. (Laurent, *l'Agriculture en Côte-d'Or pendant la première moitié du XIX*[e] *siècle*. Dijon, 1931, p. 739 (11), p. 45.

(8) *Arch. dép. Côte-d'Or*, B 2, (7).

nous affirmer l'indépendance agraire du Midi, nous témoigne au contraire que ce Midi fut la colonisation agricole du Nord.

Mais si on ne trouve pas, sur les étendues cultivées, la caractéristique de la campagne méridionale, cette caractéristique ne peut-elle pas se dégager du groupe humain? Le village peut-il nous composer, avec son appareil matériel ou ses êtres, le trait original qui sera la marque du pays?

Evidemment, il est permis de reconnaître un type de village méridional. Mais il ne se précise que dans le Sud-Est. Et il serait malaisé d'en voir les traits se préparer dans les riches bourgades du vignoble bordelais, ou dans les populeuses agglomérations sans caractère défini du fertile Lauraguais, encore moins dans les régions de semi-dispersion du Limousin. Mais c'est dans les contrées de l'Aquitaine septentrionale que triomphe ce régime d'indécision où nul ordre ne s'affirme; c'est là que la campagne discordante se brise en gros et menus débris. Le dessin de la terre, et même le plan des agglomérations, y sont des formes qui flottent sur ces molles régions et sur ces seuils hésitants, où l'Histoire circula sans trouver ses cadres ou ses barrières. Sur les hauts et vieux sols du Limousin, l'influence océanique semble dissoudre le groupement humain sur une verte campagne. L'agglomération humaine reste encore mal assemblée dans les vallées fruitières qui, des hautes châtaigneraies assombries, descendent ensoleiller dans le Midi leurs ombrages innombrables et légers. Peu à peu, cependant, le groupement humain retrouve sa cohésion, à mesure que le ciel redresse plus haut le Soleil. Mais c'est bien plus à l'est que le village affermi entrera se durcir, pour ainsi dire, comme un bloc de pierre, sous la sèche atmosphère méditerranéenne.

Alors là, dans l'extrême Sud-Est, au bord des abîmes bleus de la Méditerranée, au pied des puissantes Alpes rompues, sur des « montagnes qui semblent se jeter à la mer » (9), là..., s'affirme ce type de village de sommet, aux airs d'acropole.

D'où vient ce type d'agglomération? On s'est plu à le voir se déterminer sous une influence méditerranéenne. On le rencontre en effet dans les îles et sur les rivages de l'Hellade; et toute la Grèce mycénienne, de la Troade à l'Argolide, en offre maints témoignages. Mais il est possible que les mêmes causes, agissant en lieux différents, aient produit les mêmes effets. Et ces villages perchés, qui fuient la mer et gagnent le rocher, semblent témoigner d'une sensible régression sur la brillante civilisation urbaine et maritime des époques minoennes et égéennes. On a l'impression qu'ils sont, dans le monde pré-hellénique, un apport barbare et un usage consécutif aux premières invasions achéennes. Ces villages-citadelles sont sans doute l'œuvre des envahisseurs continentaux venus du Nord.

Tout semble laisser supposer qu'il en fut de même dans nos régions méridionales. Le village perché y est d'ailleurs associé à un ensemble de caractères, qui marquent le paysage de l'accent d'une vigoureuse vocation agricole en lutte avec la résistance des lieux. Ce village, aux ruelles tortueuses et serrées, aux maisons accolées les unes aux autres comme les alvéoles d'un rucher (10), surmonte de rudes pentes qu'encerclent des terrassements étagés, et que gravissent de roides chemins en escaliers, creusés dans la roche ou pavés de pierres.

Ce système..., regardez-le de près!... Il ne nous est pas étranger. Les éléments qui le composent y ont pris d'âpres traits. Mais ils ne nous sont pas inconnus. Nous avons l'impression qu'ils se sont décidés par ailleurs. Les déterminations s'en sont faites, quand l'agriculture commençait de déplier au large son tranquille manteau rayé de champs sur nos

(9) V. Raoul Blanchard, *les Alpes françaises à vol d'oiseau*, p. 177.
(10) V, Raoul Blanchard, *op. cit.*, p. 139.

faciles reliefs du Nord. Ce village perché, nous l'avons vu déjà installer son groupe humain sur les calmes éminences du Nord. Ces chemins de pierre, nous les avons déjà foulés sur des pentes moins abruptes, et dont ils cherchaient pourtant déjà la roche. Ces champs étagés, ils se sont essayés, sous nos yeux, à se ménager entre deux rideaux un replat sur le versant.

Tout cela vient du Nord. Assistez à ce voyage!... Dès les pays bourguignons, ces éléments composent déjà l'assaut humain et l'attaque agricole des collines. Aux riantes pentes beaujolaises, la grimpette des chemins et des champs s'accroche déjà à des murées de pierre. Puis, vers le sud, à mesure que les Alpes ou que les Cévennes se dressent, à mesure que le paysage élève et trouble ses lignes..., à mesure les terrasses s'exhaussent et se rapprochent, et le village monte à des cimes plus hautes et plus ardentes y briller dans la sèche atmosphère comme s'il était pétrifié au soleil (11). Quant au chemin, qui veut monter à tout prix, il chemine au long des terrasses pour passer de l'une à l'autre par une brusque entaille.

Cette campagne accrochée aux monts, ces champs à l'escalade, ces chemins de roche, tout ce vigoureux débat de l'agriculture avec la rude mon-

(11) Le problème de l'habitat groupé, dans les sites alpestres qui n'y semblaient pas naturellement adaptés, a été étudié de très près par les géographes de l'Ecole de Grenoble. Leur chef, Raoul Blanchard, a, depuis le début, renoncé aux explications faciles. Il s'est efforcé, et après lui Ph. Arbos, de faire intervenir l'influence « des facteurs physiques permanents ». Ce sont les redoutables conditions du milieu qui contraignent l'individu à prendre appui sur le groupe. Mais Jules Blache renonçait déjà au déterminisme géographique pour invoquer la communauté d'une antique tradition. André Allix, reprenant et précisant la théorie, aperçoit lui aussi des causes plus historiques que géographiques, et il fait même intervenir « le partage des terres labourables au temps des clans primitifs ». Et cela nous conduit à chercher, ainsi que nous le faisons, aux origines de la vie agricole. V. Raoul Blanchard : L'habitation en Queyras (*la Géographie*, XIX, 1909, I). Altitudes d'habitat (*Rev. de Géographie alpine*, VII, 1919). Ph. Arbos, *la Vie pastorale dans les Alpes françaises* (Paris, A. Colin, 1922). J. Blache, le Problème de l'habitat dans les massifs de la Chartreuse et du Vercors (*Rev. de Géogr. alpine*, XII, 1924, pp. 423-454). André Allix, *l'Oisans, étude géographique* (Paris, A. Colin, pp. 366-369).

tagne..., nous en avons appris la manœuvre sur les faciles champs d'exercice du Nord.

Ces villages qui sont censés être nés des influences humaines qu'apportait la mer..., voyez combien ils redoutent cette mer!... Même quand ils en sont sur les rives, et l'eau à leur pied, ils fuient encore sur le rocher. Ce geste de fuite, il y a longtemps que l'humanité l'introduit partout sur ces rivages tourmentés. Mais ce n'est pas l'effroi, ce n'est pas la crainte d'un pirate mauresque qui inspire ce mouvement de recul des hommes devant la mer. Car ces hommes, leur pays, ce n'est pas, ce ne sera jamais cette mer lumineuse. Mais leur patrie, c'est cette montagne avec ses solitudes affreuses et ses cimes déchiquetées. Regardez: ces villages ne sont pas montés, mais ils sont descendus!... S'il y en a ici, au bord des flots, il y en a bien davantage là-haut, sur les sommets, d'où ils dominent les ravins bouillonnants. Ce paysage de pierre, tailladé de traits immenses, voilà le vrai pays!... Et l'homme est ce montagnard, dont les yeux bleus et les traits forts disent l'origine continentale et la parenté septentrionale.

Cet homme..., sa vie, ses destinées, tous ses souvenirs et toutes ses passions appartiennent à ces âpres oliveraies, à ces carrés de champs bruns accrochés aux rochers. Et c'est du Nord que ce vieux Ligure apporta cette science du sol, et cette passion violente de la terre!... Mais même quand il siège sur le littoral, il n'a jamais pris possession de cette mer redoutable, dont le vieil Homère chantait les fureurs sacrées, et dont les paysans d'Ulysse, ces marins sans vocation, avaient déjà l'aversion.

Pas plus que le système de l'assolement biennal, le village perché et dense de la campagne du Sud-Est n'est le témoignage d'une originalité. Et, tout comme le système de l'assolement biennal, il nous affirme au contraire la dépendance des origines; il nous manifeste que l'agriculture méridionale ne fut que l'expansion, sans ordre et sans méthode, du grand mouvement de civilisation qui créait les campagnes ordonnées et les républiques rurales du Nord.

Cette expansion à la fois assoupie et déréglée, impuissante à introduire une discipline sur la terre et les champs, a pu du moins imposer l'unité et la cohésion à ce groupement urbain ou villageois, auquel les influences latines viendront donner un jour un sens accru et des destinées renouvelées.

Car au fond tout est là. Tôt ou tard, les influences méditerranéennes finiront par s'exercer sur cette humanité méridionale des champs, qui tenait sans doute du Nord ses labeurs et ses passions, mais qui reçut par après, du monde gréco-latin, la grâce fière et l'habile aptitude dont s'est paré l'esprit.

Dans ce village agricole, né des influences du Nord, pénétra alors le vif esprit des villes antiques et des municipes romains. Cette bourgade, vivifiée par l'urbanisme, aura désormais ses destinées presque indépendantes de cette campagne, qu'elle abandonne à ses inachèvements, et dont les tâtonnements s'immobilisent en traits irréguliers et à peine dégauchis. Mais dans cette naissante cité, ce qui pénétrait, ce n'était plus l'air des champs, mais un sens de la vie civique, un goût de l'activité publique, qui prenait ses fiévreuses inspirations des mouvements et de l'âme des foules, au lieu de les solliciter de la terre indifférente, et de les recevoir des torpides besoins de la glèbe. Et, ainsi, c'est désormais dans la cité, et non dans les champs, que se décidera l'allègre génie du Midi.

La France du Midi est la conquête agricole de la France du Nord. A la faveur des influences qu'exercèrent les prospères et actives régions septentrionales, les usages de l'agriculture se sont répandus des contrées du Nord sur les pays du Midi. Mais ces usages..., leur irrégularité trahit leur origine étrangère. Et l'aspect même du paysage traduit ces incertitudes du régime terrien. Mille traits furtifs nous avertissent que les lieux ne sont plus ici l'absolu asservissement d'une glèbe; mais la terre y rend moins témoignage de sa fertilité que de son oisive et grêle élégance. Le paysage se compose pour être la grâce d'une terre nerveuse et lumineuse, plus soucieuse de beauté que de production. Partout, sur ces sols ensoleillés, sur ces champs maigres et nus, la Nature ardente met sa touche légère et brillante. Partout, elle intervient du geste élégant d'un pin, d'un cyprès, d'un svelte arbrisseau, d'une haie odorante. Partout, elle introduit une âme antique, des dieux et des soirs roses autour des vieux humains.

En exceptant le plantureux Lauraguais ou le vineux Languedoc, presque partout, en effet, dans le Midi, du Limousin jusqu'aux Alpes maritimes, des pays océaniques aux pays méditerranéens, le manteau monotone des champs ne cesse de jouer, de s'amuser et de se déchirer aux arbres, aux buissons et aux rochers. Du pays des noyers jusqu'à la terre des cyprès, des vergers périgourdins aux oliviers niçois, partout la terre, construite au service des hommes, ne cesse de faire un peu l'école buissonnière, et de mêler à ses terroirs et à ses glèbes des îlots de brousse parfumée ou des oasis ombragées. Sur toute cette campagne du Midi flotte un air de sage indiscipline, à l'image pour ainsi dire de la riante anarchie de ce relief rompu, de cette terre disloquée et brûlée qui bouscule autour des fosses méditerranéennes le désordre de ses monts.

Et nous pouvons en effet soupçonner que tout vient de cela. Cette puissante construction agricole de l'Occident a amorti et altéré ses énergies devant l'obstacle des hautes terres, derrière lesquelles elle a éprouvé la résistance des choses.

Les seuls pays qui aient échappé à ce régime sont ainsi ceux qui avaient, avec les pays septentrionaux, non seulement l'analogie de sol et de climat, mais encore le contact humain. Le Pays basque et le Bugey sont, en effet, les deux exceptions significatives au régime méridional. L'un, le Bugey, ouvrait toutes ses communications sur la Bresse qui est comme le type du pays des habitats dispersés. L'autre, le Pays basque, sorte de Normandie au soleil, se liait par la route de mer avec ces pays d'Ouest, qui lui communiquèrent le statut et l'aspect de leurs humides campagnes.

Mais ailleurs, dans tout ce Midi au relief tourmenté, il eût été bien difficile au régime des républiques rurales et des campagnes ordonnées de trouver le champ de leur calme extension.

C'est cette double détermination urbaine et rurale, ce sont ces causes profondes que contiennent le sol et l'histoire, et qui expriment toutes choses et tous êtres, le paysage et l'âme humaine, qui ont différencié les deux régimes agraires du Nord et du Midi. Et ce serait faire la part trop grande aux indifférences du milieu physique que de ramener cette différenciation essentielle à une influence exercée sur le mode d'exploitation par l'instrument aratoire. Si la charrue à roues était d'un emploi constant dans les terroirs de champs allongés, tandis que l'antique araire continuait, récemment encore, d'être l'instrument de la culture méridionale, cela ne veut pas dire que la charrue à roues a déterminé l'allongement des champs, tandis que la souple araire élaborait des étendues parcellaires irrégulières. L'outil n'a pas déterminé la forme du champ. Tout au contraire, il s'y est adapté. Le statut de nos campagnes septentrionales, en effet, était fixé bien avant que la charrue ne reçût des Gaulois son avant-train monté sur roues. D'autre part, je ne crois pas que l'araire invite à « rapprocher les champs du carré » (12). Ne s'accommode-t-elle pas, et peut-être plus encore que la charrue à roues, des belles longueurs de sillons? Mais surtout, reconnaissons-le, ce dessin particulier aux champs allon-

(12) Marc Bloch, *les Caractères originaux de l'histoire rurale française*. Oslo, 1931, p. 55. (V. plus loin, p. 331, nº 16.)

gés n'est qu'un des éléments du régime agraire septentrional. Ce qui constitue l'originalité et la puissance de ce système, c'est d'être moins un mode d'exploitation particulier qu'un ensemble organisé, un accord des institutions de l'homme avec les conditions de la culture, une discipline de l'activité humaine autant qu'un puissant asservissement de la terre.

Ce qui est sans doute vraisemblable, c'est que les parcelles à forme allongée ont précisément permis un judicieux perfectionnement de l'outillage. Sur ces faciles et longs parcours de sillons, mais surtout dans cette campagne, dont tous les champs étaient desservis par un abondant et solide réseau routier, il était logique que la charrue devînt un rapide appareil monté complètement sur roues, et apte à la circulation. L'élaboration de l'outil, bien loin d'être l'origine de l'élaboration du terroir, en aurait été la conséquence; et la charrue à roues aurait moins été une cause qu'un résultat. Certes, je le reconnais, il y a une si étrange concordance que chacun des deux instruments semble avoir ouvragé son terroir particulier. Mais que vaut cet élément partiel à côté de tous les éléments qui sont entrés dans la composition de chacun de ces deux systèmes? Est-ce que ce ne sont pas des concordances autrement significatives et émouvantes... ces multiples différenciations qui opposent ces deux France l'une à l'autre, qui les opposent presque symétriquement en tout, en leur climat, en leur relief, en leur nature physique, et en toute leur humanité?

... Dans le Midi, la communauté humaine est intérieure, urbaine, citadine. Elle a l'âme animée des rues. Dans le Nord, elle est extérieure, rurale, champêtre. Elle déroule son thème sur le silence des champs et autour du pain quotidien. Elle sent le froment et l'air vif.

II

LA CONQUÊTE AGRICOLE DE L'OUEST

Dans toute la moitié nord de la France, prévalut donc le régime de la république rurale. Mais il ne s'adapta qu'aux lieux où il pouvait déployer son système complet et construire un horizon. Le pâturage et le champ de céréales n'eurent leur féconde union que sur les saines étendues depuis longtemps asséchées.

Il y eut ainsi, à l'intérieur de cette aire d'expansion étalée sur l'ensemble du Bassin Parisien, des enclaves qui correspondaient à un régime particulier du sol. Partout où un sous-sol compact retenait les eaux, l'antique agriculture en évita et en contourna l'humide territoire. D'autre part, vers l'Ouest, vers l'Armorique, le climat et le sol s'alliaient pour refuser l'entrée aux grandes campagnes claires. Le sol mouillé, la terre triste des schistes et des granits, le ciel des nues et des embruns associaient leurs résistances.

Pour forcer ces obstacles, il a fallu que la vieille civilisation agricole attendît les temps où son système altéré et son régime dégradé purent s'accommoder de tout. Il lui fallut attendre d'être une ruine et un déclin pour entrer furtivement partout.

Les temps historiques ont été funestes à cette civilisation rurale. Au régime de la propriété collective et de l'exploitation communautaire, finit par se substituer le régime de la propriété individuelle et de l'exploitation particulière. L'ère des invasions introduisit dans la société des réformes qui correspondaient aux besoins et aux usages de ces temps de violence. Et en même temps que l'individu libérait sa tâche et affranchissait son champ, en même temps, sous l'influence d'une hégémonie militaire, ces droits sur le sol et les gens qu'abandonnait la collectivité détruite, et que l'individu était impuissant à retenir, s'offraient à la convoitise des forts et à la capture par des chefs. Et tout ce que le clan primitif des agriculteurs avait créé d'autorité et érigé de discipline..., tout cela ne bâtit plus que la servitude sous un maître!...

Ah! les temps sont durs! Nous en sommes à l'âge du fer!... Et le vieil Hésiode, s'il vivait déjà, pourrait déjà chanter la détresse de cette humanité livrée aux forts et vouée aux violences!... L'époque de Hallstatt a vu partout, en Gaule, s'affirmer déjà les brutales dominations locales qui préparent le féodalisme. Le villageois ne trouve plus dans sa campagne que des charges qui l'accablent et d'impuissantes misères qui l'entourent sans l'assister. La communauté dont il participe est celle d'une égale détresse sous de semblables tyrannies. Dès lors, la tentation est grande de s'échapper d'une contrainte qui n'apporte plus que des charges. Le paysan s'enfuit alors de cette terre asservie. Et on en arrive ainsi à cette paradoxale conclusion que la civilisation rurale ne reprit d'extension que de son déclin.

C'est un système singulièrement altéré qui, au début des temps historiques, reçut donc désormais la capacité de réduire les enclaves intérieures, et de reculer les frontières occidentales de l'agriculture. Alors, ce n'est plus avec ses républiques rurales, mais c'est avec ses individus épars et ses forces disloquées, que la civilisation agricole entreprit ses derniers établissements. C'est d'un système en ruine qu'elle couvre ses tardives conquêtes. Comme si elle était à bout de souffle, cette civilisation agricole, avec sa communauté brisée et émiettée en individus, éparpille sa création et émiette son œuvre. Elle ne crée plus de campagnes ni de villages, mais des champs isolés et des logis épars. Elle ne frappe plus les grandes pièces sur la terre, mais elle débite la campagne en petite monnaie.

Mais souvent, ce n'est plus simplement en « détaillant » ses pièces que l'agriculture pénètre aux pays neufs. Elle ne réalisa maintes fois sa tardive expansion que ramenée à ses formes originelles, et au moyen de ses procédés les plus élémentaires. En même temps qu'on voit, en Bretagne, triompher le système des enclôtures, on y observe aussi des « essarts » temporaires. Jusqu'au XVIIe siècle, en Armorique, dans le Massif Central, les Ardennes, les Alpes, il exista, maintenu çà et là sporadiquement, un système d'exploitation intermittente. Des cultures temporaires, de durées irrégulières, s'y distribuaient anarchiquement sur un territoire pastoral, ou même forestier (13).

Ce système, d'un archaïsme absolu, n'était d'ailleurs pas incompatible avec le régime des habitats dispersés.

Cette création des habitats dispersés et des champs isolés, les géographes y ont vu une détermination des lieux, et y ont lu un ordre que dictait la terre. Mais ce système est moins celui d'un terroir particulier que celui d'un âge tardif. Tout au moins est-il adapté à une époque tout autant qu'il l'est, à un sol. En un mot, ce système nouveau n'est pas originel, mais il est sorti de la vieille civilisation rurale. Il est né d'elle. Mais il en descend comme la ruine descend de ce qui tombe, s'enfante du monument qui se détruit.

Pour expliquer ce régime des habitats dispersés, il faut donc faire intervenir la double considération du sol et de l'âge. C'est le régime des sols humides

(13) V. Marc Bloch, *op. cit.*, p. 27.

où les eaux, disséminées partout en sources superficielles, appellent les hommes à disperser leurs demeures. Et ce régime, c'est aussi l'agriculture des temps tardifs. Mais à ces deux influences, s'en associe une troisième. Les pays humides, où l'agriculture pénétra tardivement, sont aussi des régions plus aptes aux prairies et à l'élevage qu'à la production des céréales.

L'humidité du sol et du climat, la prépondérance de l'élevage, l'âge récent de l'établissement, sont ainsi responsables de l'introduction d'un régime dont le caractère essentiel était de disperser les demeures et d'isoler le domaine. Mais cet isolement du domaine, qu'imposaient le milieu et les circonstances, répondait aussi à de naturelles inclinations humaines.

Le champ isolé est l'œuvre de l'homme isolé qui se libère d'une discipline désuète et des servitudes d'une campagne endolorie. Mais ce qui le pousse à sa solitude, c'est moins encore une misère qui le chasse qu'une sollicitation qui l'appelle. Si la communauté perd son indépendance et sa bienfaisance, le domaine isolé offre ses multiples avantages. Il a fallu, en effet, la pression des origines historiques ou de conditions particulières, pour déterminer les groupements villageois. L'habitat dispersé, au contraire, est la forme spontanée de l'exploitation du sol. Il est le régime naturel de la terre. Il est celui qui s'impose dès que ne s'exerce plus la contrainte des habitudes, des institutions ou des circonstances. L'homme, fixé au milieu de son exploitation, rassemble autour de lui, sous sa main, toute la terre qui développe sa tâche et sa vie. Il n'éparpille plus son droit et sa peine sur de multiples parcelles. Il ne perd plus son temps à circuler de chantiers en chantiers et à disperser son activité. Par-dessus tout, il est chez lui dans ses champs. Maître sur son coin de sol, il s'y enferme comme dans le Monde suffisant qui contient toutes les ressources et toutes les tendresses. Et l'existence, immobilisée dans la solitude de cet espace borné, y donne à l'âme la possession de l'individu et la solitude de l'Infini.

Si nulle contrainte n'asservit donc plus cette exploitation, nul règlement ne la dirige et ne la protège. Aucune règle ne fixe ainsi à la parcelle sa forme et ses dimensions. Mais les conditions de l'exploitation sont celles qu'imposent les réalités.

Sur ces lieux nouveaux, sur ces sols imperméables, où l'eau suinte et ruisselle, l'agriculteur, seul dans sa tâche misérable, borné dans ses œuvres, vivra de son petit troupeau plus que des céréales pauvres dont cette terre mouillée accepte la semence. Le champ est construit pour être herbage et pâture. De forme carrée et massive, il s'entoure d'une enceinte de taillis et de terrassements. Autour de lui circule le chemin.

L'enceinte elle-même se compose le plus habituellement d'un talus que surmonte une haie, et que précède le fossé qui sert de chemin. La terre extraite du fossé sert à l'édification du talus (14).

Tel était l'appareil de l'enclôture. Chaque pièce de terre avait la charge de l'édifier sur deux de ses côtés, en laissant au voisin l'enclôturement sur les deux autres côtés. De telle sorte que chaque champ avait ainsi son cadre complet.

De ces trois éléments de l'enceinte – le fossé, le talus, la haie –, quel est celui qui est essentiel et déterminant?... Quels sont ceux qui apparaissent des œuvres d'appui, des effets et des conséquences?... On prétendit longtemps que le talus et la haie dérivaient du fossé. Le talus ne s'édifiait que de la terre qu'on creusait. Et la haie donnait son emploi à cette émergence du sol.

L'enclôture, en effet, est un usage particulier aux régions de sol imperméable et humide, où abondent les sources et où ruissellent les eaux superficielles. Il est ainsi d'un raisonnement élémentaire

(14) La confusion dans la terminologie est facile. Dans l'Ouest en effet, c'est au talus qu'on donne le nom de « fossé ».

d'appliquer la relation de cause et d'effet à des termes inséparablement associés (15). Le fossé apparut donc une conséquence de l'humidité du sol. On le crut creusé pour assécher et assainir les terres. Il apparut un drainage primitif. Les eaux, en s'y réunissant, n'ont cessé d'ailleurs de le surcreuser, et de donner ainsi, sans cesse, plus de fausse évidence à son rôle apparent.

Cette théorie n'est pas nécessairement une erreur. Le fossé est, d'une certaine manière, adapté à l'écoulement des eaux. Il eût été presque impossible qu'il en fût autrement. Le cultivateur qui défricha le champ, qui le créa pour être le siège et la ressource de sa solitaire existence, l'adapta spontanément aux lieux. Il l'érigea surtout de manière à le préserver de l'humidité. Il dirigea sur le pourtour les eaux de ruissellement ou d'infiltration. Il fit nécessairement du fossé périphérique l'organe d'évacuation de toutes ces eaux nombreuses.

Mais si le cultivateur primitif n'avait eu d'autre intention que d'assurer l'écoulement des eaux, il ne lui aurait pas été nécessaire de recourir à de tels terrassements. L'agriculteur actuel assure le drainage de ses terres par des moyens parfois aussi rudimentaires, mais moins onéreux et plus efficaces. De modestes tranchées, emplies de fascines, réaliseraient un assèchement autrement complet.

D'autre part, on a pu penser que ces fossés étaient le résultat du ravinement naturel. Mais le plus souvent ces fossés sont indépendants de la ligne de plus grande pente. On les voit aussi maintes fois se recouper. Et l'aspect des sections dénonce bien qu'il s'agit de travaux intentionnels.

(15) En réalité, il n'y a pas une relation constante et nécessaire entre l'imperméabilité du sol et le régime de l'enclôture, voire même le régime de l'habitat dispersé. « A des régions de même hydrologie correspondent des types d'habitat différents. » Et M. Demangeon en cite comme exemples, d'une part, les habitats dispersés sur un sol de craie, à l'ouest du pays de Caux, et d'autre part, les villages groupés sur les sols imperméables du plateau ardennais. V. A. Demangeon, la Géographie de l'habitat rural (*Ann. de Géogr.*, t. XXXVI, année 1927, p. 13).

En réalité, le fossé est la conséquence du talus dont il a fourni les matériaux. Et le talus n'est lui-même destiné qu'à rassembler, sur ces sols maigres, un humus suffisant pour y entretenir la puissante vie des arbres et des taillis. Il est ainsi nécessairement construit aux proportions de la haie qu'il doit entretenir.

L'élément essentiel de l'enclôture, c'est en effet la haie. Et la raison d'être de toutes choses ici, c'est la nécessité subie par l'homme, l'obligation de fermer son domaine, de clore son champ.

La haie constitue la barrière protectrice derrière laquelle paîtra librement le bétail. Elle l'enferme; elle le défend (16). Le bétail y trouve sous son épais feuillage un abri contre la pluie ou un ombrage propice. Elle protège cette chétive activité pastorale avec la même nécessité que s'ouvrait toute la campagne au grand troupeau de la communauté. Allons même plus loin!... Le geste qui ferme le Monde redouté sur ce petit coin et sur ces craintifs solitaires, il est dans la suite lointaine et la signification directe du geste immense, dont la Nature, aux temps des grandes origines, ouvrait les étendues continentales, et offrait le Monde aux parcours illimités des lentes foules et des troupeaux, aux migrations sans début et sans fin.

Mais la haie avait encore d'autres utilités. Elle interdisait les terres à la vaine pâture, et elle fournissait au fermier son bois de chauffage, voire même les bois de charpente dont il bâtissait ou réparait sa chaumière.

Aussi la haie n'est pas un simple entrelacement d'épines, une « simple clôture de limitation ». Erigée en général sur un talus, elle se compose surtout d'arbres qui poussent en branchages et en rejets. Ces « têtards » étaient mêlés à des touffes d'ajoncs et de genêts, à des buissons d'églantiers, à des

(16) La défense contre les loups, en ces régions boisées et dépeuplées, a été une des causes qui ont déterminé l'enclôture. V. Musset (p. 244), citant Joubert, *la Vie agricole dans le haut Maine* (Mamers, 1886, p. 23, n. 1).

massifs de noisetiers et de sureaux, le tout entrelacé de fourrés de ronces. Çà et là, se dressent des arbres à haute tige, les « marmenteaux », qui fournissent le bois de construction (17).

Ces haies offrent au cultivateur de l'Ouest les mêmes ressources que les forêts ménagent au villageois de l'Est. Ajoutons même que l'analogie peut se poursuivre en toutes choses; et la haie aménage le pacage des bêtes tout autant que la forêt offre la pâture au bétail. Voyez aussi l'étonnante symétrie des deux systèmes!... Ici, la ceinture des forêts entoure les champs collectifs; là, le petit bois circulaire entoure le champ individuel. Et la symétrie se manifeste jusque dans le régime foncier. Autour de cette société de champs qu'est la massive campagne de l'Est, les forêts sont souvent restées jusqu'à maintenant propriété communale. Autour du champ individuel de l'Ouest, la haie était, dès les origines, une manière de petit bois privé et de propriété individuelle.

La haie apparaît ainsi l'élément essentiel de l'enclôture. Elle est la réalité et l'efficacité du système. Elle en est donc nécessairement l'élément constant. Le talus et le fossé peuvent disparaître; la haie partout se manifeste comme l'indispensable organe qui réalise l'isolement et protège de l'insécurité.

En certaines circonstances, il est significatif de voir le système de l'enclôture s'altérer progressivement, à mesure que les conditions du milieu évoluent vers un régime de campagne différent. On assiste ainsi, sur le terrain même, à l'évolution du système; on l'y voit s'y adapter à une nature qui le subit de moins en moins docilement; on l'y voit, de dégradation en dégradation, tendre aux formes les plus simplifiées. Or, quand on en arrive ainsi aux situations extrêmes, c'est encore la haie, ou ce qui y correspond, qui réalise les représentations les plus schématiques de l'enclôturement.

(17) V. Musset, pp. 244 et 392.

Il en est ainsi, par exemple, à l'est du pays de Caux, en ce qui concerne l'enceinte boisée qui entoure la « masure », l'herbage où se dressent la ferme et les bâtiments ruraux. A l'ouest de la voie ferrée de Dieppe à Rouen, les fermes s'entourent partout de l'enceinte que composent des arbres de haute venue, érigés sur un talus élevé, la « banque ». Mais déjà ce système altéré, où rien ne représente plus le profond fossé qui caractérise les enclôturements de l'Ouest, ne se réalise plus qu'autour de l'herbage essentiel. Car le sol nous manifeste déjà partout que nous ne sommes plus sur les territoires humides, où prévalent les influences déterminantes du régime bocager. Nous sommes à deux pas des campagnes à céréales; nous y marchons; et, à mesure que nous avançons dans un pays où l'horizon se dépouille et grandit de plus en plus..., à mesure, autour de nous, les enceintes masurales abaissent ou dénaturent leurs remparts de verdure. A Varengeville, à l'ouest de Dieppe, on voit encore se dresser les hêtres des « fossés ». Mais déjà aux environs de Longueville, d'Auffray, et de Saint-Victor, maintes fois les talus disparaissent. Plus à l'est encore, entre la Varenne et la falaise du Bray, l'enceinte boisée n'est plus qu'une haie de jeunes ormes; bientôt ce sera une haie d'épines, et enfin, « une clôture de branches sèches où s'emmêle le houx ». Dans une autre direction, sur les plateaux qui dominent Darnétal, si l'enceinte boisée maintient ses arbres, du moins les talus sont disparus; et près d'Eppeville et de Boos, il n'y a plus, autour des courtils, que la haie d'épines..., bientôt même, le mur de pierres sèches (18).

A l'ouest pourtant, sur les âpres collines mouillées qui, du Perche à la Bretagne, dessinent une échine rocheuse déchiquetée de ravins boisés, nous retrouvons le système de plus en plus affirmé, et qui finit par réaliser, dans l'Avranchin, ses dimen-

(18) V. Sion, p. 475.

sions les plus amples et ses traits les plus caractérisés. Il n'est pas rare alors que l'appareil se double : deux talus surmontés l'un et l'autre de haies immenses, et séparés par un profond fossé ruisselant d'eau, raviné d'ornières.

Ce système complet nous le retrouverons maintes fois en Bretagne et dans le plateau manceau. En Bretagne, c'est dans le pays de Lamballe que les haies se présentent encore avec leur impressionnant aspect de jadis. Cependant, vers le Sud, le fossé ne se manifeste plus, en général, que sous l'aspect d'un chemin creux entre deux haies d'ajoncs. Mais maintes fois déjà le chemin disparaît, et l'unique haie d'ajoncs sépare les champs. Au sud de la Loire, dans la Gâtine, la haie s'érige de nouveau sur un talus que deux fossés latéraux ont permis d'édifier (19). Et là s'affirme ainsi que le rôle essentiel et le trait de structure sont bien fixés sur l'enceinte buissonneuse, dont le talus et les fossés ne sont que les aménagements.

Mais si les variations sur le terrain et l'espace nous manifestent que la haie compose le trait de persistance, l'évolution du régime dans le temps, ses variations selon les époques, nous achèvent la preuve. Depuis longtemps, dans nos pays de l'Ouest, l'enclôturement, qu'on réserve maintenant de plus en plus aux prés et aux herbages, tend à y devenir une simple haie d'épines, que remplacent même parfois des clôtures en ronces artificielles.

Ces champs entourés de ces enclôtures, voilà donc les matériaux dont sont construits nos campagnes de l'Ouest! Mais il nous manque encore l'essentiel de cette structure rustique. Il nous en manque la charpente : les chemins.

C'est un difficile problème, semble-t-il, que d'introduire le réseau des chemins dans cette campagne aux habitats éparpillés de la même dispersion que les eaux et les sources, et dont les champs, jetés

(19) V. Robert Bobin, la Gâtine (*Etude de géogr.*), Niort, 1926.

partout au hasard, semblent ajouter, aux irrégularités du relief et de la Nature, le désordre d'une création humaine réglée sur l'humeur de chacun et de la fantaisie des individus.

Cette campagne partout disloquée, hérissée de ses terrassements, de ses verdoyantes enceintes, de ses champs bastionnés, est impénétrable à de rigides tracés linéaires. Et d'autre part, chaque champ est une unité. Le défricheur solitaire qui le créa, y a fixé une individualité, et lui a communiqué le régime de particularité et d'isolement qui était celui de sa solitude.

Chacun de ces innombrables champs isolés et retranchés a donc droit à son chemin particulier. Et dans ce désordre, où il ne serait pas possible d'introduire quelques rares tracés, il faut pourtant à chacun sa voie, et presque autant de chemins que de champs.

Dès lors – le problème étant ainsi posé : « à chacun son chemin » –, la solution s'entrevoit aisément.

Cet innombrable réseau..., il était partout créé : ce chemin particulier à chaque domaine, à chaque parcelle..., c'est le fossé!... La circulation s'accommoda de ce « vallum » qui contournait tous les champs, s'insérait entre toutes les parcelles, pénétrait en tous les coins les plus retirés, et qui, partout enfoui comme une incessante ravine, cheminait sur les pierres et les eaux et sous de constants ombrages.

La campagne de l'Est a construit ses champs sur les chemins. Le bocage de l'Ouest a adapté ses chemins aux champs.

Etranges chemins!... Enfouis entre les talus, ravinés comme des lits de torrents, tailladés d'ornières profondes, souvent engloutis sous les buissons impénétrables, presque toujours emplis d'eau qui ruisselle ou stagne, ils semblent moins offrir une voie à la circulation des gens qu'à l'écoulement des eaux.

Et pourtant ce furent là les seules voies de ce pays. Dans ces ravins creusés de main d'homme, passaient la vie et la circulation. Et maintenant encore, au fond des bocages, dans cet Ouest où la campagne reste une forme ébauchée et une force primitive, où l'homme solitaire semble encore accablé par les aspects et la misère des âges barbares, combien n'y a-t-il pas de chaumières isolées, de métairies perdues, de logis et de foyers dont les seuls liens avec le Monde et la vie sont ces chemins enfouis et submergés!...

Mais ces chemins..., ils ne le sont pas d'origine. L'homme les a faits à d'autres intentions. Sa misère s'en est accommodée. On s'en est servi faute d'autre chose. En réalité, ils sont moins destinés à unir au Monde qu'à en séparer. C'est par son fossé qui l'isole que le paysan de l'Ouest a pris le contact avec les hommes. C'est cette creuse frontière qui l'attache à une société. De ce qui l'enferme et le sépare, il a fait son lien avec le Monde!... Et toute l'histoire d'une longue misère dans la résignation et dans la solitude prend son expression dans ce symbole!...

Il ne faut pourtant pas exagérer le caractère de cette dispersion. C'était souvent moins une dispersion qu'une sorte d'essaimage qui créait des régions de condensation. Et sur la carte, des nébulosités troubles semblent ainsi alterner avec les milieux d'humanité raréfiée qui correspondent à de compactes forêts.

D'ailleurs, cette dissémination des métairies et des chaumières n'était jamais un fait absolu. Partout, il a bien fallu qu'une certaine concentration se fît, et qu'un groupe, si petit qu'il fût, vînt donner un centre économique et moral à cette vie dispersée. L'église a généralement aggloméré, autour d'elle et de la maison curiale, les installations artisanes nécessaires à la vie rurale : un taudis d'auberge, un atelier de charron, la forge du maréchal-ferrant. Et c'est elle qui, chaque semaine, appelle et rassemble les âmes.

C'est le christianisme qui a maintenu le lien social entre ces humains qui s'abandonnaient aux vieux instincts de solitude, se livraient aux forces de chaque lieu et aux sollicitations de dispersion de la Nature. Des habitudes sociales en sont nées, qui triomphaient des méfaits de l'isolement.

Au jour du repos, c'est l'église qui réunissait, dans la même douce vie de l'âme, tous ceux que dispersaient le rude labeur et la tâche de la semaine. C'est elle qui ordonnait et réglait, de la voix de ses cloches, non seulement les rites de la prière, mais tous les actes publics de l'existence, et qui distribuait ses heures solennelles à la vie. Chaque dimanche, c'est à la sortie de la messe, sous le porche de l'église, que le syndic réunissait l'assemblée de la communauté. Dans ce vestibule du lieu saint, à deux pas du petit cimetière, la communauté villageoise prenait conscience de son existence, de ses droits et de sa durable unité. Mais là aussi, une fois chaque semaine, se réalisait la pieuse ébauche de la sainte communauté totale des chrétiens. C'est là, dans ces lieux de réunion matérielle et d'union spirituelle, que les vies dispersées prenaient le sentiment d'être les membres tressaillants d'un même corps, dont les morts, réunis à côté sous le signe d'éternité de la Croix, composaient l'insensible sommeil.

III

LA RÉDUCTION DES ENCLAVES INTÉRIEURES

La campagne ouverte à champs associés et à village groupé, le bocage à champ clos et à habitats dispersés, ce sont là les deux types caractérisés de la France rurale, du moins dans sa moitié septentrionale. Mais des formes intermédiaires en existent. Le relief ou la nature du sol, les circonstances historiques, les conditions sociales, les influences multiples et diverses ont agi pour introduire des régimes mixtes.

Il ne faudrait cependant pas exagérer, et croire que toutes les formes de conciliation peuvent intervenir entre les deux types caractérisés.

Le système de l'agglomération (champs et habitats groupés) est trop systématique et trop affirmé par les habitudes, pour accepter de partielles déformations. Le plus souvent il a résisté ou cédé en bloc. Dès que l'agriculture ancienne ne peut plus installer ses grands territoires, ses massives formations agraires, elle cède la place à l'individualisme, à la dispersion, à l'émiettement. Entre la puissante communauté villageoise, organisatrice de la terre, et l'humble métairie du solitaire exploitant, il n'y a pas place pour des habitudes qui combineraient les irréductibles antagonismes de la société et de l'individu.

Le plus souvent donc, les deux systèmes se succèdent sur le terrain sans rien qui ménage la transition. Une brusque modification du paysage nous avertit quand les claires campagnes subissent le direct contact du pays ombragé. Il en est ainsi sur presque tous les confins du Massif Armoricain. Et c'est parfois une étroite vallée, comme celle de la Dives, qui réalise la mince séparation d'un pays de campagne avec un pays de hameaux.

Il n'existe donc pas cette sorte de transition que nous manifesteraient des réductions du type « campagne ». Cette cellule rurale, que représente chaque campagne, a comme un minimum de taille. Et elle ne peut s'étriquer sans se briser et s'émietter. Sa ruine n'a que des pierres impropres à construire.

Mais si le système de l'agglomération a cette rigidité sans souplesse, il existe, dans les modes de la dispersion, bien des manières différentes de désagréger le territoire et l'agglomération.

Le régime comporte trois éléments distincts : l'habitat, le champ, la forêt.

La dispersion des habitats peut se réaliser sous la forme de hameaux, de fermes ou de métairies, et de chaumières. Les hameaux eux-mêmes peuvent être d'étendue inégale et de caractère différent. Il est des agglomérations qui n'ont du hameau que l'apparence. Dans le Limousin, le grand domaine à plusieurs métairies les groupe plutôt que de les répartir chacune sur son exploitation respective (20). Les fermes sont d'importance encore plus variable et d'origine diverse. La grande ferme est le résultat d'une puissante concentration de la propriété rurale, opérée surtout par les soins et au bénéfice de la riche bourgeoisie urbaine. C'est ainsi que les fortunés Parisiens ont constitué les opulents domaines de Beauce, de Brie, du Valois. En Bourgogne et dans l'Est, la concentration se fit toujours au bénéfice de cette même classe urbaine, mais au

(20) J. Brunhes, *Géogr. humaine de la France*, t. I de l'Hist. de la Nation Française, p. 45.

lieu de se réaliser sur des terroirs de valeur privilégiée, elle opéra modestement et sur des territoires dévastés (21).

Mais à côté de ces fermes, qui sont de formation secondaire et le résultat d'une évolution dans le régime de la propriété, il existe nombre de fermes de formation primaire, et qui ont originellement constitué leur domaine aux dépens de la forêt. Ces fermes de défrichement, qui sont souvent des XIIe, XIIIe et même XIVe siècles, appartiennent nécessairement à ces enclaves dont l'agriculture a pris tardivement la possession. Quant aux fermes du défrichement de l'époque moderne (surtout du XVIIIe siècle), elles se situent de préférence sur les périphéries des anciennes campagnes. Mais il est difficile de discerner jusqu'à quel point des essarts antérieurs ne sont pas entrés dans la composition du domaine nouveau.

A la ferme, à la grange, à la métairie, nous opposons souvent la simple « chaumière », qui nous évoque l'immédiate idée du domaine miséreux. Qui dit « chaumière », dit en effet « paysan » d'une de ces âpres provinces où chaque champ et chaque vie s'isolent. Mais l'expression n'introduit qu'une fâcheuse équivoque. Cette « chaumière », qui mérite son nom si on s'en tient aux aspects extérieurs des choses, est souvent une vieille et puissante construction, qui a certes son toit de paille et son plancher de terre battue, mais qui, derrière ses fortes murailles, a souvent connu l'aisance laborieuse. Et telle « ferme des Anglais », qui cache dans les vergers de l'Avranchin ses murs de bastion et ses aspects de maison-forte, a souvent, sous son toit de chaume, entretenu des générations puissantes et sans misère. En est-il de même des fragiles édifices des âges récents? Entre la maison-forteresse et l'humble logis qui voile sous les roses et les chèvre-

(21) Je me permets ici de renvoyer à mon propre ouvrage, *la Ville et la Campagne au XVIIe siècle. Etude sur les populations du pays dijonnais*. Paris, Leroux, 1922 (IIIe partie, chap. I, pp. 187-229).

feuilles son frêle mur de boue et de bois, il existe la différence des conditions autant que celle des âges. La chétive chaumière fleurie est celle qu'a bâtie de sa misère l'époque récente; la vieille maison « des Anglais » témoigne de l'antique richesse de ces campagnes, encore partout maintenant si glorieusement ombragées.

A ces formes d'habitat, correspondent des terroirs qui leur sont adaptés. La ferme, qu'on pourrait appeler de concentration, a autour d'elle une campagne dépouillée, où de géantes parcelles à forme massive ont succédé au morcellement lacéré de l'antique terroir.

La ferme de défrichement participe des conditions générales du pays. Mais dans les régions d'anciennes campagnes, le domaine nouveau fait souvent enclave sur la forêt. Dans les contrées du type caractérisé de la dispersion, ces fermes sont en général des métairies pauvres ou des exploitations directes et besogneuses, qui diffèrent moins par leur caractère que par leur étendue du petit domaine bocager.

Ce petit domaine, qui rassemble quelques champs autour d'une humble chaumière et derrière une verte clôture est apparu souvent comme la forme domaniale la plus fréquemment réalisée dans notre France de l'Ouest. En réalité, il n'y a point là un type déterminé. Mais le domaine, semble-t-il, est d'autant plus vaste qu'il est plus ancien, qu'il s'est aménagé sur un territoire plus libre et plus neuf. Et souvent, en effet, plus la métairie nous apparaît antique, plus le domaine qui l'entoure a une ample et solide composition. Et sur l'aspect de ces habitats et de ces lieux, nous pourrions ainsi suivre des yeux la progression de la conquête rurale, depuis les plus antiques établissements que le temps a pu achever et consolider, jusqu'aux tardives installations qui nous dénoncent le trouble et la misère des âges modernes.

Des trois éléments qui entrent dans la composition de ce régime, la forêt est celui qui a le moins sollicité l'attention et les commentaires. Et cependant c'est lui qui porte le témoignage le plus affirmatif des origines.

Les habitations, et même les champs, peuvent en effet accepter des transformations qui en dénaturent le caractère originel. Il est remarquable, par exemple, jusqu'à quel point la lande nous voile les situations anciennes dans le pays d'Ouest. C'est qu'en effet ces conquêtes sont entrées dans les péripéties de la fortune humaine. Sauf en cas exceptionnel, en cas de reboisement, forêts et bois restent au contraire les lieux préservés. Leur nature est immuable; leur répartition reste un intègre témoignage. Dans les pays de demi-dispersion, c'est le morcellement forestier, c'est la situation forestière qui rend compte du degré de la dispersion et en note la qualité. Et ainsi, d'une manière générale, dans ce démantèlement de la forêt, le nombre, la disposition, l'ampleur des fragments et des vestiges qui restent de l'antique sylve, dénoncent le sens et la portée de l'attaque humaine.

Et maintenant nous connaissons, nous avons pour ainsi dire en main, les trois pièces qu'à maniées l'offensive rurale dirigée contre les régions qui s'étaient refusées à la primitive agriculture.

Nous n'examinerons pas ce que fut cette attaque sur les confins de la grande contrée bocagère de l'Ouest. Car il y avait là toute la résistance d'un monde et d'une histoire. Devant ce bloc ancien et compact du plateau armoricain, couvert de ses forêts, hérissé de ses pierres, écorché de ses schistes, défendu par son climat, protégé par ses sombres dieux et ses légendaires effrois..., devant ce bloc de résistance, le système des vieux terroirs – nous l'avons vu – ne put pénétrer qu'en se brisant et en s'émiettant.

Mais la question devient intéressante, quand il s'agit de réduire les enclaves qui pouvaient se présenter encore, sous l'aube des temps historiques, à l'intérieur même de la zone des anciens terroirs.

Ces enclaves correspondaient aux régions de sous-sol imperméable. C'étaient les lisières liasiques et marneuses des Vosges et du Morvan. C'était l'argileuse auréole dont l'infracrétacé cerne le Bassin Parisien, et surtout, à l'est, la Puisaye, la forêt d'Othe, le Perthois, l'Argonne. C'étaient encore les Ardennes, les hautes Vosges, les terres limoneuses de la Thiérache, du Perche, du pays de Caux, la plaine maritime des Flandres.

Dans tous ces pays, le régime de la dispersion pénétra avec des éléments de nature identique mais de dosage différent.

En certains pays, l'installation fut si précoce et si complète, que la carte n'en porte plus le témoignage. Il en est ainsi de l'Auxois. Cette région d'argile plastique a été comme le seuil déprimé, où se sont tôt élaborés les passages qui traversaient les remparts calcaires du Bassin Parisien. Les chemins ont installé ici un mouvement humain, un brassage qui a triomphé des aptitudes naturelles du sol. Le déblayage a été tel, que les campagnes ont pu y faire prévaloir leur régime de morcellement et d'assolement (22). C'est seulement à l'époque contemporaine, quand l'élevage est devenu une source de grand profit, que ce pays a recouvré le bénéfice de son terroir humide et profond. Prairies et haies s'y sont établies alors sur un dessin de campagne vieille et sèche. Le paysage y a ce riant aspect des vertes contrées. Mais les multiples haies parallèles qui hachent ces herbages, les vieux chemins ombragés qui montent à ces molles pentes semblent

(22) Au XIXe siècle, nombre de villages en Terre-Plaine et en Auxois (Sussey par exemple), procédant au partage de leurs communaux, les répartissaient encore en ces parcelles longues, minces et parallèles, caractéristiques des vieux terroirs. (Enquête à Sussey. V. aussi Marc Bloch, *op. cit.*, p. 46.)

encore tailler les minces rectangles où prospérèrent les moissons. Certains villages sont restés érigés sur les cimes qu'une vieille couverture calcaire surmonte du trait rigide de ses ruines. D'autres sont gîtés dans de doux creux d'argile, tout bruissants de sources.

Voilà un pays de conquête précoce et complète!...

Par ailleurs, l'enclave a pu être aussi presque résorbée quand son territoire était trop étriqué pour se préserver. Tel est le cas des parties les plus amincies de l'auréole argileuse de l'infracrétacé champenois. Auprès de centres, auprès de Troyes, par exemple, l'influence locale a été comme emportée par l'irruption des puissantes campagnes champenoises. Le régime des anciens terroirs s'y est installé; et toutes les résistances que les lieux gardaient ont été comme employées au maintien de vastes forêts, dont l'utilité était d'autant plus grande que la Champagne voisine était plus dépouillée. C'est ainsi que les terrasses limoneuses ont maintenu sur elles, au sud de la Seine, les forêts d'Aumont, de Rumilly et de Chaource, et au nord, la forêt du Grand Orient.

Sur ces enclaves trop faibles pour se préserver, la forêt reste presque le seul témoignage des résistances d'une nature assaillie par l'antique entreprise humaine. Mais cette étendue boisée, sorte de môle de résistance, garde une manière de compacité, que n'a pas la forêt ménagée naturellement dans le jeu de fondation des campagnes.

Quand l'enclave est assez puissante, la forêt n'en est plus seulement le vestige préservé : elle en fut, elle en demeure la défense. Et souvent, dans ces systèmes intérieurs, c'est derrière le rempart d'un massif boisé que le peuplement s'est organisé selon le régime de la dispersion. La forêt d'Othe nous en est un exemple significatif. Le large talus argileux, qui domine les fertiles campagnes de la vallée de l'Yonne, se laisse, au sud, envahir par elles. Mais l'assaut s'arrête là. Et au nord de la forêt s'organise, comme à l'abri, le système nouveau : tout un monde de petits hameaux dispersés, tout un chevelu de chemins circuitant intérieurement. On peut d'ailleurs trouver aisément nombre d'exemples de la manière formelle dont la forêt interpose sa barrière et sa médiation entre les deux systèmes en conflit (23).

Il est des pays pourtant, où nous pourrions observer un système de transitions réglées. Tel est le pays de Caux. Des confins du Vexin ou de la Picardie au pays d'Yvetot, c'est par une série de nuances graduelles que nous verrons peu à peu s'altérer le type de l'agglomération et des champs ouverts, et lui succéder les formes de la dissémination et de l'enclôture. Cependant on sent que sur tout ce pays, les formes typiques se sont plus ou moins altérées, et que s'y sont exercées des influences multiples et peut-être contradictoires. Nous soupçonnons une ancienne pénétration du régime de dispersion. Mais l'accident historique interviendrait. Il n'est pas interdit de penser que l'établissement des Danois et des Scandinaves, au IXe et Xe siècle, serait venu compliquer les choses. L'enclôture aurait été réservée alors aux pièces essentielles, dont elle devenait la défense et la parure. L'ère des grands défrichements médiévaux aurait achevé de déblayer certaines régions. Dans ce jeu trouble, il a pu s'aménager ainsi une conciliation des formes et une discussion des traditions. Le dernier mot serait resté à cette familière influence de voisinage, qui estompe les limites et gradue lentement les contraintes du milieu physique.

Ces transitions, on les retrouve encore dans la plaine flamande. Mais elles y sont mieux précisées

(23) Ainsi en est-il à l'est de Bernay, pour la forêt de Beaumont.

et d'un jeu plus discernable. Dans l'Ouest, sur les lourdes argiles et les sables gras, l'habitat se disperse et la ferme s'isole (24). Mais à mesure qu'on s'engage, à l'est, sur des limons sableux plus asséchés, on voit les maisons dispersées rallier le chemin et s'y aligner. Cependant, derrière ces formes modernes ou historiques du peuplement, on découvre, sur les parties élevées des anciens « schorres », de vieux et petits villages que rien n'a pu grandir, et qui nous représentent les lieux les plus anciennement occupés (25).

Les transitions, c'est plus ici la Nature qui les impose du jeu qui la varie que l'homme qui les introduit par ses incertitudes. Et il en est le plus souvent ainsi. Presque toujours réglées à l'allure des lieux, les transitions nous sont la démonstration de la manière subtile et variée dont l'homme a su entendre et traiter la terre. Mais on pourrait sans doute, dans le Bassin Parisien, trouver plusieurs territoires où se déroule la formule d'une progressive adaptation du régime agraire. Entreprenons, par exemple, d'aborder le territoire humide de la Puisaye en venant de l'est.

Plaçons-nous dans le Tonnerrois occidental, aux derniers étages du jurassique : calcaires du kimméridgien auquel succède le portlandien. Du sud, nous arrivent ces plateaux dépouillés aux larges dômes à peine incurvés, couverts de claires campagnes et que surmontent de riants villages. Rien n'égale la simplicité de ce grand pays qui soulève dans le ciel ses horizons lumineux. Les moissons couvrent ces vastes plans doucement ployés; et autour de cette molle abondance du plateau, bois et forêts, accrochés aux pentes, composent un cadre ouvragé suspendu sur les minces vallées où circule la vie. C'est là, sur ces première montées ensoleillées que com-

(24) « La dispersion, jadis poussée à l'extrême dans l'Ouest, tend à s'atténuer. » (Raoul Blanchard, *la Flandre*. Société dunkerquoise, 1906, p. 423.)

(25) R. Blanchard, *op. cit.*, p. 410.

mence la Bourgogne. Elle ne s'arrêtera plus qu'à la rive endormie de la Saône. Mais tournons le dos à ce ferme et puissant geste; et descendons vers les vallées parisiennes!... La pente nous entraîne. Le plateau calcaire se déforme, s'entaille et s'enfonce peu à peu. Nous sentons sous nos pas s'enfouir hâtivement les grandes fondations calcaires, et tout autour de nous, les rigides reliefs abaissés commencent de s'enrober des premiers empâtements de l'infracrétacé.

Mais déjà les choses annoncent que les lieux changent. A peine les premières languettes argileuses commencent-elles de lécher les sommets que ces quelques centimètres de glaise fixent déjà des aspects nouveaux. Un boqueteau, une ferme isolée, un creux buissonneux, une source suintante, une haie disparate sont ces furtifs essais du nouveau pays. Et déjà l'agglomération sent son groupe chanceler sur un humide terroir. Le village hésite à se rassembler. Il se disloque ou diminue. Des hameaux naissent. Le terroir se rétrécit.

Tout cela ne compose encore que des préludes, et avant que rien de systématique s'organise, la vallée du Serein s'interpose, et le grand bloc de la forêt de Pontigny surgit, arrêtant net les essais. C'est seulement beaucoup plus au nord, derrière la forêt d'Othe, que le régime de la dissémination pourra enfin reprendre et triompher. Mais interrompue au nord, c'est vers l'ouest que va se développer la lente et riche variation.

Jusqu'à la vallée de l'Yonne, le jurassique reparaît avec son socle monumental et ses campagnes. Cependant, à l'ouest d'Auxerre, reprennent les formations de l'infracrétacé; sables verts et sables de la Puisaye construisent le triangle entre les vallées de l'Yonne et du Tholon. Là, s'est installé tout un régime serré de hameaux, de fermes isolées et de bois courtauds, dont la superficie semble calculée pour correspondre à la chétivité du hameau. Ces bois occupent les buttes. Les champs couvrent les pentes et les creux. Partout, l'homme rétrécit, ferme et enfouit son horizon.

Au-delà de ce pays déjà morcelé, on aborde la Puisaye par un puissant talus argileux couvert de grands bois (forêt de Merry-Vaux au sud), qui semblent submerger de rares hameaux. C'est derrière ce rempart que s'est organisé enfin le vrai régime. Nous sommes alors au milieu d'une dissémination intense de très petits hameaux ou d'habitats isolés. Et la forêt, fragmentée en une multitude de minuscules bois, semble, tout autant que la dispersion humaine, le désordre d'une foule.

Ainsi, jusqu'au bout, se maintient cette symétrie des éléments; et la forêt reste associée au mouvement général qui groupe ou éparpille les hommes et les champs. L'analogie serait complète si l'on admettait, qu'à la masse compacte d'une forêt, s'oppose symétriquement l'unité d'une uniforme campagne aux champs associés.

La Puisaye s'arrête à la vallée du Loing. Au nord-ouest, commencent à se dresser les premiers socles calcaires de la Beauce avec leurs habitats et leurs campagnes puissamment agglomérés. Au sud-ouest, un vert pays de hameaux et de bois nous conduirait, après la brève interruption du val de Loire, jusqu'au pays mamelonné du Sancerrois – verdoyant rideau derrière lequel s'organise déjà, sur un thème méridional, la sèche Champagne berrichonne.

C'en est fini maintenant de retrouver les vieux terroirs. La Champagne poitevine est, comme la Champagne berrichonne, soumise au régime des champs à forme massive et irrégulière. On sent que nous nous éloignons des influences qui ont élaboré la campagne vraiment organisée. Et sur ces territoires qui lui semblaient destinés, le régime septentrional, loin de ses centres de formation et comme à bout de souffle, n'a pu achever ses œuvres, ou triompher des influences qui descendaient du Midi par le pastoral Limousin.

En fin de compte, c'est dans les plaines du Nord et du Nord-Est que le régime communautaire rural est vraiment chez lui. Il est d'autant plus susceptible d'expansion qu'on se rapproche davantage de cette contrée essentielle. Sur les plaines du Nord, la zone se continue indéfiniment. Mais tandis que, vers l'est, on la pourrait prolonger sur l'Allemagne presque jusqu'aux anciennes terres slaves, vers l'ouest, au contraire, elle est disputée pas à pas, dès qu'on s'approche des pays océaniques ou du Massif Central. Et si l'est de la Normandie centrale fixe déjà un régime de dissémination sur des sols qui lui sont propices, sur les plateaux tertiaires de la Touraine, ou sur les compacts alluvionnements de la Sologne, la dispersion et le hameau sont plus des adaptations à la pauvreté du sol qu'à sa nature.

Ainsi se dégage devant nos yeux une physionomie de la France rurale, bien incomplète encore sans doute, mais qui nous ferait apercevoir des traits sommaires et expressifs. Autour des vastes campagnes dépouillées du Nord et de l'Est, nous voyons, derrière d'épais talus boisés, s'organiser de verdoyants îlots où la dissémination de l'habitat devient la règle (26). L'Ouest est un verdoiement d'enclos et un émiettement de hameaux. Ces deux régimes, à part la région des plateaux basques, nous ne les retrouverons plus dans le Midi. Mais, au pied même des premières pentes septentrionales du Massif Central, commence un régime nouveau, où la bourgade rassemblera l'humanité tandis que la campagne reste l'irrégularité et la liberté des champs. Et depuis le fromenteux Poitou et les vallées fruitières, c'est dans une atmosphère nouvelle, traversée de souffles méditerranéens, que nous descendons vers les pays du soleil et du Latin.

(26) Evidemment, je n'ai pas la prétention d'apporter ici un tableau d'ensemble des modes de peuplements dans le Bassin Parisien. J'ai voulu m'en tenir à de simples exemples. C'est pourquoi, ni la Thiérache, ni le Gâtinais, ni le Perthois, ni d'autres pays encore n'ont eu place en cette trop brève esquisse.

Car voilà que ces sobres et rudes traits, où parle la terre, vont nous raconter l'Histoire!...

Sur ce territoire français, les pays d'Ouest mis à part, deux systèmes essentiels s'affrontent et se complètent. Au midi, c'est la foule qui se rassemble. Au nord, ce sont les champs qui se sont associés. Le signe de l'union humaine est ici ce rempart qui ferme la cité, comme il est là-bas, sous l'air vif, cette communauté de la terre et de l'espace. Ce groupe énergique de la cité, il est né de l'amplification incessante et sur place du groupe familial. L'esprit gentilice dirige cette formation. Et la divinité poliade s'est dégagée d'une cohue d'ancêtres qui luttaient à qui resterait la géante paternité finale.

Mais là-bas, sur les plaines du Nord, c'est sur les champs que se sont assises les règles et les disciplines sociales. Nos patries ne sont pas une brève divinité, un bruissant forum, un Monde esclave, « Rome et Auguste » portés jusqu'aux océans et honorés jusqu'aux déserts. Nos patries, ce sont nos terres qui ont grandi. Ce sont nos campagnes qui ont reculé sans cesse leurs humbles frontières boisées, au geste de ces vieux rois capétiens aux allures de fermiers. Nos patries..., ce sont ces terrestres horizons qui se sont toujours ouverts de plus en plus, comme pour s'emplir d'une plus grande âme humaine.

... Il est grand temps ainsi de montrer que notre société occidentale a dégagé ses institutions du statut primitif de cette terre.

IX

LE RÉGIME SOCIAL

I

LES DROITS

Le droit de justice.

Je ne me dissimule nullement combien peut paraître téméraire le projet de vouloir trouver dans le régime communautaire primitif l'origine des usages, qui ont constitué le régime domanial du Moyen Age. Rien en effet ne nous assiste en cette recherche. Nul témoignage écrit n'est susceptible de nous jeter une lueur sur ces origines enfouies dans des âges sans nom et sans histoire.

Force nous sera donc de recourir encore à une méthode symétrique de celle qui nous a permis de retrouver, sous les vestiges matériels de l'ancienne campagne, l'unité d'un plan intentionnel et la cohésion d'un système.

Dès le début d'ailleurs, soyons-en avertis : le véritable régime domanial, tel que le Moyen Age l'a connu avec son équipement de tenures et de droits, avec son manoir et son village groupé, ne se réalise avec précision, et ne se détermine avec vigueur, que dans la moitié septentrionale de la France. Il correspond à la campagne « organisée » et aux « vieux terroirs ». Montrer qu'il en est né, c'est moins désavouer nos traditions que nos ignorances.

Une remarque préliminaire s'impose pourtant. Dans une étude sur le régime social du Moyen Age, il importe avant tout de distinguer le régime domanial du système de relations dont le fief peut être l'occasion. Au reste, « le régime domanial est déjà solidement établi à une époque où la féodalité ne fait que s'annoncer (1) ».

Cette distinction admise, essayons de reconnaître, parmi les institutions strictement domaniales du Moyen Age, celles qui ont ce caractère vestigiel dont nous parlions. Nous aurons par après à reconstituer ce que j'appellerais la courbe de leur évolution. Sachant où elles tendent, où elles vont, il nous restera à discerner d'où elles viennent par le mouvement qui les porte.

Mais d'abord, certains pouvoirs locaux ne pourraient-ils pas apparaître comme les débris tombés d'en haut, les ruines de cette souveraineté que le Romain construisit sur l'Occident?

Cette autorité impériale romaine mit cinq siècles à mourir. Sa décadence commença dès les invasions qui ravagèrent la Gaule occidentale dans la seconde moitié du IIIe siècle. Plus tard, à la faveur de l'anarchie qu'introduisirent les envahisseurs du Ve siècle, les royautés germaniques et franques s'efforcèrent d'adapter leurs pouvoirs barbares et militaires aux magistratures civiles qui s'affaissaient, sous la vaine pompe de leurs impuissants souvenirs. Une dernière fois, le conquérant ripuaire, le Carolingien, essaya, en s'associant les disciplines universelles de l'Eglise, de rendre une vie générale à une œuvre qui s'effritait partout, et de rajuster ensemble des pouvoirs qui ne prenaient plus de réalité que de la terre où ils se fixaient, et des forces barbares qui se les démembraient.

Mais cette conception des droits seigneuriaux, conçus comme un démembrement de l'autorité publique, a plus de valeur théorique que de réalité historique. Même celui de tous ces droits qui porte sur lui l'empreinte et le signe de la souveraineté, le

(1) H. Sée, *les Classes rurales et le régime domanial en France au Moyen Age* (Paris, 1901, p. 131).

droit de justice seigneurial, a été moins une forme de l'appropriation des droits publics qu'une directe conséquence de ce que nous appellerons provisoirement le droit de propriété.

Sans essayer de montrer ce que les chefs féodaux, ducs, comtes, vicomtes, vicaires et centeniers, ont pu retenir d'une ancienne justice dominante, constatons seulement qu'il exista, dès le haut Moyen Age, une justice domaniale qui a trait à toutes les relations de la vie domaniale. Cette justice n'est pas née d'une aliénation des droits souverains de l'Etat. Si l'immunité est venue, par la suite, plus ou moins ajouter à ce fonds essentiel les droits de juridiction que pouvait posséder l'autorité publique, du moins cette extension, remarquons-le, n'opère jamais que dans le cadre territorial; et ce sont les lieux qui distribuent les justiciables.

La juridiction, nous dit M. Flach, était tellement « considérée comme de l'essence même de l'allodialité » qu'elle en découlait de plein droit (2). Et les chartes désignent bien en effet la propriété du sol comme la base de la juridiction (3). D'une façon générale, dans toute cession de propriété, le droit de justice est transmis en même temps que l'*habitatio* (4). Et la justice semble si bien être la conséquence directe d'une propriété de la terre que le mot *villicatio* ou *villicatus* désigne à la fois le droit domanial et le droit de justice (5).

(2) Flach, *les Origines de l'Ancienne France*. 1893, t. I, p. 204.

(3) « Le propriétaire cède-t-il la pleine propriété d'une forêt, la justice sur les hommes qui l'habitent ou l'habiteront un jour, est transmise en même temps que l'*habitatio*, c'est-à-dire en même temps que le droit aux cens et aux prestations » (Flach, I, p. 209).

(4) Flach, I, p. 209, n. 2. L'*habitatio* était l'ensemble des obligations qui pesaient sur les occupants d'un territoire. L'*habitatio* pouvait d'ailleurs être seule l'objet de la cession. En pareil cas, une partie correspondante du droit de justice était entraînée dans la cession.

(5) Nous ne retiendrons pas ici l'objection que le droit de justice pouvait être l'objet d'une cession indépendante. D'innombrables exemples nous montrent, en effet, que tous les droits pouvaient être l'objet d'une affectation particulière (H. Sée, p. 436). Mais en ce qui concerne les terres tenues à cens, les deux éléments – juridiction et redevance – apparaissent si inséparables que manifestement ils furent, aux origines, comme les deux aspects d'une même chose.

Mais pénétrons maintenant dans la nature et la composition de ce droit.

Nous lui trouvons évidemment une désignation propre : *justicia.* Mais très souvent intervient un pluriel significatif, et l'on dit *les justices – justiciae.* La juridiction seigneuriale existe, en effet, moins comme un droit d'ensemble – sorte d'entité dont la conception moderne se serait précocement imposée – que sous la forme de multiples droits.

On a expliqué cette singulière conception et la diversité de ces droits, en prétendant voir en ceux-ci des revenus. Le seigneur aurait moins possédé une autorité, un pouvoir – (ne disons surtout pas une fonction) – que des redevances et des profits. Or, la justice a bien eu en fait cette sorte de définition fiscale. Mais cette conception, loin d'être le résultat d'une longue pratique et du séculaire maniement de ces droits, a sans doute présidé à leurs origines et à leur constitution. En réalité, ces droits particuliers étaient moins liés aux personnes qu'aux choses. Ce n'est pas parce qu'elle était un simple droit lucratif que la justice s'est divisée. Ce fractionnement était sa nature même; et, attachée aux choses, elle a pu entrer dans leur ordre mobile. Ces multiples droits ne décomposent pas la justice : ils la composent.

Entrevoyons en effet la multiplicité de ces droits distincts. Il y a dans le domaine autant de justices qu'il y existe d'objets susceptibles d'une appropriation. Non seulement chaque élément du domaine, mais la forêt, le moulin, le cours d'eau, le chemin, le pont, l'abreuvoir, le bosquet, etc., toute chose a sa justice. Certes, il nous est loisible d'apercevoir la justice comme un ensemble. Mais dans cette continuité, chaque chose découpe sa forme, et le continu n'est acquis qu'à force de contours particuliers.

La justice enveloppe toute cette terre, non pas d'une atmosphère qui lui serait extérieure, non pas même d'un vêtement qui détaillerait chaque forme, et épouserait chaque geste, mais à la manière d'un épiderme qui fait corps et entoure de sensibilité.

Si nous avons insisté ainsi sur le droit de justice, c'est parce qu'il nous pouvait paraître d'une essence supérieure, et participer d'une origine souveraine. En réalité, dégagé des éléments qui représentent les vestiges de l'antique souveraineté, ce droit de justice nous apparaît associé aux mêmes origines que tous les autres droits nés de cette terre (6).

Les redevances personnelles.

Ces autres droits, c'est l'ensemble des charges, tant réelles que personnelles, qui pèsent sur les tenanciers.

Cette distinction des charges réelles et des charges personnelles est essentielle. Il n'y a pas seulement entre elles différence d'espèce : elles n'appartiennent ni aux mêmes âges ni aux mêmes systèmes.

Les historiens ont en effet depuis longtemps remarqué que les redevances personnelles relèvent d'un Moyen Age déjà singulièrement évolué (7).

A l'époque carolingienne, « cens et services se réglaient d'après la condition des manses et non d'après celle des personnes » (8). Une seule redevance semble avoir été payée *de propria persona*

(6) La juridiction du seigneur est essentiellement une justice foncière. La basse justice, c'est cela. Les textes nous la définissent ainsi : tout ce qui n'est pas *haute justice,* serait *justice foncière,* « justicia gallice nominata *foncière* », dit un jugement de la Cour royale de 1318. C'est la « justicia fundi terræ » dont parle un autre jugement de 1287. (V. H. Sée, p. 447).

(7) Si l'on essayait de construire une généalogie des droits seigneuriaux, ce sont les droits payés à raison de la terre qui nous apparaissent de l'origine la plus ancienne. « Les droits dont les origines sont les plus anciennes, dit M. H. Sée, qui apparaissent constitués le plus tôt dans leur forme définitive, ce sont ceux qui sont perçus par le seigneur en raison de la tenue qu'occupe le paysan. » Dès le IXe siècle, d'après M. H. Sée, on peut apercevoir « très clairement des droits comme les cens et les champarts qui portent sur la terre. Il est naturel aussi que les corvées apparaissent de bonne heure » (H. Sée, *op. cit.,* pp. 309 et 310).

(8) Guérard, *Polyptyque d'Irminon,* Prolégomènes, p. 659.

hominis: le *chevage* ou *capitation.* Mais cette redevance qui, à l'époque carolingienne, frappait uniformément les libres et les serfs, semble une survivance de l'ancienne *capitatio* impériale. Et elle a disparu progressivement, après s'être pourtant attardée si longtemps sur les non-libres, qu'elle a pu apparaître comme le « signe symbolique de la condition servile (9) ».

La *taille* ne dérive nullement de cet ancien *capaticum.* Mais son origine s'insère dans le mécanisme, non pas du régime domanial, mais du système féodal. Elle est analogue à l'aide féodale. Elle représente l'*aide* en argent que le seigneur, dans les circonstances graves, pouvait solliciter de tous ceux que lui attachait un lien de dépendance noble ou servile. De là les expressions significatives (*aide, demande, queste*) qui ont servi, au début, à désigner cette contribution exceptionnelle, et qui évoquent moins l'idée d'une contrainte subie que d'une assistance librement donnée. En réalité, la sollicitation devint bien vite une exigence; l'« aide » devint l'*exactio.* Mais la redevance conserva longtemps de ses origines une irrégularité et une variabilité dont les historiens ont méconnu le véritable caractère, et qu'ils ont interprétées comme les effets de l'arbitraire. Plus tard, les besoins d'argent du féodal augmentant sans cesse, la redevance ne conserva qu'au bénéfice des nobles vassaux sa qualité originelle; et elle se régularisa sur les paysans sans défense comme une constante obligation de leur servitude. Sa variabilité, qui était un témoignage de sa modération primitive, devint alors l'occasion de sa graduelle aggravation. Elle finit pourtant par se fixer (taille abonnée). Souvent même, de personnelle elle finit par devenir réelle. Néanmoins, la taille resta jusqu'au bout l'impopulaire redevance que le paysan sentait confusément hors des traditions,

(9) H. Sée, p. 355.

sans droits originels, introduite et régularisée par abus et par violence.

L'ancien régime terrien.

Toutes les autres obligations traditionnelles, auxquelles sont astreints les paysans, ont le double caractère d'être des charges réelles et régulières, fixées d'après le très ancien statut des lieux.

Au premier rang de ces charges réelles, nous distinguons les droits payés par la terre cultivée. Ce sont les *censives* qui sont les redevances particulières aux tenures, et les coutumes qui sont comme une sorte de dîme laïque des fruits.

Je n'ai pas à entrer ici dans le détail de ces diverses redevances, dont les noms varient selon le produit, selon les pays, et même selon les temps (10). Mais sous ces multiples appellations, nous ne reconnaîtrons vraiment que les deux formes essentielles de la contribution terrienne : celle qu'acquitte le fonds, et celle qui se prélève sur la production. Or, le fait qui nous importe essentiellement, c'est la modicité de ces redevances. Censives et coutumes sont faibles charges. Le cens en argent peut varier de quatre à dix deniers par arpent (11).

Quant aux *cens* en nature, dans le haut Moyen Age du moins, ils furent loin d'être une obligation à laquelle étaient astreints toute la production et tout le territoire. De nombreux *manses* en étaient exempts. De nombreux produits étaient épargnés.

(10) Cette classification ne répond pas à une distinction très précise. *Coutumes* et *cens* sont choses analogues. Le même nom général de *cens* ou *censives* leur est parfois indifféremment appliqué.

(11) Si les vignes sont plus particulièrement chargées (18 deniers de cens souvent), c'est non seulement parce que leur revenu est plus élevé, mais aussi parce qu'elles sont d'une culture tardivement introduite, dont les obligations relèvent plus d'une détermination arbitraire que de la tradition originelle.

Sur les vingt-six fiscs qui figurent au polyptyque d'Irminon, il en est cinq seulement où se rencontre la redevance partiaire. D'autre part, dans ce même polyptyque d'Irminon, les céréales (blé, avoine, épeautre, seigle), le bétail et la volaille, sont à peu près les seuls produits soumis à un prélèvement. Et nous voyons la *viva annona* (redevance sur le blé) ne pas dépasser beaucoup un demi-hectolitre par feu. La redevance d'avoine est d'une modicité analogue. Par contre, les redevances d'épeautre sont plus nombreuses et peuvent atteindre à un total de deux hectolitres et demi par feu (12). Ces mêmes droits, calculés, non plus par feu, mais selon la superficie, correspondraient à un prélèvement moyen d'à peine quarante litres de blé par hectare. Plus tard, nous voyons les terres tenues à cens être en général exemptes du *champart,* c'est-à-dire de la redevance partiaire (campipars) (13). Ce n'étaient pas là des charges très onéreuses, les doléances populaires, qu'elles ont suscitées, font, en effet, moins allusion à la contribution elle-même qu'aux tracasseries dont la livraison était l'occasion (14).

Il est impossible de voir en ces obligations, auxquelles le champ et la production étaient astreints, une véritable rente du sol. Le faible taux des cens en argent et des redevances partiaires nous interdit de penser que ce sont là de véritables revenus fonciers, et que le seigneur les percevait en tant que propriétaire. Disons dès maintenant quel faible crédit mérite la théorie qui érige les seigneurs en dispensateurs du sol et des tenures. Ce sol, ces tenures, comme nous le verrons bientôt, le seigneur ne les a pas pu donner, car ils ne lui ont jamais appartenu. D'autre part, *cens* et *coutumes* ne rappellent en rien les caractères d'un fermage ou d'un métayage, si atténuées qu'en soient les conditions. Si véritablement le seigneur avait fait une réelle

(12) Guérard, *Polyptyque d'Irminon,* Prol., pp. 708 et 709.
(13) H. Sée, p. 402.
(14) H. Sée, p. 404.

distribution des tenures, l'opération aurait certainement laissé traces et témoignages, et les modalités en auraient été tout autres. Ce n'est pas un fermage de deux ou quatre deniers à l'hectare, ce n'est pas un métayage au dixième de fruits qui auraient accompagné cette cession irrévocable qu'était l'accensement d'une terre.

Cela est si vrai que les conditions se transforment du tout au tout dès qu'intervient vraiment une cession contractuelle de la terre.

Au XIIe siècle, en effet, nombreux furent les seigneurs que découragèrent les difficultés de l'exploitation directe. Ils concédèrent alors une partie des terres de leur domaine propre, c'est-à-dire de ce qu'on appelait encore la *réserve siegneuriale,* et qui était l'ancien *mansus indominicatus.* Ces tenures nouvelles furent données à des tenanciers astreints à des redevances partiaires. Mais la quotité de celles-ci est singulièrement plus élevée que ne le comportaient les obligations traditionnelles. Ce nouveau « champart » ou « terrage », qui est souvent du tiers des fruits, n'a rien de commun avec le champart traditionnel, qui était en général de la dixième gerbe (15). Et encore faut-il bien remarquer que ces nouvelles tenures n'étaient pas nécessairement héréditaires (16).

La condition de ces nouveaux tenanciers aurait d'ailleurs pu être pire. Au siècle qui précède Solon, les campagnes de l'Attique ont connu la misère de ces *hectémores* ou *sixeniers,* colons partiaires dont la part misérable était réduite au sixième de la production, qui était tout entière une œuvre de leur labeur. Le contrat à part de fruits a souvent été

(15) Remarquons que ce régime *décimal* de la redevance partiaire remonte aux plus lointaines origines. Cette *dîme* (au sens étymologique du mot, *decimus*), c'est l'antique *agraticum* ou *pars agraria* que payait le colon du Bas-Empire.

(16) V. Marc Bloch, *les Caractères originaux de l'histoire rurale française.* Oslo, 1931, p. 101. J'ai connu trop tardivement cet excellent livre qui paraissait au moment où j'achevais mon ouvrage. Je regrette de n'avoir pu en utiliser suffisamment les suggestions et les renseignements.

cette rigueur du sort. Mais dans l'ancienne société grecque, en cet Age de Fer dont le vieil Hésiode raconte l'incroyable détresse, rien ne retenait le libre jeu des forces économiques et n'en tempérait les effets. L'argent, la monnaie, était alors cette puissance neuve et vigoureuse qui s'exerçait sans frein; et les entreprenantes et prospères cités, subitement enrichies de la découverte et de l'exploitation mercantile du Monde ancien, avaient à leur merci les minuscules et fragiles campagnes dont elles étaient nées.

Au Moyen Age, la campagne française était autre chose que cette misère. Elle vivait et respirait de sa vaste activité propre; et la cité n'était qu'un bref épisode dans la vie qu'animait le souffle puissant de ces claires étendues agricoles. Le même régime partiaire, qui de nos jours aboutit à un métayage besogneux et qui dans l'Antiquité créa la servitude, rencontra en cette ancienne France la résistance des traditions. Il a été obligé de s'y modérer et d'y prendre forme sur d'innombrables précédents. Le vieux régime carolingien, à part infime de fruits, s'imposa comme un règlement qui fixa jusqu'au XVIe siècle le régime de la terre. C'est sur les tenures originelles que se détermina le statut des tenures contractuelles. La tradition régla l'évolution. L'habitude tempéra l'arbitraire (17).

Mais cette tradition, ces habitudes, d'où venaient-elles?... Et quel est donc ce régime terrien, dont nous ne voulons connaître l'origine et la nature que lorsqu'il achève de s'altérer sous l'apparence de se compléter? Tel qu'il existait dans le haut Moyen Age, rien ne nous y rappelle les relations de propriétaire à tenancier. Ces modiques droits qui grè-

(17) Ce caractère très traditionnel des redevances partiaires pourrait peut-être expliquer que les productions inconnues des temps originels échappent en général à la taxation. Exemple : le houblon, le miel, le fer. (V. *Polyptyque d'Irminon*, Prol., pp. 714, 715, 726.) C'est peut-être pourquoi aussi les redevances d'épeautre sont plus lourdes et autrement plus fréquentes que celles de blé. (*Polyptyque d'Irminon*, Prol., p. 708).

vent le sol et sa production relèvent de tout autre chose que d'une opération contractuelle, si ancienne qu'elle fût. Déjà, nous commençons de soupçonner qu'ils représentent comme une sorte de droit d'usage de la terre cultivée; et voici qu'une saisissante analogie va nous permettre de préciser et de vérifier l'hypothèse!...

Pendant tout le Moyen Age, le statut qui concerne les forêts et les pâtures communes est directement différent du régime auquel est astreinte la campagne cultivée. Celle-ci est partout morcelée et distribuée. Forêts et pâturages naturels restent, au contraire, un tout indivis et commun où nul ne possède qu'un droit d'usage. Ce droit d'usage porte autant de noms qu'il est fait d'emplois de la forêt. L'*affouage* est le droit d'y prélever le bois de chauffage et le bois de construction. La *glandée* ou le *panage* sont la liberté d'y faire pâturer les porcs. Les manses, qui à l'époque carolingienne jouissaient de cette liberté, payaient une redevance appelée *paisson* (*pastio*). Dans la loi des Visigoths, et dans le capitulaire de *Villis,* il est dit que le seigneur exigera pour ce droit un porc sur dix. Mais souvent, le taux de cette redevance est singulièrement semblable aux censives: un *modius* de froment ou quatre deniers. Et des historiens ont déjà remarqué que ce « prix de la paisson semble avoir été modelé sur celui de la jouissance des terres cultivées (18) ».

Remarquons que ce droit de pâturage concerne non seulement l'étendue forestière, mais aussi le territoire cultivé. Dans l'usage général qu'ils en faisaient, tenanciers et seigneurs ne distinguaient point la pâture dans les champs du pacage dans les bois et les friches (19), sous la réserve bien entendu

(18) Lacombe. *l'Appropriation du sol.* Paris, 1912, p. 224. Je ne veux pas entrer ici dans la distinction qui peut exister entre la *pastio* et le droit de pâturage dans les bois. Quand cette distinction n'intervient pas, le droit de pâturage forestier rentre alors dans le droit général à la pâture, aussi bien sur le territoire agraire que dans la forêt.

(19) V. H. Sée, p. 504, n. 4. « ... Pasturam tam in agris quam in nemoribus » (Car. de la Bussière, fo. 63. Cité par H. Sée, p. 504, n. 4).

de la réglementation fixant les époques de la vaine pâture. Une réglementation identique intervenait souvent aussi en ce qui concernait le pâturage forestier.

De tout cela, il résulte qu'une sorte de taxation générale, à peu près partout la même et singulièrement modique, s'appliquait à tout l'usage du territoire, du sol cultivé comme des terres incultes, des friches et des forêts.

Ce droit nous dessine déjà la forme d'une sorte d'obligation générale qui correspondait à l'usage, et par conséquent à l'entretien de tout le territoire, non seulement dans son sol et sa production, mais encore dans ses chemins, ses ponts, ses œuvres générales de défense ou de protection.

C'est ainsi qu'à l'époque carolingienne, l'entretien des ponts, des routes et des fortifications, nous apparaît bien encore comme la charge publique à laquelle les membres de la communauté villageoise doivent tous sans exception participer *sicut antiqua fuit consuetudo* (20). Les hommes de toutes les conditions étaient astreints à ces œuvres essentielles. C'étaient là « les devoirs fondamentaux des hommes libres, les *tres causae,* disent les textes carolingiens..., la *trinoda necessitas,* avaient dit auparavant les sources saxonnes (21) ». Ajoutons que les villageois étaient dispensés des droits de péage ou de circulation, dans la mesure où ils participaient à la construction et à l'entretien des ponts et des routes. Ces droits de péage et de passage apparaissent donc bien comme la contrepartie des corvées d'entretien. Ils furent la rétribution due par l'usager occasionnel, avant de devenir plus tard la lourde charge du

(20) V. un capitulaire de Pepin (*Boretius,* p. 192) : « Ut de restauratione ecclesiarum vel pontes faciendum aut stratas restaurandum omnino generaliter faciant, sicut antiqua fuit consuetudo, et non anteponatur emunitas nec pro hac re ulla occasio provenait ».

(21) Flach, I, p. 357. Un fait nous prouverait que ces obligations se réfèrent à des temps antérieurs au christianisme : les habitants, qui étaient astreints à réparer l'église paroissiale, n'étaient pas tenus de participer à son édification (Flach, I, p. 361, n. 2).

paysan, et d'être pour le seigneur une occasion de profits auxquels ne correspondaient plus de devoirs.

Arrêtons ici cette investigation. Si nous la poursuivions, une subtile analyse nous amènerait sans doute à suivre, à reconnaître partout l'analogie complète de tous les différents droits, dont les éléments du territoire villageois sont l'occasion. Nous verrions qu'ils sont tous de même nature, qu'ils relèvent d'une sorte de système unique, et qu'ils ont cette modération et cette fixité qui dénoncent de vieilles origines. C'est là le véritable régime terrien.

Mais dans ce système d'obligations traditionnelles, qui eut pour lui l'autorité d'une origine immémoriale, voici que la force et la violence des temps barbares vont introduire usurpations et abus!...

Il y a en effet des droits seigneuriaux autrement lourds que ces droits aux choses. Censives, coutumes, paisson, corvées générales ne sont qu'une charge minime. Le poids qui écrase le villageois, c'est celui des corvées seigneuriales, des prestations et des services arbitraires.

Les charges arbitraires du régime seigneurial.

Nous pénétrons là dans un autre système; nous entrons dans d'autres origines et dans un autre âge.

Cette évolution, que nous dénoncions déjà à propos des chemins et des ponts, ne la retrouvons-nous pas en ce qui concerne les banalités? Four, moulin, pressoir, sont le matériel coûteux ou la construction onéreuse dont l'édification et l'entretien sont à la charge de tous. Ici, la redevance payée devrait apparaître nettement comme le droit d'usage. Et pourtant il n'en est rien; car l'usurpation qui en a été faite est d'une aveuglante évidence. Construction et réparations restent, en effet, à la charge du villageois. Or, payer l'usage de la chose qu'on a construite et qu'on entretient témoigne d'un tel abus, que nulle expression ne sait plus le masquer et n'ose le voiler. On s'en est tenu alors à cette évidence brutale des faits; et le seigneur n'a point cherché d'autre justification à ces redevances particulières, dont le matériel de la communauté était l'occasion, que d'invoquer le droit de la force, son pouvoir de commandement, le *bannum* germanique.

Et c'est le même mot lourd qu'il jeta dans le poids de la balance, quand il s'est agi pour lui de contraindre la main-d'œuvre villageoise à assurer gratuitement l'exploitation de ses propres terres.

Nous savons en effet que le seigneur, qui aurait fait une prétendue concession des tenures, aurait conservé l'exploitation directe d'un vaste domaine, la réserve seigneuriale. Disons dès maintenant que cette réserve seigneuriale, le seigneur l'a constituée par une série d'abus. Elle n'est pas un des éléments originels de cette vieille campagne. Et rien dans le système de l'organisation agraire primitive n'avait prévu cette massive concentration de la propriété. Pour s'assurer la main-d'œuvre qu'elle exigeait, le seigneur usa donc d'une contrainte qui n'était nulle part insérée dans le statut de cette terre. Il se servit de son pouvoir de commandement; et là encore, c'est le *bannum* qui eut le dernier mot.

Rien alors ne limita cette impérieuse imposition. Mais l'obligation n'eut d'autres bornes que de satisfaire à la tâche. L'exigence du seigneur fut tout ce qu'exigeait sa terre. Les corvées de culture absorbèrent au villageois la plus grande partie de son année agricole. Et elles varièrent de seigneurie à seigneurie, selon la variété même des domaines seigneuriaux (22).

Nous n'avons pas à étudier ici ce qu'étaient ces corvées de culture qu'on appelait du terme général et significatif de *bianum* ou *biannum* ou biain. On les désignait aussi sous le nom de *curvadae* ou *corvatae*, ce qui nous précise que l'essentiel de cette corvée était le labour des champs seigneuriaux (23).

Ces corvées furent longtemps arbitraires. C'est là leur caractère principal; c'est là ce qui en dénonce la tardive intrusion dans le régime domanial. L'incertitude et l'irrégularité aggravaient encore le poids de la charge. Par la suite, évidemment, une évolution, analogue à celle qui entraînait tout l'ensemble du régime domanial, tendit à régulariser l'existence seigneuriale. Mais la fixation de l'obligation fut moins un acte généreux qu'un calcul avisé. Et ce sont des chiffres forts que la tradition ratifia presque partout.

C'est par un abus du même genre, sous la forme d'une usurpation symétrique, que le seigneur transforma l'ancien droit de guet, la surveillance des récoltes, la police rurale du territoire, en un service militaire qu'il utilisait pour ses fins personnel-

(22) Guérard pense que l'abbaye de Saint-Germain-des-Prés ne prenait pas plus de la moitié de leur temps à ses tenanciers (Guérard, *Polyptyque d'Irminon,* Prol., p. 755). Le régime le plus fréquent était celui de trois journées de corvée par semaine. Mais, quelquefois, la charge était beaucoup plus lourde. V. dans Guérard (*Polyptyque d'Irminon,* Prol, pp. 740 *sqq.)* la distinction de ces corvées entre elles : *manoperæ* (travail de main ou à la pioche), *rigæ* et *curvadæ* (labourages), *carroperæ* (charrois), *caplim* (coupe et taille des bois). En réalité, le vilain pouvait être astreint à de multiples travaux, travaillant « quand cela est nécessaire », « quand il en reçoit l'ordre » (Marc Bloch, p. 76).

(23) V. la définition que Césaire donne de la *curvada* dans le polyptyque de l'abbaye de Prum. C'est, dit-il, ce qu'ils appellent en allemand des labours : « Curvadas facere est ita nobis sicut sibi ipsis arare, quas curvadas vulgariter appellant ackerplughe. » (Guérard, *Polyptyque d'Irminon,* Prol., p. 646). V. aussi, p. 647, la distinction entre la *curvada* et la *riga.*

les (24). C'est de la même manière que l'ancien camp de refuge commun, devenu la résidence privée du maître, fut édifié et continua d'être entretenu par le labeur de tous.

Au terme de cette étude, nous commençons à voir clair dans cette obscure foule, dans cette multitude des droits seigneuriaux. Dîmes, tailles, banalités abusives, péages, corvées seigneuriales, prestations et services, en tout cela nous apercevons l'arbitraire et l'abus. Mais si nous retirons du régime domanial les usurpations qu'y réalisèrent la violence et de tardives créations, si nous le dépouillons de tout ce qui porte le signe de l'arbitraire, il nous reste un solide corps, un ensemble de droits ayant tous entre eux de saisissantes analogies, portant, dans leur immuable fixité et dans leur identique modération, le témoignage d'immémoriales origines.

Les droits dont sont occasion la terre, la forêt, la friche, le chemin, le pont, le moulin, le four, toutes les matérialités qui entrent dans la composition de cette campagne et la munissent de ses moyens humains..., tous ces droits, qui se rejoignent, se complètent et s'équilibrent, ont constitué à l'antique communauté rurale un système d'obligations, simple et cohérent, qui l'organisa moins sous un régime d'exploitation que dans un *droit d'usage de toute la campagne.* Cette primitive communauté, elle ressuscite devant nous. En ce Moyen Age tumultueux, elle est là, avec sa terre distribuée et ses tâches réparties. Et le système de services publics et d'utilité générale que réalisent les taxes, les cotisations et les prestations..., il était déjà impliqué dans l'organisation matérielle de cette campagne autant que dans le juste équilibre de la distribution parcellaire. Au

(24) Le service militaire est tout entaché de ce localisme (V. *Polyptyque d'Irminon,* Prol., p. 776). Aussi a-t-il pu être longtemps assimilé à une corvée. « Nul gentilhomme ne doit estre justicié de faire corvées fors de aller es armes... » dit la *Très Ancienne Coustume de Bretagne.* (V. H. Sée, p. 369, et n. 3.)

champ correspondait l'individu, comme à la campagne d'ensemble correspondait la communauté; et c'est dans la même symétrie que l'individu livrait quelque chose de sa récolte et de ses services à la communauté.

Juridiquement parlant, au Moyen Age, la communauté reste l'indestructible unité qui continue sous l'usurpation qui a été faite de ses droits, et sous les œuvres que la violence lui imposa.

II

LES TERRES

Le manse et les terres accensées.

Si nous prétendons que la communauté primitive s'est maintenue, l'élément foncier, qui organisait le territoire, a persévéré bien davantage encore, et comme unité d'exploitation, et comme cadre dans la cellule constitutive de la société. Cette unité physique et sociale, c'est le *manse*.

Dans le haut Moyen Age, à s'en tenir au premier aspect des textes, le manse nous apparaît l'unité d'imposition dans la seigneurie. C'est sur lui que repose l'édifice des taxes, des prestations et des services. C'est sur lui que pèse toute la charge des obligations; et les personnes ne sont astreintes à celles-ci que dans la mesure où elles participent de celui-là. Aussi, la condition du manse, qui règle les devoirs des tenanciers, ne correspond pas nécessairement à la condition de ces exploitants. C'est exclusivement la nature des obligations pesant sur le manse qui en détermine la condition. On distingue ainsi des manses d'hommes libres (manses ingénuiles), des manses lidiles et des manses serviles.

En tant qu'unités fiscales, les manses nous apparaissent déjà dès l'époque gallo-romaine. Nous reconnaissons en eux les *capita* et les *juga*, c'est-à-dire les unités imposables à la contribution foncière du Bas-Empire. Mais *capita* et *juga* n'étaient unités d'imposition que parce qu'ils étaient unités d'exploitation (25). Cette cellule agraire, l'administration impériale ne l'a point constituée pour ses fins fiscales. Cet élément territorial n'aurait pas eu la vigueur qui a triomphé des siècles s'il n'avait eu que ces précaires origines administratives. En réalité, l'administration impériale a utilisé un élément territorial depuis longtemps déterminé comme une énergique unité.

Au début du Moyen Age donc, si le mot est nouveau, la chose est déjà ancienne. D'ailleurs cette unité agraire, non seulement remonte loin, mais s'étend partout. Dans la plus grande partie de l'Europe occidentale, elle nous apparaît comme l'unité d'exploitation. *Huge* allemande, *hide* anglaise, *bool* danois sont les équivalents du *manse* carolingien, en y impliquant la double signification territoriale et fiscale.

Le *manse* nous apparaît l'exploitation agricole immémorialement fixée dans son étendue et sa forme. Il comprend, avec les champs, une part des droits collectifs. Il est un ensemble complet de réalités physiques et d'obligations qui correspondent à des droits.

Il s'en faut pourtant que ces exploitations agricoles aient toutes semblable importance et égale étendue. L'affirmer, ce serait introduire cette notion d'une égalité absolue qui n'a nulle part sa place dans la mouvante économie humaine. Par contre, les variations qu'on peut observer semblent ne traduire que les inégalités de valeur des terroirs

(25) D'après M. Ferdinand Lot, le « *jugum* » n'est pas une unité réelle, mais une « cote d'impôt ». Il ajoute que cette « proportion » est en rapport étroit avec la superficie réelle des terres possédées par les contribuables. Mais s'il apparaît ainsi que le « *jugum* », comme le manse d'ailleurs, est « dans un rapport évident avec un certain revenu foncier », pratiquement il correspond donc à une étendue déterminée. (F. Lot, le *Jugum*, le manse et les exploitations agricoles de la France moderne, *Mélanges Pirenne*, t. I, pp. 307-309).

eux-mêmes. S'amplifiant dans les régions infertiles ou dépeuplées, le manse se rétrécit dans les fertiles vallées. « On a ainsi le sentiment, dit M. Marc Bloch, d'un ordre de grandeur local. » Mais maintes fois sous les inévitables inégalités que les circonstances et les siècles ont pu introduire, on a l'impression qu'une sorte de type général exista, dont chaque manse particulier s'est inspiré pour réaliser ses déterminations.

Il est significatif, en effet, que tous les calculs relatifs à la superficie du manse arrivent à lui assigner une étendue moyenne d'environ dix à douze hectares. Ce chiffre prendra toute sa valeur si l'on considère que, pour les terres labourées du moins, il s'identifie à la « charruée ». Et du mot se dégage le sens. L'évidence s'impose : le manse est l'étendue normale de l'exploitation individuelle. Il correspond « à une réalité de tous les temps et de tous les pays (26) ».

Mais ce qui donne au manse sa réelle valeur, c'est moins son étendue que sa composition et sa stabilité (27).

Il nous apparaît, en effet, constitué presque toujours des trois éléments agraires : champs arables, près et bois. Et si l'étendue de ces éléments est fort variable, leur proportion semble à peu près constante. En général, l'étendue des champs est double

(26) F. Lot : *Mél. Pirenne,* t. I, p. 12, n. 3. Cette étendue de dix hectares et demi est celle que Guérard obtenait en faisant la moyenne des manses mentionnés dans le *Polyptyque d'Irminon.*

« En Angleterre, au Moyen Age, toutes les tenures se ramènent à la vergée, qui est de 30 acres, soit 12 hectares environ. » (F. Lot, citant Seebohm : *English Village,* p. 162.) M.F. Lot ajoute : « Il semble qu'il en était de même dans la Grèce antique. » (D'après Glotz, *le Travail dans la Grèce antique,* p. 296.)

Il est remarquable que la contenance du manse, même dans les terroirs les plus fertiles, ne s'abaisse jamais au-dessous de 6 hectares. Le domaine moindre devient, en effet, insuffisant à nourrir son homme. Mais, d'autre part, le manse ne semble avoir jamais dépassé l'étendue de 18 hectares. Et cela est encore tout aussi significatif.

(27) En ce qui concerne l'étendue très variable du manse, v. Marc Bloch, p. 159, et la substantielle étude de Guérard (*Polyptyque d'Irminon,* Prol., pp. 605 *sqq.).*

de celle des prés; mais la forêt n'intervient dans la constitution de ce domaine que pour une part très faible, généralement inférieure au dixième de l'étendue totale (28).

Les éléments qui entrent dans la composition du manse ne sont pas seulement variés par leur nature, mais encore par leur situation. Le manse semble avoir été, en effet, originellement, la construction domaniale particulière aux vieux terroirs; aussi est-il constitué de parcelles distribuées sur tout le territoire agraire (29). Réparti partout, varié dans ses ressources autant qu'il est dispersé dans ses éléments, ce petit domaine se manifeste comme un ensemble, et nous apparaît construit à l'image réduite et complète du territoire lui-même.

Il n'en est pas seulement l'image : il en a la vitalité et la durée. Et parce qu'il est non seulement un des éléments qui composent, mais un des éléments qui ont construit ce territoire, il participe de son immuabilité générale. Il est indestructible dans sa forme, invariable dans sa nature. On ne peut ni le vendre, ni le morceler, ni l'échanger (30). Dès ses origines, on sent que ce lot de terres est investi de la même intégrité et de la même permanence que toute la terre elle-même. Et il semble même qu'il ait pu ou voulu communiquer au groupe humain qui en avait la charge quelque chose de sa pérennité.

Le manse est, en effet, tout autant la cellule sociale que l'élément territorial de cette antique campagne. A une exploitation d'un type complet, était attachée la petite humanité qui lui correspondait naturellement. Ce groupe était la famille, non de type patriarcal, mais telle que la constitua la communauté villageoise, dont elle procède. Cepen-

(28) C'est du moins ce qui se dégage des chiffres donnés par Guérard pour les manses des domaines de Saint-Germain-des-Prés.

(29) V. des exemples de ce morcellement dans l'article de M. G. des Marez, dans les *Mélanges Pirenne*. t. I, p. 135.

(30) D'après l'édit de Pitres, de 864, nous pouvons voir que le démembrement du manse était commencé dès l'époque de Charles le Chauve (*Polyptyque d'Irminon*, Prol., p. 603).

dant, le lien familial aurait été bien insuffisant à maintenir la cohésion de cette petite société élémentaire, si celle-ci n'avait pas été associée à la forme rigide d'un immuable territoire, et à la fortune particulière d'une exploitation inaliénable. Le manse, unité légalement indestructible, donna une impérissable et rigide membrane de terre à cette laborieuse cellule d'humanité, qui bâtissait le territoire et la société (31). Il nous importe peu de savoir si le groupement familial qui y correspondit originellement a pu se maintenir et se continuer. Il est évident que dans les deux millénaires de troubles violents, qui chevauchent sur les débuts de l'ère chrétienne, maintes usurpations, maintes substitutions ont pu se faire. L'essentiel pour nous est moins de certifier la pureté du contenu humain que d'en voir se conserver le moule territorial. L'essentiel, ce n'est pas que persévère une filiation de sang sur un coin de sol; l'essentiel, c'est que le manse se soit continué jusqu'au Moyen Age comme l'unité d'exploitation née de cette terre et avec cette terre, et si adaptée à ses conditions originelles qu'elle a pu triompher du nombre et du désordre des siècles (32).

Si je me suis engagé témérairement, et presque à mon insu, dans cette théorie des origines communautaires, c'est que la théorie s'impose par la facilité de ses explications et par la manière dont elle satisfait à tout le problème du régime agraire. Osons donc le dire : le manse, déterminé depuis les

(31) En Angleterre, le *hide*, qui est l'équivalent du *manse*, est défini dans les textes « la terre d'une famille : terra familiæ ». (Vinogradoff, *the Growth of the manor*, p. 141).

(32) M. G. des Marez a pu suivre les destinées, pendant cinq siècles, de trois manses au Sprietvelt. Ces trois manses, qui sont l'objet d'une donation en 1127, puis d'un échange en 1218, figurent encore en 1696 dans un atlas cadastral du Sprietvelt. Mais, de même que l'acre en Angleterre, le manse en est arrivé à perdre sa signification rigoureuse pour devenir une mesure agraire, qui a même fini par s'appliquer indifféremment à toute nature de sol, boisé ou cultivé. En d'autres pays, il en est arrivé à désigner l'habitation, à l'exclusion des terres qui l'entourent. (V. art. de M. G. des Marez, dans les *Mélanges Pirenne*. t. I, pp. 133-135.)

plus lointaines origines comme une exploitation immuable, a été le lot initial né de la construction même du territoire agraire. Il a été cette portion de territoire, bâtie dans la symétrie du tout, et que chaque famille reçut, et que les générations successives se sont transmises, comme un héritage intègre dont elles ont respecté l'unité et les caractères, perpétué les usages.

A côté de cette immuabilité de la construction originelle, voyez quelle incertitude réglemente les besogneuses exploitations qui ne peuvent se réclamer de ces vigoureuses origines! Au Moyen Age, toutes les divisions du sol, autres que le manse, sont en effet, soit les œuvres misérables d'un tardif défrichement (les *hostises,* les *herbergamenta* de l'Ouest), soit des tenues isolées constituées aux dépens de la réserve seigneuriale (telles les *borderies* du Nord et les *condamines* du Sud-Est), soit les petites exploitations viticoles dont le *courtil* est le type. Quant au *manse,* tel qu'il se constitua en dehors de l'aire naturelle de ses origines, ses caractères sont si différents, son histoire est si dissemblable, qu'en réalité le même mot recouvre ici une création non seulement distincte, mais sans analogie véritable (33).

Mais alors, si le *manse* est bien, dans cette campagne française, ce que nous pourrions appeler la *part de fondateur,* nous nous expliquons du coup tout le régime des obligations et des servitudes dont il est grevé. Elément constitutif et indestructible du territoire, il est marqué du signe de la communauté. Dispensé en usufruit perpétuel, il reste l'inaliénable fonds de tous. Ses exploitants n'en peuvent disposer que pour en jouir. Leur descendance éteinte, le domaine fait naturellement retour à la communauté. Et, quand le seigneur eut

(33) Un seul caractère nous donnera l'idée de cette formelle différenciation : dans le Sud-Ouest, le manse était en général d'un seul tenant. Cela suffirait à en dénoncer le tardif établissement.

confisqué les droits de celle-ci, la mainmorte fut, au profit de celui qui se substituait à la communauté, la continuation de la tradition originelle. Plus tard encore, quand les affranchissements eurent apporté un tempérament aux rigueurs anciennes, à la mainmorte succéda un régime de droits de mutation. Mais ces droits de *lods et ventes* continuèrent d'être la moderne représentation de l'antique régime communautaire.

Le manse, lui-même, n'a pas disparu sans laisser de traces. Les tenures, entre lesquelles il s'est démembré, ont hérité de ses obligations. Mais celles-ci, dans le déplacement qui s'est fait, se sont comme mobilisées. La terre se fragmentant, elles se sont détachées d'elle pour se fixer sur le tenancier. Charges et corvées, incorporées à l'homme, apparurent comme des servitudes de l'individu et de la vie. C'est alors qu'on put parler d'une mainmorte personnelle (34). Mais, en même temps, la terre, libérée d'avoir cédé ses servitudes à l'homme, entrait dans le jeu mobile des fluctuations économiques. Et, au début des temps modernes, le villageois laissait un peu partout échapper de ses mains le misérable bien qu'il était devenu libre d'aliéner et de perdre. La constitution de la grande propriété bourgeoise est aux lointaines conséquences du mouvement qui, dès le XIIe siècle, effaçait du sol les vestiges d'un régime communautaire auquel, jusque-là, l'épreuve du temps avait moins retiré une valeur qu'il n'en avait modifié la signification.

Ces nouvelles ruines, la moderne notion de « propriété » en est responsable. Avant que le droit romain fût venu donner irruption à ses abstractions, nul ne se préoccupait d'asseoir sur la terre un droit complet d'appropriation. Les tenanciers ont trouvé suffisamment attaché à eux ce sol qui leur tenait par des liens qu'eux-mêmes ni personne ne pouvaient rompre. Le sol et les êtres sont ici une

(34) V. la théorie contraire dans H. Sée, p. 388.

association dont le lien puissant s'est forgé en des temps sans histoire.

Quant aux droits du seigneur, ils ne sont que la représentation des droits de l'antique communauté rurale. Dans la confiscation de celle-ci, le maître n'a pu prendre que ce qui appartenait à celle-ci. Or, la communauté avait fait comme une perpétuelle cession de ses terres au profit de ses membres, ne se réservant que les cotisations et les prestations nécessaires à l'entretien du petit état rural. Dans la tenure, ce que possède donc le seigneur, ce n'est pas la terre elle-même : les puissantes réalités sont hors de son domaine. Il possède uniquement ce droit partiel à des fruits et à des services qui, détournés désormais de leur destination utile et commune, représentent seulement les avantages personnels d'un maître ou les témoignages d'une servitude.

Exception faite des terres qui appartiennent en propre au chef (*mansus indominicatus*), ni le sol ni les êtres n'entrent dans la propriété du seigneur. Mais sa fortune, ce sont une part dans les récoltes, une part dans les services. Sur les hommes et sur les fonds, le seigneur n'a d'autre propriété que ces droits à des denrées et à des corvées (35). La tenure qu'il cède, le serf qu'il vend, la serve ou les enfants qu'il partage, ce ne sont ni des êtres ni des immeubles dont il fait marché : ce sont revenus qu'il abandonne, labeurs humains qu'il cède à d'autres (36). Et la seigneurie n'est au seigneur que de cet usufruit partiel et constant.

(35) Jusqu'au XIIIe siècle, on est autorisé à considérer le domaine seigneurial (réserve faite du *mansus indominicatus*) non comme un ensemble d'immeubles, mais comme une collection de droits. Comme nous le verrons plus loin, le seigneur anglais n'est manifestement, au début, qu'un chef sans seigneurie territoriale.

(36) Ainsi s'explique que le seigneur puisse vendre ou donner des hommes libres. Acte de 1013 : « Dono et unum servum nomine Girardum, cum uxore sua, et infantibus, et unum *francum* nomine Bernardum... » (cité dans Lacombe, p. 296). Ces prétendues ventes d'hommes et de terres ne sont qu'un commerce de redevances. D'ailleurs il serait impossible d'aliéner une terre sans en comprendre les tenanciers dans l'aliénation.

Cette usurpation seigneuriale, ce fut moins la capture d'un territoire qu'une saisie de recettes. Ne transportons pas sur le premier âge du fer nos concepts modernes de la territorialité et de la propriété. Les convoitises d'un barbare guerrier ne se sont appliquées qu'à de faciles et immédiates satisfactions. L'usurpation seigneuriale n'a été que le geste de violence saisissant de tangibles richesses qui passent, sans s'occuper d'asseoir de silencieuses dominations sur les choses.

Usurpateur des redevances et bénéficiaire des services publics, le seigneur n'a prétendu à aucun droit sur ces tenures, sur ces terres que la communauté avait créées et distribuées, et dont elle avait déterminé à jamais le statut. Ne prêtons donc pas à l'usurpateur des préoccupations de fortune territoriale. Comme nous le verrons bientôt, le manse seigneurial qu'il constitua a été une conséquence sans préméditation, le résultat inévitable et nécessaire de pratiques légales. Et rien ne prouve mieux l'absence d'une politique territoriale du seigneur que son attitude à l'égard des territoires qui étaient restés la propriété de la communauté. Se substituant pourtant à la communauté, en tous ses droits, il était logique qu'il se substituât à elle dans la possession des biens communaux.

Le communal.

On a beaucoup discuté de la condition de ces forêts, de ces pâturages, de ces lieux incultes qui constituaient le bien communal, disons simplement « les communaux » ou « les communes ».

Nous avons parlé déjà de l'utilité de ces communes et des multiples ressources que la forêt offrait aux villageois. Friches et bois servaient surtout de pâturages; et pendant la période des « terres en défens », ils contribuaient essentiellement à l'entretien des troupeaux.

Ces lieux d'utilité générale devaient nécessairement solliciter les convoitises. Et, cependant, le seigneur resta longtemps sans droits effectifs sur ces territoires, qui apparaissaient sans maîtres parce qu'ils étaient à tous. Mais, indifférente aux vicissitudes de l'Histoire, triomphant des abus, s'imposant aux seigneurs eux-mêmes, une tradition a persévéré, qui attribuait aux usages de tous ces biens *communs* par destination autant que par origine. Pendant longtemps l'opinion publique a vu, dans la nature inculte, la providentielle ressource offerte à tous et qui échappait aux emprises d'un maître. La législation même a maintes fois consacré la tradition (37).

Evidemment, le seigneur prélève des taxes à l'occasion des droits d'usage que le villageois exerce dans le communal. Mais ces taxes, nous en connaissons la signification. La possession de la redevance n'implique nullement la possession du sol. La taxe seigneuriale était la représentation, et non la négation des droits de la communauté. Les villageois, qui avaient la disposition de ces pâtures et de ces forêts, l'usage de ces territoires incultes, « sans aucune contrariété, sans aucune servitude constituée », possédaient à tout prendre, sur ces lieux de la Nature, un droit autrement direct que celui du seigneur. Et l'usage des communaux était lié à la possession de la tenure d'une telle manière que celle-ci ne pouvait exister sans celui-là. Le village ne se pouvait comprendre, la communauté humaine ne pouvait fonctionner, sans cette puissante et compacte annexe.

Par la suite des temps, quand les forêts furent

(37) Vers 1070, les « Usages de Barcelone », tels qu'ils furent appliqués en Roussillon, déclarent que « les eaux, les prés, les pacages, les forêts, les garrigues, sont aux puissances (sunt de potestatibus), non pour qu'elles les possèdent en alleux, ou qu'elles les détiennent dans leurs domaines particuliers (teneant in dominico), mais pour que tout cela soit en tout temps, sans aucune contrariété, sans aucune servitude constituée, dans la jouissance de tout leur peuple (ad emparamentum cuncto illorum populo). » – Cité par Lacombe, *l'Appropriation du sol*, p. 379.

devenues d'une exploitation lucrative, le seigneur prétendit à la « propriété » des communaux. Les juristes, inspirés du droit romain, favorisèrent ces prétentions nouvelles. Les tribunaux les appuyèrent par esprit de classe. Et, n'eût été la résistance de l'autorité royale, l'usurpation, commencée au début des temps historiques, se serait achevée dans les temps modernes par l'absorption totale, au bénéfice du seigneur, de ces biens qui étaient restés si longtemps les solides vestiges de l'antique propriété communautaire.

Mais, jusqu'au Moyen Age, les communaux constituèrent dans la seigneurie un domaine dont le statut, aussi intangible que celui des terres accensées, défiait les entreprises de la convoitise. Les analogies entre territoire accensé et territoire de « communes » prennent ainsi une singulière signification. L'un et l'autre, en effet, étaient assujettis à certaines taxes traditionnelles, dont l'usurpation ne peut déguiser l'originel caractère public. Et sous cette réserve, la communauté, soit en son corps, soit en ses membres, restait dans la jouissance réelle de toute cette campagne, de ces forêts, de ces pâturages et de ces champs. En dépit des apparences qu'introduisit la violence, tout ici, dans cette campagne inculte ou cultivée, relève encore plus du village que du manoir.

Le mansus indominicatus.

Cependant, dans cette seigneurie, outre les deux éléments, terres accensées et communaux, il en existe un troisième qui, celui-là, relève bien exclusivement du seigneur.

Le seigneur a su, en effet, se constituer un domaine propre, dont la propriété lui est entière, et que nulles servitudes ne peuvent grever, ces servitudes ne pouvant avoir d'autre bénéficiaire que lui-même.

Le domaine propre (ou proche), que nous appelons aussi la *réserve seigneuriale,* s'appelle en latin le *mansus indominicatus.* Mais le terme *mansus* n'est intervenu ici que par une abusive extension de sens. Rien en effet ne rappelle ici le statut juridique du manse. Dès le premier aspect, la grande étendue de ce domaine particulier l'oppose à tous les domaines accensés. En général, si le manse tributaire se mesure par quelques hectares, c'est de plusieurs centaines d'hectares que se compose parfois le grand domaine seigneurial. Et l'on comprend que le seigneur ait pu souvent en détacher et en constituer maintes tenues particulières, données en bénéfice ou en précaire.

Ce domaine n'est pas moins varié qu'il est vaste. Il est un ensemble complet, comprenant tout ce que l'ingénuosité humaine peut ajouter aux lieux naturels. On y trouve le manoir seigneurial avec ses fortes défenses et ses multiples annexes, tous les bâtiments d'exploitation rurale, les boulangeries et les pressoirs, les cours, les jardins, les vergers, les viviers, les parcs ou breuils, les champs, les bois, les vignes, les prés... Mais si sa composition offre une image réduite de toute la seigneurie, l'étendue cultivée a le même aspect et la même distribution que le territoire accensé. Par la suite, une concentration s'opéra. Le seigneur, accensant les champs les plus lointains, s'attacha à réaliser un remembrement qui groupait ses terres autour du château. Mais cette longue opération, à peine commencée au Moyen Age, ne devint une méthodique entreprise que dans les temps modernes. A l'époque carolingienne, le domaine seigneurial était le même éparpillement et la même dispersion de parcelles que celui du tenancier.

Si le *mansus indominicatus,* réserve faite du site manorial, présente le même aspect de morcellement que le reste de la campagne cultivée, il participe nécessairement du même régime et des mêmes origines. Les terres en sont soumises aux alternances régulières qui ramènent périodiquement jachères et emblavures. Et dans l'ensemble de ces multiples parcelles dispersées sur tout le territoire, rassemblées sous un même maître, nous reconnaissons d'anciens manses détruits dans leur unité respective et rassemblés dans leurs ruines. C'est une constante capture opérée sur les héritages, qui a constitué, pièce par pièce, cette réserve seigneuriale, où sont venus s'accumuler les biens qu'apportait la mort.

Car le système, qui a réuni au domaine propre ces multiples héritages, continue de fonctionner. A chaque succession qui ouvrait exercice au droit de mainmorte, le seigneur annexait à son bien particulier l'héritage de deshérence avec son petit domaine dispersé. Pour expliquer la constitution de la *réserve seigneuriale,* il n'est donc pas indispensable de faire intervenir une violence agressive et calculée. Le mécanisme même de l'ancien régime communautaire continuait à travailler légalement au bénéfice de l'usurpateur des droits de la communauté.

Ce domaine n'a cessé de s'accroître sans jamais se diminuer. Mais l'allure des accroissements a connu de sévères accélérations. Combien lugubre ce rythme de la progression!... C'est, en effet, dans les époques troublées que de multiples décès de mainmortables multiplient les réunions d'héritages. Le domaine s'accroît dans la proportion où intervient la mort; il s'amplifie et grandit des misères publiques; il immobilise ses formes sur les âges prospères. Voyez-le ainsi progressant ou stationnaire, suivant que l'ordre ou le désordre calme ou agite l'Histoire!... Ces diverses fluctuations interprètent la prospérité ou la détresse d'un Monde.

Ce domaine propre au seigneur réalise vers le XIe siècle sa plus grande extension. Il existait, en effet, une limite à son accroissement. Cultivé par des corvées, son étendue était fonction de la main-d'œuvre villageoise dont le seigneur pouvait disposer. Or, pendant les désordres des IXe et Xe siècles, la charge des corvées n'a cessé de s'augmenter, sous l'influence du double mouvement qui accroissait le manse seigneurial de tout ce dont diminuait la population villageoise. On en est arrivé ainsi à une sorte de situation maximum d'une réelle tension. A des corvées, aussi considérablement accrues dans leur charge que le manse l'est dans son étendue, correspond une population très diminuée. Cette crise de dépeuplement, le seigneur a dû nécessairement en tenir compte. Cessant alors d'augmenter la réserve, il a commencé à la répartir à des tenanciers censitaires. Les transformations économiques, qui contraignaient le seigneur à substituer les redevances en argent aux ressources en nature, sont venues accélérer ce mouvement de démembrement. Sous l'influence de ces nouvelles conditions, l'intérêt du seigneur fut de substituer au régime de l'exploitation directe un régime d'accensement et de revenus réguliers; et, dès lors, on assiste à une sensible régression de la propriété territoriale seigneuriale. Le mouvement de remembrement ne reprendra que plus tard. Mais ce sera alors au bénéfice d'une classe nouvelle. La bourgeoisie urbaine, détentrice de la richesse publique, cherchera moins à se procurer l'argent qu'à en trouver l'emploi. Et ce sera elle qui opérera la rafle des terres, la capture de ces propriétés paysannes que l'affranchissement a rendues mobilisables et saisissables.

Cependant, en considérant dans les fluctuations de la propriété seigneuriale le reflet d'un temps et d'une histoire, voyez quelle signification prendra pour nous l'opulence que manifeste le *mansus indominicatus* quand, au XIe siècle, il réalise l'apogée de sa fortune!... Nous comprenons du coup le sens des deux millénaires qui viennent de s'écouler, et que le long désordre qui les remplit est responsable des progrès du domaine seigneurial autant que du régulier déclin de la communauté. Et si le XIe siècle nous semble fixer le point critique, réaliser au maximum la prospérité de l'un et la décadence de l'autre, nous pouvons arrêter, sur cette situation culminante, un sommaire inventaire des ruines du vieux régime communautaire, et, après avoir vu ce que sont devenus les droits et les terres, chercher ce que sont devenus les gens.

III

LES PERSONNES

Ces deux mille ans de misère, ce sont eux, on l'a vu, qui ont fait ce noble domaine et cette communauté dépouillée. Mais ce sont eux aussi qui ont fait cette campagne asservie.

Lorsque le manse seigneurial en arrive à sa plus grande extension, les charges qu'il impose à la population villageoise, réalisent ce régime de servitude, dont les origines sont restées méconnues. Ces origines, elles deviennent claires et manifestes quand on les replace dans le processus général de l'évolution qui entraîne, depuis les origines jusqu'au centre de notre histoire, un ancien régime communautaire.

A ce terme d'évolution où s'achève le système seigneurial, la communauté, sous l'usurpation qui en a été faite, non seulement continue d'exister en ses droits, en ses terres, mais encore en son humanité. Et sous les traits méprisés du serf, dans cette campagne en ruine, c'est le descendant de ses fondateurs que nous retrouverons.

On a tout dit sur les origines du servage.

A l'époque où le servage commence à être une condition déterminée, il est certain que dans la foule villageoise ont pénétré bien des gens d'origines diverses. Parmi les tenanciers de l'époque carolingienne, il y avait certes des esclaves, « chasés » (casati), c'est-à-dire pourvus d'une maison (casa), et d'une exploitation rurale. Mais depuis longtemps, depuis toujours sans doute, la main-d'œuvre servile avait été, en Occident, rare et chère. Et ce n'est point l'esclavage qui a fourni à nos campagnes leurs vieilles populations. Dès l'époque gauloise, nous voyons partout installé un régime de clientèles; et, dans le rude guerrier qui commande aux clans ruraux, nous distinguerons aisément le futur seigneur (38). A l'époque romaine, c'est d'une même condition uniforme que relèvent tous les exploitants de la terre.

A l'époque barbare, un étonnant brassage d'humanité, mêlant les indigènes à une multitude d'envahisseurs divers, aboutit à déterminer nombre de catégories traditionnelles, où les gens vécurent tant bien que mal de leurs lois propres et de leur condition particulière. Puis la terre commença de traiter ces foules. Elle les reçut avec leur diversité ethnique et juridique, et leur imposa peu à peu la condition du fonds et la coutume des lieux. Mais, quand cette terre démembra ses unités, les débris du manse, les tenures abandonnèrent à l'homme la condition simplifiée qu'elles lui avaient communiquée. Dès le XIe siècle, il semble bien ne plus y avoir ainsi que des serfs et des « vilains ». Et, en ceux-ci, on reconnaît déjà malaisément des hommes libres. Les deux catégories finiront par s'entrecroiser et se confondre à mesure que le servage s'atténuera, que les redevances d'argent se substitueront aux corvées et aux prestations, et que le vilainage perdra ses incertains privilèges.

D'ailleurs, la tradition l'aidant, les circonstances le favorisant, un vaste mouvement n'a cessé de transporter sous la dépendance personnelle du seigneur ceux qui en pouvaient être primitivement affranchis. De là ces nombreux oblats, qui venaient

(38) V. César, livre VI, § 11, 12, 13, 15, et livre VIII, § 32.

se placer sous l'autorité de l'Eglise en lui offrant leur liberté. Mais combien d'autres qui, venus mettre leurs terres et leur personne sous la protection d'un seigneur, ne trouvèrent sous l'assistance promise qu'une durable oppression...!

En fait, dès le XIIe siècle, soit que les gens y fussent entrés d'eux-mêmes, soit que la définition traditionnelle s'en fût assez brouillée, le *servage* était devenu, sous une forme déjà atténuée, la condition de la grande majorité des populations rurales. Et bientôt, sous l'influence des affranchissements, la chose ne sera plus qu'un mot. Mainmorte et formariage resteront pourtant, jusqu'à la fin de l'époque moderne, le témoignage moins d'une condition précise que de l'ancienne *macule*.

Si nous avons, ici encore, développé cette longue trame de l'Histoire, c'est avec l'intention d'y introduire partout une même humanité qui, lui fournissant sa matière, donnera sa règle à cette continuité.

Prenons donc cette population rurale au moment où, après les désordres de l'époque barbare, elle commence enfin à être en place. Ce qui nous frappe alors, c'est la prépondérance d'une condition particulière des *manses*. Dans les domaines de l'abbaye Saint-Germain-des-Prés, tels que le *Polyptyque d'Irminon* nous les décrit, on compte 86, 87% de manses *ingenuiles* (libres), 11,5% de manses *serviles*, et 1,5% de manses *lidiles* (39). Ces chiffres prendront toute leur signification, si on s'inspire pour les commenter de cette opinion de Guérard : « Je conjecture que, dans l'origine, tous les manses devaient être de même nature, c'est-à-dire ingenuiles, et possédés exclusivement par les colons » (40). Et c'est ainsi de cette classe essentielle des colons

(39) Sur un total de 1646 manses tributaires, il y a 1430 manses ingenuiles, 191 manses serviles, et 25 manses lidiles. 35 manses restent d'une condition incertaine (*Polyptyque d'Irminon*, Commentaires, t. I, p. 891).
(40) *Polyptyque d'Irminon*, t. I, p. 584.

que serait issue la vaste classe dont l'asservissement se réalisera de l'extension de la propriété seigneuriale.

Ces colons ne sont pas des inconnus pour nous. A l'époque du Bas-Empire, nous ne rencontrons qu'eux. D'un bout à l'autre du Monde romain, ils nous apparaissent sous des traits singulièrement semblables. Le Code Justinien nous les signale en Thrace comme astreints à un vieux droit coutumier du pays; bien que de naissance libre, ils sont déjà les serfs de cette glèbe où ils sont nés (41). Ces hommes, libres dans leur personne, libres dans leur condition, sont cependant déjà, dans toute la force du terme, esclaves de la terre (*servi terræ*), et liés à jamais à elle. Et la loi nous dit que cette condition, générale à tout l'Empire, commune à l'Occident comme à l'Orient, se justifie « d'une sorte de droit et d'ordre éternel (42) ».

Ce que le législateur romain rencontre ici, c'est un milieu, c'est un monde étranger qui refuse de s'expliquer selon les modes juridiques et rationnels chers au Latin. Ce que trouve le Romain dans ces campagnes occidentales, où pénétra seulement sa langue, c'est la *coutume*, une *tradition* vieille comme les temps, et qui astreint les hommes à rester les hôtes d'une terre et les ouvriers d'une tâche, en vertu de cet ordre en quelque sorte (*quodam aeternitatis jure*), qu'édictent, du fond des origines, les plus lointains ancêtres. Et c'est, à quelque chose près en effet, ce que dit ce texte relatif aux colons d'Illyrie, retenus à jamais sur une terre qu'ils ne peuvent quitter, et sur laquelle, depuis les origines

(41) «... Ipsi quidem tamen *originario jure* teneantur. Et licet conditione *ingenui* videantur, *servi tamen terræ* ipsius cui nati sunt *existimentur* » (Code Justinien. Livre XI, titre LI, 1. Cité par Lacombe, p. 286).

(42) « Cum per alias provincias, quae subjacent nostrae serenitalis imperio, lex a majoribus constituta colonos *quodam æternitatis jure* contineat ita ut non liceat illis ex his locis quorum fructu relevantur, abscedere... etc. » (Code Just. XI, titre L, 49. Cité par Lacombe, p. 288.) Mais voir aussi toutes les autres dispositions des codes Théodosien et Justinien, et notamment Code Théod. : XIII, X, 3, et Code Just. XI, titre 47 (2, 7, 15, 21), et titres 49 et 51.

les attache le lien du sang et des générations (43). C'est à cette même perpétuité de l'institution que fait allusion l'inscription du Saltus Buritanus. Et ici, c'est dès l'époque des Antonins que l'empereur (Hadrien) reconnaît, dans l'organisation colonaire de ce domaine, une *coutume perpétuelle* (perpetuam formam).

Or, ce que n'a pas compris le législateur de Rome ou de Byzance, nous, nous le comprenons. Ces mots étranges que prononce le latin, ces mystérieuses origines qu'il évoque, cette lointaine parenté qu'il invoque, tout cela nous l'entrevoyons dans ce fond des âges, où les créateurs de la terre des champs fondaient l'indestructible groupe humain, qui en prit à jamais la charge.

Ces colons des temps romains, ils étaient déjà ces paysans fixés au sol, non par une contrainte apportée du dehors, mais selon la volonté qu'ils avaient mise en commun. Et en même temps qu'ils réunissaient leurs vies pour conquérir le sol, ils vouaient à cette terre assujettie leur descendance la plus lointaine.

Cette attache à la terre, dont le juriste romain a méconnu le sens profond, et qu'il a interprétée comme une servitude (*servi terræ*), elle était le lien sacré qui lia à la terre un groupe humain, associa à jamais l'œuvre et l'ouvrier en appelant les enfants à jouir de l'effort des pères, et réalisa ainsi la communauté villageoise, comme l'union perpétuelle des héritiers d'un éternel patrimoine. Cette attache à la terre, avant d'être une servitude, fut la sûreté des générations et la garantie de leurs destinées (44).

Tel le groupe des chênes, le groupe humain prit

(43) « Colonos... abeundi rure, ... in quo originis agnationisque merito certum est immorari, non posse censemus... » (Code Justinien, Livre XI, titre II. Cité par Lacombe, p. 287).

(44) Il ne faut pas exagérer d'ailleurs les caractères de cette servitude. En fait, le serf pouvait quitter librement sa terre, et le droit de « poursuite » a été rarement exercé au Moyen Age. Mais quel intérêt le serf eût-il à un départ qui aurait eu pour conséquence l'abandon de sa terre au bénéfice du seigneur?...

racine sur le sol. Dans chaque campagne, les hommes immobilisés par l'immobile petit monde qu'ils avaient créé, y organisèrent la vie comme pour y durer toujours. Des règles strictes assurèrent la protection des droits de la descendance, la pureté de la filiation, et la continuité du clan qui ne laissa rien sortir et ne laissa rien entrer. On proscrivit la désertion autant qu'on repoussa les intrusions; on interdit les mariages étrangers; on empêcha tout ce qui aurait pu diminuer le clan ou en altérer le sang originel. Plus tard, droits de mainmorte et droits de formariage ne seront plus que la représentation routinière et déformée de cette énergique défensive du clan villageois.

Cette protection a pendant des millénaires exercé son effet. Le groupe rural s'est maintenu à travers les siècles en ses éléments essentiels d'humanité. Et, peut-être même, les descendants sont-ils souvent encore là, présents sur les mêmes lieux de tâche et de misère, où les lointains ancêtres attachèrent la chaîne de générations si semblables entre elles qu'elles semblent toujours le même paysan qui ne meurt jamais.

Ecoutez! C'est lui qui vient à nous sur la route des âges! C'est le vieux paysan qui s'en vient vers nous du fond des temps, avec son bâton à la main et sa silencieuse fidélité dans l'âme!... Il vient vers nous; mais c'est nous aussi qui venons de lui. Nous sommes son sang et son âme et son viril amour du sol! Nous venons de lui avec nos âmes pleines! Nous sommes ce vieil homme! Nous ne sommes que lui! Et nous ne valons que d'être ce sang paysan.

IV

LA COMMUNAUTÉ ORIGINELLE ET L'USURPATION SEIGNEURIALE

Au terme de cette étude, nous pouvons, dans les institutions du haut Moyen Age, reconnaître, sous une couche superficielle, de profondes et vieilles fondations. Sous les œuvres de la violence barbare (corvées et taxes arbitraires, servitude établie sur les « hommes de corps », manse seigneurial), sous le régime strictement féodal (système des relations personnelles), nous distinguons un vieux fonds d'usages qui nous apparaissent comme la systématisation des règles d'une exploitation rurale en groupe, en communauté (45).

La communauté, qui a défriché le territoire agraire, en répartit l'exploitation et la jouissance aux familles. Celles-ci se transmettent héréditairement les lots qu'elles ont peut-être elles-mêmes façonnés à la mesure de leur capacité et de leurs besoins. Pâturages et forêts demeurent le domaine commun. Et pour tout le reste, la communauté

(45) On trouverait encore en nos campagnes certaines survivances des anciens usages communautaires. En Bourgogne, à Saint-Martin-de-Commune (le nom est significatif), chaque habitant avait, à un certain jour de l'année, le droit de venir faucher dans les prés communaux. Mais, faute de se présenter au jour fixé, sa part était acquise à la communauté (Bulliot, *Mem. de la Société éduenne.* Nouvelle série, XVII, p. 216).

entretient sa vie générale de la contribution de tous.

Quant à ce que fut, dans ses origines et son principe, cette organisation communautaire, s'il nous est difficile de le préciser, nous pouvons du moins croire que la communauté villageoise procède de la communauté tribale. Elle ne fut, en effet, ni une organisation volontaire d'hommes libres ni le développement du système de la famille patriarcale. Mais cette communauté, préexistante à la famille, lui a fourni le cadre et l'appui dont celle-ci a pu prospérer (46).

En dire plus long, ce serait certainement entrer dans un trop facile jeu d'hypothèses. Néanmoins, il est légitime de supposer que les contributions particulières eurent la forme de ces redevances partiaires, dont la terre continua de porter le témoignage sans signification jusqu'à la fin des temps modernes. Il n'est pas interdit de penser que ces cotisations en nature alimentaient de puissantes réserves d'approvisionnement (47), servaient à des œuvres, non seulement d'utilité et de défense communes, mais aussi d'assistance publique. Et tout comme au Moyen Age, tout comme en nos temps modernes, des corvées étaient déjà affectées aux travaux d'utilité générale.

Ce régime primitif, rien n'en a été beaucoup dénaturé par les siècles historiques. Le seigneur hérita de la communauté sans plus en comprendre qu'en modifier le legs. Car les envahisseurs n'ont presque rien innové. Soupçonnaient-ils même la rudesse de leur geste, quand ils jetèrent le désordre d'une belliqueuse barbarie sur la paisible civilisation imprégnée de l'intime douceur des champs?

La communauté originelle n'a disparu qu'en apparence sous la seigneurie. Qu'importe si les

(46) V. Charles Mc Lean Andrews, *the Old English Manor* (John Hopkins University Studies, Baltimore, 1892).

(47) V. plus loin, pp. 370-371, ce qui concerne le caractère des premiers biens seigneuriaux en Angleterre.

limites des deux territoires, villageois et seigneurial, coïncident parfois imparfaitement!... Deux millénaires de troubles peuvent suffisamment rendre compte du flottement de frontières domaniales, que de simples aliénations de droits censuels peuvent déplacer. Mais il faut reconnaître que la variabilité dans les contours appartient exclusivement au fief, et que la communauté villageoise, en réagissant sans cesse contre le morcellement seigneurial, n'a cessé d'assurer l'intégrité primitive de son territoire.

Sous le superficiel revêtement du système féodal, la communauté villageoise subsiste donc encore au Moyen Age comme la réalité profonde de nos campagnes. Le mécanisme en continue, sans qu'intervienne autre chose que ce réflexe social appelé la tradition. Et c'est cette inconsciente autorité qui dicte en silence les gestes toujours les mêmes de cette civilisation rurale; c'est elle qui fixe les êtres sur le sol et donne assise sociale aux foyers; c'est elle qui assure l'ordre constant des tâches de la terre sous le calme passage des siècles et des générations.

Mais, si nous restituons ses droits à la communauté villageoise originelle, le rôle de l'usurpateur nous devient d'une évidence manifeste. Et l'usurpation, visible en toutes ses conséquences, ne nous reste ignorée que dans le geste qui la réalisa.

Là encore, de faciles hypothèses s'offrent à nous. Et peut-être pourrait-il suffire de faire apparaître, au début du premier millénaire, l'envahisseur gaulois, avant-garde du monde germanique, qui vient, du cliquetis de la première épée de fer, rompre le silence rustique et la grande paix du monde occidental. Avec lui s'introduit un régime de guerre et de domination. Le village s'associe des lieux fortifiés. Des alertes, des combats, de constantes menaces, de perpétuels effrois..., et de tout cela va naître l'ordre nouveau, et la discipline qui veut son chef!...

Il n'est peut-être ainsi pas nécessaire de faire intervenir une brutale dépossession, la violente arrivée d'un redoutable intrus. C'est sans doute des lieux mêmes, c'est sans doute sur place, qu'a pu s'édifier, des éléments d'un courage indigène, l'autorité du maître nouveau.

Celui-ci sut-il même ce qu'il faisait et ce qu'il était?... Surveillant sans cesse alerté, en se fixant au camp du refuge commun, en s'établissant dans la forteresse de la défense villageoise, il n'est pas indispensable qu'il ait usurpé la place; et l'on peut aisément s'imaginer qu'il était là à son poste nécessaire.

Mais ce chef était-il rien qu'un guerrier?... Dès le début des temps historiques, nous croyons distinguer dans l'autorité de ce maître autre chose que l'effet d'une brutale vigueur. Celui dont la petite république rurale a pris le nom est autre chose que le triomphateur d'un moment et l'homme d'une circonstance. Nous sentons confusément que sur cette domination d'un seul, sur cette obéissance de tous, vient affleurer le riche filon sorti des couches profondes de la nature humaine. Un prestige règne sans doute sur ce chef. L'obéissance paysanne ne fut pas que faiblesse, impuissance ou lâcheté.

La confiscation qui s'est faite ne fut pas seulement celle d'une force et d'une richesse publique. Dans la primitive Egypte, nous voyons le chef de clan finir par réunir en lui la totalité de l'étrange vertu qui unissait au totem chaque membre du groupe, et qui semblait disperser, d'une âme compagne, une âme à chacun. Dans ce vieil Occident, au moins aussi empli de choses et de vies qu'il l'est maintenant, mais qui les baignait d'un air plus pur, osons croire que les faits se sont passés de la même façon que dans les clans misérables, qui campaient au bord des sables.

Si nous avions donc le loisir d'étudier le pouvoir représentatif de ce chef féodal d'Occident, sans doute apparaîtrait-il, lui aussi, comme « la synthèse éminente » qui incarne et les membres et les pouvoirs du clan. Et tous les droits de propriété et d'usage du clan étant alors attribués au chef personnellement, en transposant l'expression d'un sociologue « vested in the chief » (48).

Il est certes impossible d'insister sur les analogies que la communauté villageoise pourrait présenter avec les clans totémiques. Remarquons pourtant que le village agricole n'a pas rompu avec tout le vieux passé. En lui se continuent les traditions et les souvenirs de l'ancien clan des chasseurs; et la vie ancienne mêle ses usages et son esprit à ceux de la vie nouvelle. Tout comme jadis, d'alertes chasseurs continuent de ravitailler en venaison toute la communauté; et ils restent les représentants et les héritiers d'une aptitude et d'une expérience, dont le sens se voile de mystère à mesure qu'on s'éloigne des origines qui les expliquent.

Alors commençons d'entrevoir, en ces ingénieux pourvoyeurs, les magiciens publics qui assurent l'abondance de l'alimentation grâce à la magie de la chasse. Ces génies tutélaires du clan apparaissent déjà des maîtres. Et partout, en effet, le déclin des institutions totémiques nous présente cette individualisation du pouvoir; partout on aboutit à cette notion d'un chef, rassemblant et s'appropriant le principe impersonnel d'une autorité jadis diffuse dans le groupe.

Ce chef, d'ailleurs, ne réalise la puissance du groupe que de ce qu'il se réalise lui-même. Il est la première personnalité individuelle qui se dégage d'une histoire où l'individu était fondu aux autres en ses formes morales, comme s'il ne recevait de spiritualité que de l'âme commune.

Ce chef, dont les compagnons sont « les nourris (49) », qui béneficie des prestations et ordonne

(48) V. Davy citant Boas, *la Foi jurée,* Paris, 1922, p. 344.

(49) En Angleterre, le lord s'est d'abord appelé le *hlaford,* c'est-à-dire « celui qui donne le pain » (Gardiner, *Hist. d'Angleterre.* Trad. franç., II,9).

les jeux rituels du mariage, qui est l'héritier « nécessaire » (50) des noms et des blasons du clan (51), ce magicien, fomentateur de l'activité publique, incarne des pouvoirs d'intérêt public (52). Et voyez aussi combien cette incarnation dans un individu du *mana*, de la force et de la vertu mystique du groupe, est restée la fondation morale de nos sociétés occidentales!... Cet individu grand comme la foule..., il sera certes longtemps le chef féodal. Et c'est parce qu'il fut ce chef féodal, qu'il sera un jour ce roi guérisseur en qui une âme nationale semble continuer de réunir l'âme de tous..., ce roi qui grandira de tout ce qui grandira l'âme, et dont l'autorité s'élève peu à peu jusqu'à l'absolu, à mesure que la divinité monte et gagne l'Absolu.

Et la seigneurie aussi, succédant à la république rurale, grandira aux mêmes amples proportions que son maître... Les chefs de fief, puis par après nos rois capétiens, ont bâti la France en réunissant les seigneuries les unes aux autres. Mais ces territoires se réunissent sans se détruire. Et ce qui s'ajoute chaque fois, ce n'est point un champ d'expansion, mais c'est chaque fois l'élément d'une densité totale, lourd de choses; c'est chaque fois l'originelle unité territoriale, la construction pleine, le vivace morceau de terre, la sainte parcelle de globe associée aux origines de chaque village autant qu'à toutes les destinées humaines!... D'horizons en horizons jusqu'aux lointaines frontières, reculant sans cesse le champ de tâche et d'amour, se fait la propagation de cette terre sacrée. Nos patries réunissent ces pathétiques fragments d'une glèbe si emplie de morts et de souvenirs qu'elle en a une âme... Nos patries sont mille et mille fois cette émouvante et complète poignée de terre que chaque village porte pieusement autour de son cœur.

(50) Au sens juridique romain (V. Davy, *op. cit.*, p. 361).
(51) Il ne serait pas impossible de retrouver dans le féodalisme maintes autres survivances des usages totémiques.
(52) V. Davy (p. 339), dont nous transposons ici les expressions.

C'est sur cette notion de territorialité que repose en effet toute notre conception étatique et sociale d'Occident. De même que la famille avait été à la base de l'organisation urbaine gréco-latine (53), c'est la terre qui fut, pour l'Occidental, non seulement l'élément de fixation et la source d'alimentation, mais encore ce qui détermina la société dans son statut et dans son esprit.

En conclusion, quel que soit le procédé qui réalisa l'usurpation, au seuil des temps historiques qui commencent avec les premières invasions gauloises, la communauté villageoise nous apparaît déjà dépouillée de ses droits au bénéfice de maîtres, à qui les temps nouveaux vont donner carrière et prestige nouveaux. Maîtres qui inaugurez les deux millénaires et demi de domination belliqueuse dont ont failli mourir tous nos pères paysans, n'êtes-vous que de violents usurpateurs?... N'êtes-vous que des barbares et des forts?... Ou bien, l'usurpation que vous avez réalisée est-elle le résultat de la pacifique évolution, qui transportait vers l'individu la sensible énergie qui circulait dans ce vieux village, et qui lui donna une sorte d'âme avant de lui donner un maître?

(53) Je dis « l'organisation urbaine », qui implique un stade d'évolution déjà avancé. La famille est ici, comme partout ailleurs, un fait conséquent. Elle n'aurait jamais pu se soutenir sans le secours d'une communauté préexistante.

V

LE RÉGIME ANGLAIS

Du plus loin de notre passé, un rythme naturel de vie lente et profonde règle souverainement la société sur la condition de la terre; et c'est une grande ligne simple, commune au sol et aux êtres, que trace en silence l'Histoire.

Cette révolution, nous la retrouverons en Angleterre; mais, développée sur une durée plus brève, elle a pris de ce resserrement sur le temps une plus claire précision de traits.

Introduit en Angleterre seulement au début de l'âge du bronze, le régime des campagnes à champs associés n'y a point connu les indécisions des lentes élaborations; mais il y a pris la rigueur d'un système éprouvé. Aussi, est-ce en Angleterre que nous avons vu persister les usages agraires les plus caractéristiques de l'économie rurale primitive. Mais, du point de vue social, la conservation du régime originel ne fut pas d'une moindre évidence. Et jusqu'au Moyen Age, la communauté villageoise anglaise maintient ses lignes anciennes sous l'organisation manoriale (54).

A l'époque de la conquête normande, la commu-

(54) Rappelons, sans entrer dans le détail, que le *manoir anglais*, la *seigneurie* française, et la *Gesellschaft* germanique, sont trois institutions plus symétriques qu'identiques.

nauté villageoise anglaise nous apparaît encore, en effet, la réalité la plus affirmée de la société rurale. Cette communauté, nous la voyons non seulement jouir des terres vagues, réglementer les usages agraires de l'*openfield*, procéder à la redivision périodique des rares prairies, mais encore elle se manifeste comme une personne morale. Elle est collectivement responsable devant le lord de l'acquittement des redevances et des services. Il lui arrive même, pour se préserver des exactions du bailli, d'affermer ces redevances et de les administrer elle-même (55). En maintes circonstances, nous voyons le village intervenir ainsi comme une personne juridique, conclure des arrangements avec le lord, échanger des droits (56). Le village a son chef élu, le *reeve*, qui le représente en compagnie des « quatre hommes » à la *cour de hundred* (hundred moot) (57).

Sous le système de droits et de rapports personnels que la conquête normande a généralisé, les anciens principes d'action communale et de responsabilité communale restent donc encore pleins de vie. La communauté, reconnue sous son nom, est si bien acceptée en ses effets, qu'elle reste parfois affranchie de toute dépendance; et c'est ainsi qu'on trouve encore dans le Domesday Book des communautés qui ne relèvent de l'autorité d'aucun lord (58).

(55) La communauté a même l'initiative des poursuites contre les défaillants. (V. Vinogradoff, *Growth of the manor*, pp. 318 *sqq*.)

(56) Par exemple, le village de *Brightwaltham*, dont les *court rolls* ont été publiés pour le Solden Soc., t. II, avec introduction par Maitland. Ce village abandonne au lord ses droits sur le bois de Hemele, et obtient en retour que le lord renonce à ses droits sur le bois de Trendale (Vinogradoff, *Villainage in England*, p. 358).

(57) Ce *reeve*, représentant des villageois en face des officiers du lord, nous apparaît souvent comme un homme du lord. Celui-ci, en effet, a si peu ses officiers dans sa main qu'il lui est parfois avantageux de prendre appui contre eux auprès de la communauté (Vinogradoff, *Villainage*... pp. 354 *sqq*.).

(58) Citons l'exemple du village d'*Orwell* dont les *sokemen* se sont recommandés par des liens très lâches à différents grands personnages. (Maitland, *Domesday Book*, p. 141). Cela est d'autant plus significatif que Maitland a tendance à déprécier le rôle de la communauté villageoise.

Il arrive même que nous pouvons surprendre encore cette communauté villageoise dans les gestes de son activité primitive. On la voit procéder à des allotissements de propriétés restées indivises; à l'occasion, elle assure une nouvelle répartition des *homesteads* avec les emplacements clos qui les entourent (59). Elle constitue de nouvelles tenures au bénéfice des indigents. Elle intervient pour donner son consentement à la construction du moulin seigneurial (60). Et elle nous apparaît ainsi n'être pas encore complètement dépouillée au profit du seigneur d'un droit de contrôle sur les œuvres d'utilité publique. Cette communauté villageoise, l'organisation manoriale n'a pas réussi à l'étouffer. Elle est restée en Angleterre, jusqu'en plein Moyen Age, une forme discernable et une vigueur active, tandis qu'en France et en Allemagne, *seigneurie* et *Gesellschaft* lui ont porté une atteinte et une altération qui en laissent à peine reconnaître la nature et soupçonner l'esprit.

C'est d'ailleurs toute l'organisation manoriale qui dérive, en ses éléments essentiels, de ces lointaines origines où tout se ramène. Et le mécanisme d'évolution nous est ici autrement précis qu'en France. Ce seigneur anglais n'est manifestement au début qu'un chef sans seigneurie territoriale. La propriété qu'il constitua plus tard eut d'abord longtemps la forme de ces magasins où s'entassent les approvisionnements de céréales (*berewick*), de ces réserves où se parque le bétail (*herdwick*). Par la suite, cette *grange* s'annexa une ferme d'exploitation. Cependant, ce *heafodbotl* n'a été longtemps encore que le lieu où se faisaient les transactions entre le lord et ses sujets. Mais les invasions danoises, qui ont amené une dépopulation des campagnes, ont nécessairement entraîné l'abandon de

(59) L'usage de redistribuer les tenures par roulement s'est maintenu longtemps en Ecosse. Le système *runrig* ou *rundale* est basé là-dessus.
(60) V. Maitland, p. 144, et Rogers : I, 502, et II, 614.

maintes tenures dont se constitua enfin le domaine propre du seigneur.

Réalité économique, le « manoir » a été évidemment aussi une unité fiscale et juridique. Le *hlaford* ou *lord*, qui se chargea de la perception des impositions, et notamment du *danegeld*, ne tarda pas à se les approprier; et les tributs publics devinrent redevances seigneuriales (61). C'est par un abus symétrique que le mandat temporaire de juridiction conféré aux magnats devint droit total et justice complète. Et ainsi, en réunissant au bien que la communauté défaillante laissait échapper les pouvoirs que la royauté laissait tomber, le manoir se constitua ce qui fut sa réalité féodale, et devint une unité de gouvernement local sur une base domaniale.

Cependant, quand nous disons que l'organisation manoriale en ses deux éléments (la communauté avec ses terres, le lord avec ses droits) est sortie du vieux régime rural, nous jouons la difficulté. Car l'usurpation que réalisa le chef est ici fait historique; et c'est au bénéfice du chef barbare, de l'envahisseur anglo-saxon, que la communauté fut en partie dépouillée de ses pouvoirs publics. Mais ne disons pas qu'elle fut jamais asservie. Au temps où se rédigea le Domesday Book, redevances et services en nature étaient encore partout une charge des plus légères (62). Et pourtant, c'est seulement alors qu'achève de se réaliser un régime de dépendance personnelle, qui ne fut d'ailleurs jamais le véritable servage.

Les excellents travaux de Vinogradoff (63) nous permettent de suivre cette décadence graduelle

(61) Au début, le *manoir* est l'endroit où va le collecteur d'impôts. Puis on fit des avantages au lord qui accepta la responsabilité du paiement de l'impôt.

(62) Il serait facile d'en trouver des exemples dans le *Domesday Book*. Au hasard, citons ces 14 tenanciers qui ne sont astreints à d'autres corvées qu'à labourer 4 acres. D'autres ne doivent qu'un charroi par an. Les redevances ne sont pas moins faibles que les services.

(63) *Villainage in England* et *Growth of de manor*. Remarquons que ces deux titres pourraient être aisément intervertis : il est autant question du *Manor* dans le *Villainage* qu'il est question des *Villains* dans le *Manor*.

d'une classe agricole de condition originellement libre, que les invasions ont commencé de placer sous un régime de protection et de subordination (64), et à laquelle la conquête normande est venue porter le dernier coup. Les hommes restés libres (*sokemen* et *coerls*) entrèrent alors peu à peu dans la classe confuse des *vilains*, qui comprenait la grande majorité de la population rurale. Les *serfs*, c'est-à-dire ceux qui acquittaient des services manuels, s'en distinguèrent encore assez longtemps. Mais la généralisation de la redevance en argent acheva de donner l'uniformité de condition à toute la classe des paysans.

En Angleterre, aux origines de l'Histoire, apparaît donc une notion de liberté qui triomphera partiellement des désordres et des habitudes de l'époque féodale. C'est l'autorité de ce puissant souvenir qui donne son ton et sa dignité à l'histoire du peuple anglais.

(64) Plusieurs causes, agissant parallèlement, ont contribué à ce résultat. Elles sont d'ailleurs toutes conséquences du désordre et des invasions. Ces invasions ont obligé les rois à se constituer une armée de spécialistes de la guerre. De moins en moins appelés, à composer le *fyrd* (l'arrière-ban), les paysans ont perdu ainsi progressivement le caractère guerrier qui devient de plus en plus la tenure typique du *ceorl*, était insuffisant à le faire vivre, et il est obligé de recourir au *hlaford* (ou lord), au moment même où celui-ci, que la dépopulation enrichissait de terres, commençait à exiger nouvelles corvées et nouveaux services. Les conditions tendirent ainsi à s'égaliser sur le niveau le plus bas. Mais, même alors, redevances et services restèrent sensiblement plus atténués qu'en France. Et l'on voit combien est fausse la théorie de Seebohm qui voit des serfs partout. En particulier le *ceorl*, qui est dans la dépendance économique du *hlaford*, est politiquement et légalement *un libre*. (V. la critique de Seebohm dans le *Villainage* de Vinogradoff.)

VI

LE PASSÉ ET L'AVENIR

Ce qui fit longtemps le privilège du paysan anglais en prépara la ruine. L'insuffisance des services dont disposait le lord anglais l'incita à employer la main-d'œuvre salariée. Mais, après les troubles du XVe siècle, celle-ci devient si rare, qu'après avoir essayé de la contraindre par la force, le grand propriétaire anglais se résigne à s'en passer. Il fut amené alors à transformer ses champs en ces herbages clos, en ces vertes prairies que le climat favorise. L'*openfield* se trouva ainsi singulièrement réduit; et la vie villageoise devint un malaise sans cesse accru de tout ce qui grandissait le grand domaine. La violence, les évictions brutales, aidèrent au jeu des forces économiques; et la grande propriété ne cessa de prospérer de tout le déclin de la propriété villageoise. Aujourd'hui, l'Angleterre est devenue un vaste herbage. Elle a ses parcs et ses troupeaux : elle n'a plus ses paysans. Et sa classe populaire, quand elle n'est pas le tâcheron misérable, est refoulée aux usines, ou enfouie aux mines.

D'avoir perdu ses paysans, l'Angleterre perdra la partie dans le débat du Monde. Car les destinées humaines n'appartiennent qu'à cet ouvrier de la terre. Les peuples ne valent que de rester cette mâle fidélité au sol. Nos patries n'ont de sûreté et de saine richesse que d'être ces moissons au soleil ou ces blés verts. Et demain comme hier, la grandeur des peuples se mesurera au sillon tracé sur le champ d'Israël!...

Si l'Angleterre a perdu son paysan, nous, nous avons gardé le nôtre!... En France, le paysan a résisté de toute son invincible résignation et de toute son humble misère. Dépossédé en partie au bénéfice de la riche classe urbaine (65), il a continué, en de besogneux métayages ou d'onéreux fermages, le métier de la terre. Et c'est de ces douloureuses générations nourries du pain noir qu'est sorti ce paysan contemporain dans les mains duquel rentre peu à peu, et champ par champ, la terre française.

Depuis cent cinquante ans, en effet, le jeu des forces économiques travaille sans violence à rendre la terre aux mains qui la cultivent. En cette sage évolution, rien qui puisse nous offenser ou nous inquiéter. Le mouvement qui transfère la propriété au paysan est la saine conséquence des conditions nouvelles de l'économie rurale.

La pénurie de main-d'œuvre et les difficultés de l'exploitation directe rebutent souvent les fortunes bourgeoises, que séduisent les hauts prix dont on paie les terres. A ces calculs légitimes, le paysan associe les siens. Au prix d'un sacrifice d'argent, il entend de plus en plus être le seul bénéficiaire des importants capitaux qu'il engage, et de la science difficile qu'impose la technique nouvelle (66).

(65) Je me permets ici de me citer moi-même : « Le bourgeois dijonnais du XVIIe siècle est servi par les circonstances qui ont dépeuplé et appauvri la campagne. Partout il achète sans concurrence; et son domaine, né de l'opulence de la ville, grandit de la misère des ruraux. Dans la campagne dévastée, communautés et villageois s'étaient endettés. Au milieu de cette misère, quel autre acheteur possible que le citadin préservé, dont le commerce a bénéficié de l'afflux des gens, de la foule des réfugiés, de la détresse publique? Devant son argent, partout dans la campagne succombe et disparaît le bien villageois » (G. Roupnel, *la Ville et la Campagne au XVIIe siècle*, Paris, Leroux, 1922. IIIe partie, chap. I).

(66) Il y a deux ans encore, le train de culture était souvent l'occasion d'une dépense plus considérable que l'achat de la ferme. Dans la crise actuelle, les conditions changent évidemment. Mais tout peut faire espérer que l'agriculteur retrouvera prochainement les hauts et légitimes gains, récompense d'un labeur où il entre maintenant autant de technique scientifique que d'expérience traditionnelle.

Ce sont surtout les domaines de moyenne étendue qui sont venus constituer cette propriété paysanne. Cependant, celle-ci bénéficia parfois d'un allotissement des grandes propriétés. Les difficultés d'exploitation augmentant en proportion de l'étendue, le morcellement des vastes domaines est devenu souvent une avantageuse opération. Mais, de toute façon, le résultat est le même; et, qu'elle démembre un bien patricien ou représente une modeste unité domaniale, la petite propriété rurale, qu'exploite directement son possesseur, tend à devenir la condition normale de la terre française (67). Et la France redeviendra ainsi cette nombreuse foule paysanne éparpillée dans les chantiers d'une tâche qui continue d'appeler les forts!

Ecoutez combien cet appel est une voix de séduction et une voix connue!...

Nous avons vu les désavantages du morcellement. Mais nous avons vu aussi, que le régime de la coopération est susceptible d'associer aux bienfaits de l'individualisme agraire les avantages d'une grande culture armée de tous les moyens modernes.

Cette coopération, est-ce autre chose pourtant que l'antique régime d'association, qui réalisa la communauté villageoise en ajoutant à chaque individu la force de tous? C'est la vieille histoire qui recommence! Mais sur la longue route qu'elle a parcourue avant de revenir à ses origines en adapter le thème à de nouvelles destinées, recueillons cette leçon que nulle part il n'y a place pour de brutales improvisations. Alors, de toute l'assistance d'une expérience que tous les âges ont éprouvée, nous recommencerons donc l'évolution en la reprenant à la fois dans ses résultats et dans ses origines. Nous la recommencerons en conjuguant les effets

(67) Dans le vignoble bourguignon cette évolution est aujourd'hui presque achevée. A part les grands crus, dont le commerce s'est rendu en général acquéreur, et dont il se fait une légitime publicité, on peut dire que, dans la Côte, la vigne appartient à qui la cultive.

de la liberté avec les bienfaits de l'antique coopération de tous au bien de chacun. Nous ajouterons aux initiatives de l'individu les vigueurs du groupe. Sur cette terre de force et d'allégresse, nous ajouterons tout le passé au présent pour en composer l'avenir. Et nous recommencerons l'Histoire comme si, sur ce sol d'un fidèle et long service, recommençait le frais matin du Monde!...

Cette histoire rurale que nous venons de raconter, c'est en réalité toute l'histoire de l'Europe, non pas certes une histoire découpée en tranches scolaires et commencée à la page de Rome, mais c'est l'histoire européenne depuis ses origines qui lèvent du sol avec le premier blé vert. Et le Moyen Age lui-même, avec tout son féodalisme, n'est rigoureusement qu'une « suite », dans une *histoire de la terre.*

Dans le tumulte du passé, la vie rurale nous apparaît la stable formation qui donne la structure et la simplicité à la société. Elle nous apparaît la ligne claire sur l'horizon de l'Histoire.

Ce sont les institutions nées de la terre qui nous ont fait notre société d'Europe. C'est sur cette campagne au ferme dessin que se déterminèrent la condition de l'individu et les réalités sociales. C'est sur ces rustiques contours que la société moula ses formes et construisit ses groupes. Et l'éparpillement de ces formations était la conséquence de cette multiplicité des cadres.

Cependant sur ces nombreux territoires réglementés, sur ces placides campagnes composées, le Barbare distribua son impérieuse imprévoyance; sur ces lieux d'ordre et de paix, il émietta, fief par fief, son despotisme et sa violence. Mais le régime seigneurial n'est qu'en apparence cette végétation touffue de tyrannies minuscules, ce chaos de relations individuelles, de droits et d'obligations particulières. Tous ces éléments de société n'apparaissent discordants que d'être coupés de leurs origines et séparés de leurs causes. En réalité, sous cette superficielle fureur du désordre, les lois et les institutions continuaient la tradition d'une société qui fixait son statut d'après le travail ordonné des champs. Sous le débat qui met partout en pièces le territoire, l'autorité et le droit, il y a l'harmonie familière qui règle chaque campagne; il y a l'ordre paisible qui en distribue les champs.

Les violences féodales n'eurent qu'un temps. Elles passèrent, et les campagnes survécurent. Les institutions inspirées de la terre ne cessèrent de régir. Les choses de la glèbe continuèrent leur immobile service. Le sol resta le producteur; la Nature resta le sensuel maître du Monde; et les humains demeurèrent ce qui les fit, saison par saison, la terre qui les traita de ses peines.

C'est l'agriculture primitive qui a bâti ce village, qui a élaboré cette campagne et ces champs, qui a ordonné cettc calme société rurale dont le legs s'est transmis sous les bouleversements de la politique. Le vieux génie de la terre, qui a présidé aux champs neufs, a dicté les lois à la société naissante. Et depuis cette heure fervente de la genèse, de millénaire en millénaire, de générations en générations, s'est transmise la même succession foncière et sociale. Sur cette fondation creusée jusqu'aux races de la pierre, l'Histoire a entassé ses inutiles péripéties et ses vains mensonges. Car le sol occidental n'a cessé de porter, sur son argile et sur son humanité, les indestructibles traits qui nous ont été donnés par notre mère, la terre nourricière, et qui nous composent encore nos champs, nos sociétés et nos âmes...

Oui..., nos âmes!... Ecoutez au fond de vous-même!...

Comme vous venez de l'entendre commander à l'ordre profond de la Société, écoutez au fond de vous-même parler la voix autoritaire de la terre!...

Car cette âme – qui parle sans cesse au fond de chacun de nous –, elle est, elle aussi, le fruit austère des champs!...

X

L'AME PAYSANNE

I

LA VIE ET L'AME

Le dernier mot appartient en effet à cette âme paysanne. Plus que les ressources de ce sol, ce sont la résistance et les vertus humaines qui décideront de l'avenir et fixeront les destinées de notre campagne française. La fortune de la France rurale, c'est moins une matérielle fertilité des terroirs que cette fidélité de l'âme.

Cette âme, c'est la vie même qui l'élabora. Ce sont ses activités qui en décidèrent les habitudes et les aptitudes. Ce sont ses rigueurs qui en ont fait la vigueur. Ce sont ses douceurs qui en ont fait les tendresses.

Il est banal de reconnaître que l'activité professionnelle a déterminé essentiellement le caractère de l'homme des campagnes.

Ce sont les durs travaux de la vie agricole qui ont entretenu dans l'âme paysanne ce génie de sombre résistance qui en est le trait fort et la grave noblesse.

Les travaux de la campagne exigent en effet le muscle et la vigueur, la longue patience et la sûreté de l'effort, l'infinie résistance à la peine. Seul ou à deux dans les champs, le cultivateur doit sans cesse réussir sans assistance les tâches grosses et pénibles. Lever une luzerne, labourer un compact terroir, charger la voiture de gerbes, la décharger, conduire les difficiles charrois, à travers les chemins défoncés, diriger les attelages rétifs, triompher de l'impulsive ardeur des chevaux ou de la lourde inertie des bœufs..., tout cela, qui ne semble mettre en œuvre qu'une force brutale, c'est en réalité la tâche qui réclame autant de vigilante attention et d'experte volonté que de robuste énergie.

Et tout cela n'est pas le labeur d'un jour. Cet incessant effort, où l'homme met tout son courage et sa puissance..., c'est la peine de toute la vie! C'est la loi de tous les jours!... C'est la matière de chaque heure et de chaque instant. Jour par jour, saison par saison, toute l'existence sera ce spasme de l'effort, ces muscles et cette volonté tendus, cette vaillance réfléchie dont chaque moment semble devoir faire la complète dépense, et que pourtant la vie entière n'épuisera pas.

C'est ce courage têtu, né derrière les charrues, qui a fait la force des races d'Occident et la fortune de nos destinées.

Mais à ces influences de la vie professionnelle, s'associe la subtile action de la vie sociale et privée. Les habitudes de la société ont fait l'homme. D'intimes émotions et de doux mystères ont fait l'âme.

La vie rurale se manifeste à nous comme la réunion de deux activités contraires et complémentaires. Elle est, en effet, une puissante vie de groupe. Elle est aussi une tâche de solitude et de silence où l'individu prit sa valeur.

Nous savons déjà ce que fut cette communauté rurale. Nous savons d'où elle vient historiquement. Mais c'est la mentalité primitive qui en a déterminé l'esprit. Le village agricole fut le successeur du clan totémique. La puissance fixatrice qui a établi pour toujours le groupe humain sur un coin de sol était l'ordre des dieux (1). Ces dieux étaient cette terre, ces eaux, ces arbres. L'homme est resté immobilisé de cette impassible immobilité des choses. Ces maîtres muets..., ils ont pris jadis au hasard d'une tribu, une poignée d'humanité, et ne l'ont jamais lâchée!... Et chaque village est encore sous cette main musclée de roche qui le tient depuis l'âge de pierre.

Fixé par les dieux, le groupe humain s'est maintenu, entretenu par la puissante tradition des origines et comme s'il était tout entier un seul être. Le clan totémique fut, en effet, cette originelle composition homogène où les individus apparaissent comme les parties non différenciées d'un être collectif. Le village agricole hérita de cette cohésion primitive. Il fut une société étrangement stable. Et, à travers toute l'Histoire, ses foyers et ses familles, ses vies et ses âmes sont restés fixés sur une armature vieille comme les temps humains, et qui tient encore.

Cette communauté villageoise s'est maintenue à travers tout le cours de l'Histoire. Elle a triomphé des multiples influences politiques, sociales et morales, qui s'exerçaient pour la restreindre ou la ruiner. Jusqu'à la fin de l'histoire moderne, le village est resté ainsi une société qui avait une sorte d'autonomie administrative, qui avait des assemblées générales et des chefs élus. Et c'est dans la traditionnelle pratique de ces affaires publiques et le débat de ces intérêts communs que s'est déterminé cet esprit d'entente, cette aptitude sociale qui est le trait de la race, et ce sens de la solidarité qui reste la force d'ordre au fond de la masse nationale.

Mais c'est toute la vie du village qui entretenait dans l'individu un vivace esprit de société.

Le village, en effet, est un petit monde complet,

(1) « Le groupe possède mystiquement le sol qu'il occupe; mais on peut aussi bien dire que le sol possède le groupe, et cette propriété réciproque est inaliénable. » (Blondel, *la Mentalité primitive*. Paris, 1926, p. 87). V. sur ce lien mystique entre le sol et le groupe humain qui l'occupe : Lévy-Bruhl, *la Mentalité primitive*, p. 235 *sqq*.

une minuscule humanité, pressée et serrée sur un coin de terre, comme si elle s'y sentait seule dans le monde. Isolé par la solitude de sa campagne, prisonnier dans son œuvre, le villageois a vécu comme si son village était l'univers suffisant.

Car ce petit monde est une humanité suffisante, dense et stable à force d'être énergiquement groupée. La forte discipline des clans anciens a été ce lien qui comprima. Et les choses sont restées sous le geste qui lie. Souvent les maisons se touchent et se serrent les unes contre les autres. Les toits se joignent; les murs sont en mitoyenneté; les cours sont en commun. On vit foyer contre foyer, ménage contre ménage; et, porte contre porte, on voisine à outrance. Le ragot circule à pleine rue, et chaque pas de porte semble sortir son libre et gai cancan... Mais cette malicieuse surveillance de l'opinion publique n'est que l'heureuse vigilance dont ne s'alarme pas la vie digne, et dont prospère la santé morale du village.

Car le village est un être complet et sain dont le rire est heureux plus qu'il n'est méchant. Sa gaieté, c'est moins une bavarde moquerie que la joviale entente du cœur avec l'esprit, une gaillarde santé de l'âme. Et de là procèdent les joyeuses tablées, les liesses populaires des grasses ripailles, les gros « repas de cochon » assaisonnés de plaisanteries de haute graisse, lardés et pimentés des Rabelais de blouse et de terroir!...

Cette action du village sur l'homme, ces rapports du groupe avec l'individu, le village lui-même en fixe la nature, et c'est pour ainsi dire sur son plan qu'il en calcule les proportions. Selon qu'il est plus ou moins énergiquement groupé, ou qu'il relâche le lien et sépare ses habitats, l'association humaine est tantôt la force impérieuse qui détermine l'individu, tantôt la modeste influence qui laisse à chaque esprit ses droits intimes et à chaque âme ses biens secrets.

C'est ainsi que le village de vigne, qui réalise le

groupement le plus dense, est aussi celui qui impose l'esprit de sociabilité le plus strict et le plus étroit. Le village de vigne est une minuscule ville. Il joue aux airs urbains. Et sa bavarde allégresse sociale est tout un génie de foire et de forum.

Le village des plaines est au contraire un groupe lâche à peine causant. Les maisons se sont approchées craintivement. Mais elles gardent leurs distances... Les âmes aussi!... On se protège de sa cour et de son verger, comme le foyer s'entoure de silence, comme la vie intime se protège de souvenirs.

Dans les campagnes de l'Ouest, la séparation s'achève. La vie s'isole. Chaque pauvre âme a en elle les grandes solitudes qui entourent la chétive chaumière.

Et c'est ainsi que le village, dans le spasme qui le resserre ou la liberté qui le dilate, donne le mouvement à l'âme, la comprime ou la libère, lui inflige les salutaires contraintes ou l'imprudente expansion, la soumet à ses sœurs ou la laisse à son inconnu.

Mais dans nos campagnes de l'Est, du Centre et du Nord, le village, plus ou moins groupé, garde de toute façon l'autorité sérieuse, nécessaire à une société complète.

L'esprit de sociabilité est, en effet, ici dans cette vieille campagne française, autre chose qu'une riante sagesse, ou une aimable ironie, ou une énergie de ripaille. Ce rire et ces joyeux dires sont l'instant de répit, le masque superficiel sur les traits graves et profonds. Ne prenez pas ce rire au sérieux!...

L'homme de ces villages est une humanité longuement travaillée et une force élaborée en commun. A force de se surveiller sans cesse de tout ce qu'on se sent surveillé, la vie devient une probité systématique et une sagesse ordonnée. Ces existences, nettes et claires, rayonnent avec des âmes au grand jour. Nos campagnes ont partout ces chères clartés. Et plus d'une courageuse vie paysanne est cet honneur craintif et pur des grands cœurs.

Car le village a mis en communauté non seulement une organisation matérielle et une vie de l'esprit, mais aussi son âme et son cœur.

L'homme, ici, entouré de l'homme, en a cette aise grave de ceux qui sont les vrais humains. Ici, les vies se pénètrent, et les âmes s'appuient fraternellement. Au sens et à l'image de ces toits qui se touchent et de ces foyers qui se rapprochent, les joies et les deuils se mêlent. Cette âme qui vit de cent tendresses et de cent misères, sentez-la encore au fond de vous! Cette âme française à la solidarité et aux devoirs nombreux..., c'est elle qui vous met en famille!

La vie familiale acheva en effet ce que fit la vie publique. Voyez donc, dans ses moments les plus intimes, cette vie villageoise!... C'est le soir qu'il la faut surtout contempler. Les troupeaux sont rentrés des champs. Les hommes s'en sont revenus lassés. Dans les étables, on range la litière. De petites lanternes mettent une sourde lumière sur ces gestes si lents. Des voix basses et patientes parlent aux bêtes. Dans la maison, la ménagère allume les feux. Le crépuscule penche un doux ciel obscurci sur les longs toits de laves grises et sur cette grave humanité.

C'est alors que la vie du foyer commence. Les sarments secs pétillent dans l'âtre avec de guillerets petits bruits de grillons. Les flammes montent prestes et claires. Les enfants font leurs devoirs. La ménagère taille le gros pain de soupe. Le père, lassé, est assis. Il détend avec soulagement ses traits que la peine et l'effort ont raidis tout le jour. Ses regards, posés sur les enfants, disent que le cœur est en paix et qu'il fait doux sur terre. Ses yeux ont cette tendresse qu'on se passe de père en fils!...

Ces chaumières où flotte l'arôme de l'âtre et du pain bis, ces âmes qui sentent le grand air et le froment, composent la seule humanité qui compte dans le grand livre des mondes. C'est ici la généreuse terre!... Chacun, ici, a porté la miséricordieuse croix. Les générations ont toutes été ces travaux sans trêve et ces jours innombrables de la peine. Elles ont été ces pères et ces enfants, ces puissantes vies et ces chères années, et ces tendresses purifiées que la Mort entraîne à Dieu.

... Car ces paysans n'ont jamais cessé de travailler et de souffrir!... Nourris de pain noir, ils furent cette infortune calme et sans alarmes!... L'histoire n'est que leur longue misère!... (2)

... C'est de tout cela que nous venons!...

... Oui, certes, cette vie villageoise est vivacité gaillarde!... Ella parle et discute; elle crie et elle rit. Mais sous cette agitation du flot superficiel, il y a l'eau pure et profonde. Nul sur terre n'eut le cœur plus grave et l'âme plus taciturne que ce paysan qui bavarde toute une heure et se tait toute une vie, ce paysan que la terre muette a discipliné de ses impassibles tâches, qu'elle empli de la paix des champs et du calme des forts.

... Car il n'est pas simplement l'œuvre de son village, mais aussi un produit de ses champs!...

Ici, dans le village, s'est déterminé le sens social rural, et toute la force de la société humaine en vient!...

... Mais là-bas, dans les champs, l'individu s'est entretenu de silence, nourri de rêves et de solitude.

C'est de ces deux forces conjuguées, dont l'une régit le groupe, et dont l'autre construit l'individu, qu'est faite toute cette puissante humanité. Et, disons-le tout de suite, c'est la force qui travaille

(2) L'histoire de cette misère paysanne est encore à écrire. Car on en a méconnu le fait essentiel. En général, en effet, les années se succèdent en *séries* qui correspondent aux périodes sèches et aux périodes humides. De telle sorte que des prospérités prolongées alternent avec de longues époques de détresse. Chaque situation s'affirme si longuement qu'elle apparaît à chaque fois l'état constant. Or, de ces deux aspects alternants, l'esprit de parti n'en a jamais voulu retenir qu'un seul : celui dont s'accommode ses préventions. Certains historiens des classes rurales se sont donc complu à tracer un tableau enchanteur. D'autres n'ont vu, dans tout ce passé paysan, qu'une détresse haïssable.

dans les champs et au sein de la nature qui a toujours le dernier mot, et qui décida dans cette création de l'être!...

Voyez en effet cet autre aspect de la vie!... Dans les champs, l'homme redevient seul. Alors, là, au milieu de cette immobilité et de cette insensibilité des choses, l'homme, debout sur le sol, apparaît le seul effort et le seul courage de l'Univers. Il travaille; il laboure; la charrue, à chaque pas, verse lentement sur le sillon voisin sa longue lame de terre fraîche. C'est la constante tâche: cinquante, soixante années passées avec en main ce manche tressautant de la charrue!... Cette charrue, ce champ, ce silence: l'humble devoir de la vie sur terre!...

Et l'homme est là tout seul, avec en lui son âme qui parle et ne se tait jamais. Nul autre que lui pourtant n'en entend la voix furtive et chuchotante. Le Ciel se lève sur les Destinées comme sur les champs nus; et, de ses lointaines mains vides, il accable le Monde de sa solitude infinie. Sur la terre règne l'austère et vaine détresse du mortel. Un univers de silence entoure et désole l'âme. Elle s'y sent déjà comme elle sera dans la mort. Elle écoute, elle épie ce Monde si grand, si muet. Et peu à peu cet espace est entré en elle. C'est cette intime immensité qui appelle du fond de notre âme!... C'est de là qu'elle cherche!... Toute l'inquiétude de notre recherche humaine en vient.

L'âme d'Occident s'est ouverte du même large geste que ces plaines dépouillées comme l'Espace pur, au fond desquelles vont s'enfouir les nues et descendre les cieux. L'angoisse et la grandeur de notre âme se sont déterminées de cette ample solitude. Elles en sont nées de la même manière que les rudesses du caractère sont l'humaine expression de l'austérité des champs. Européens, nous serons à jamais cette nostalgie de l'horizon autour de l'homme!... Nous serons éternellement ceux que persécute l'idéal et trouble le lointain!...

Nous sommes les fils spirituels des vieux terroirs. Notre âme a reçu sa noblesse et son tourment de ces familières immensités faites de main d'homme.

C'est avec cette âme, poussée comme l'herbe des champs, que l'homme d'Occident a créé sa civilisation intellectuelle et morale. Ce sont les solitaires contemplations, enfouies au fond de notre esprit par la vieille humanité des campagnes, qui nous composent encore la matière de nos émotions, la source de l'Art. En l'âme paysanne, d'innombrables jours ont déposé leurs souvenirs et mis leur atmosphère. Ainsi s'est constitué le fonds de richesse des hommes, le legs des ancêtres, la précieuse économie morale accumulée par les Anciens. Et c'est cette épargne qu'entassèrent les vies chétives, dont les forts, à leur heure, font tôt ou tard l'emploi. C'est dans ce fonds de pureté, où s'enfouirent tant de limpides heures humaines..., c'est là que puise le Génie. Il est cette moisson de lumière sur le champ des morts.

Toute l'œuvre de l'Occident a été la dépense de cette provision millénaire rentrée des champs, soir par soir, comme on en rentre les denrées et les gerbes. Souffle humain qui inspirez notre Monde actuel, vous avez vos origines sur nos champs; et c'est du vent qui frissonne sur l'herbe et les blés que vous avez appris à entraîner l'Humanité!...

Le sensible génie qui anime l'œuvre actuelle de la Race Blanche, n'est pas un enfant de la ville!...

Dans l'ancienne France, l'homme de la ville ne fut jamais un individu. Saisi dans la puissante organisation de la cité, l'homme n'y connaît qu'une vie de groupe, une existence corporative. « Le métier » lui assigne son quartier, sa rue, son échoppe, lui règle le travail geste par geste, lui vérifie l'ouvrage fil par fil, et lui contrôle la matière et la tâche. Et les repas corporatifs, les fêtes, les anniversaires, les plaisirs, les prières, le culte, tout lui est de la même manière mis en commun. De même que « le métier » lui règle toute sa vie matérielle, c'est « la confrérie » qui le mène à la messe, et impose un règlement aux émotions de sa piété et de son âme. Jamais il n'est une conscience solitaire; et c'est toujours en cortège, derrière le traditionnel bâton, qu'il se présente à toutes les circonstances..., aux joies comme aux deuils..., pour se mettre à table ou se mettre devant Dieu.

L'âme de ville est un bien commun, une force publique qui se règle ou se dérègle à des mouvements d'autant plus généraux qu'ils sont moins discutés par la volonté réfléchie de l'individu. La turbulence de nos partis, la violence de nos passions publiques sont sorties de ces contraintes dont étouffait la cité trop pleine. Ce sont ces foules urbaines qui composent à l'histoire civile son humeur et ses fièvres.

Mais la grande paix des champs éteint le plus souvent cette vaine rumeur. Nos calmes campagnes entretiennent, elles, l'évolution lente et régulière..., le mouvement profond qui nous porte. Ce sont elles qui donnent sa certitude au geste qui continue, sans hâte et sans alarme, de conduire les hommes..., Dieu sait où!...

II

LES CROYANCES

La vie rurale, avons-nous dit, ne fit que continuer les traditions d'une vie plus ancienne. Rien ne l'atteste mieux que la persistance, chez le villageois, de croyances et de superstitions vieilles comme l'âme humaine. Car cette campagne n'était même pas encore une élémentaire ébauche que déjà s'achevait l'esprit qui eut à l'ordonner et à la régir. L'âme est ici plus antique que le plus vieux des champs; et nul chemin sur cette terre n'a de traces plus anciennes que les empreintes où notre esprit grava ses premières images du Monde.

Cependant, nous savons aussi que ces croyances, ces superstitions, dont beaucoup se sont conservées jusqu'à nous, ne sont pas les fantaisies singulières de l'imagination, les effets étranges d'une spiritualité déréglée. Ce sont d'authentiques et naturels produits spirituels. Dans le désordre de ces concepts bizarres, en ces ruines éparses, le sociologue averti sait reconnaître les éléments logiques de toute la mentalité primitive.

On connaît les caractères de cette mentalité. De sa perception des choses, le primitif ne sépare pas les sentiments qu'il en éprouve; et il objective ainsi sur le monde extérieur l'impression qu'il en reçoit, l'effet qu'il en subit. Son esprit s'extériorise pour envahir le Monde; il emplit l'univers des invisibles puissances qu'il porte en lui; il lui confère les forces obscures dont se compose son âme. De là une multitude de pratiques divinatoires ou magiques destinées à se concilier ces forces occultes ou à les conjurer. Talismans, incantations, sortilèges, ordalies, opérations de magie et de sorcellerie..., autant de moyens divers d'atteindre et d'interroger ce vaste monde, que l'homme dépouille de ses sereines énergies pour l'armer de ses propres malfaisances et de ses propres effrois, l'investir de sa coupable misère humaine!...

Cette âme trouble, qui faisait autour d'elle projection de sa détresse, nous n'avons pas à la décrire. Elle est antérieure à l'œuvre que nous racontons. L'agriculture naissante l'a trouvée installée déjà depuis longtemps dans l'homme. Et c'est dans cette vieille installation de l'effroi que la vie nouvelle introduisit son ordre laborieux, les silences de ses champs, ses clartés sur la plaine et ses familières solitudes. Dans l'âme qui bouleversait l'univers de son inquiétude, peu à peu pénètrent l'ordre et la paix qui régnaient sur ces labeurs humains. L'homme connut le prix de son effort et la valeur de son courage. Il apprit à comprendre cette terre qui lève le blé et à aimer ce soleil qui dore les moissons. Et autrement qu'en de viles pratiques, il commença d'interroger le Ciel sur le jour qui s'y lève.

Mais tout cela se fit lentement. Et l'obscur génie, que le Monde emplissait d'un souffle de ténèbres, ne s'ouvrit jamais totalement aux influences apaisantes et aux sereines lumières. La vieille âme subsista, rompue et disloquée; et ses débris sont encore en nous. D'innombrables superstitions, et d'invraisemblables pratiques persistent encore au fond de nos campagnes. La vie agricole n'a point de responsabilité dans cette survivance d'un passé auquel elle fut étrangère. Loin d'être son œuvre, ces vestiges spirituels témoignent au contraire des résistances qu'elle rencontra.

Bien plus, la vie agricole fut obligée de s'adapter parfois à cette mentalité primitive. Les différentes opérations culturales s'accompagnèrent maintes fois de pratiques magiques. Les semailles notamment s'associèrent à certains rites particuliers; et l'avenir de la récolte dépendit d'une formule ou d'un geste. Plusieurs de ces vieux usages étranges ont duré jusqu'à nous (3).

Cependant, dans l'ensemble, on peut dire que les anciennes pratiques superstitieuses intervinrent en somme assez peu dans l'activité professionnelle de l'agriculteur. La mentalité primitive ne trouva pas, dans ces travaux de la terre, une véritable occasion de s'exercer. Cette existence agricole, cette vie de tâches réfléchies et d'expérience entretenue, sut solliciter la raison plus que la tradition. Et c'est en poussant droit sa charrue que l'homme a commencé d'éprouver ses pas sur les voies rationnelles.

Ce qui prouve combien la vie agricole resta étrangère au vieil esprit des clans, c'est que dans les pratiques extra-professionnelles dont l'agriculture fut l'occasion, les pratiques chrétiennes l'emportent de beaucoup sur les rites profanes. Pour que la mentalité primitive pût continuer à jouer dans les tâches humaines, il a fallu que le christianisme vînt

(3) Citons ici quelques exemples particuliers. Tous les jours de la semaine n'étaient pas également aptes aux semailles. Dans les Vosges, les jours consacrés étaient le mardi, le jeudi et le samedi. Mais encore fallait-il terminer la journée à midi, et accomplir l'opération en se tournant du côté où le soleil luit (Sebillot, III, p. 453). En Suisse romande, les jours en R étaient tabous. Un peu partout, le mois de mai était considéré comme une époque funeste pour les ensemencements. En certains pays, il fallait jurer en commençant de semer. Au XVIIe siècle, on tournait autour du champ qu'on venait de labourer en portant dans ses mains du pain, de l'avoine et une chandelle. En Brie, on préservait les blés de la carie en enterrant quelques grains le dernier vendredi de septembre. Des formules protégeaient les récoltes contre les maléfices des sorciers. Enfin rappelons qu'au milieu du XIXe siècle, la maladie de la pomme de terre fut considérée en certains pays comme le résultat d'une malédiction. En Wallonie, elle apparut comme un châtiment provoqué par les danses nouvelles. Cette danse diabolique était la polka (voir Sébillot, *Folklore de la France*, t. III, pp. 451 *sqq.*).

faire de pieuses traductions de la mystique antique (4).

Mais avant qu'apparaisse le christianisme, avant que l'âme cherche aux Cieux et trouve au fond de leur silence, l'âme paysanne commençait déjà d'entendre sur terre des voix d'assistance. Ces voix de la Nature qui parlaient à l'homme ne sortaient plus du mystère de terreur des ténèbres, ou du lugubre engourdissement des choses. Elles étaient des voix et des pas dans le printemps, le grêle Avril qui rit dans les prés en fleurs, les allégresses de la forêt, les murmures de la saison des nids au temps doré de la pâquerette. Elles étaient surtout le bruit de la source, la petite voix d'eau qui pleure et qui rit sous deux brins frisés de mousse.

Car la source n'a pas seulement créé le village matériel et le groupe social. Elle n'a pas seulement rassemblé les abris et les foyers, en donnant à élaborer à ces humains l'unité d'une société, la conscience d'un groupe, le sentiment de communes destinées. C'est auprès de la source que l'esprit commença d'être une humble confiance; et c'est là que l'homme a bâti, plus indestructiblement que ses demeures de pierre, ses légères constructions spirituelles. De même que le village est né à la voix de ces eaux claires, les mythes et les dieux sont nés du chant de ces ondes naissantes et de cette murmurante allégresse. Ils sont nés dans ces tressaillantes et limpides images du ciel reflété dans les eaux, et sous le symbole de ce frémissement de vie sans fin et sans alarme.

Devant la source, devant cette inlassable arrivée

(4) Il est remarquable, par exemple, que les pratiques relatives aux semailles sont surtout associées à des actes du culte chrétien. L'usage de faire bénir les semences était répandu partout. En bien des régions on leur mêlait les cendres de la bûche de Noël. On préservait aussi les blés de la nielle, comme on les préservait de la carie, en associant aux semences des débris de la bûche de Noël ou les cendres des bûchers de la Saint-Jean. En Brie, on faisait trois fois le tour du champ ensemencé en récitant cinq Pater et cinq Ave. Voir, dans Sébillot, une foule d'autres exemples de ces pieuses pratiques (Sébillot, t. III, pp. 451 *sqq.*).

au jour du subtil élément qui donne la vie à toutes choses, l'imagination primitive y a trouvé le thème des images les plus naturelles à l'esprit et les plus adaptées à la vie. Et parce qu'en ces temps primitifs, l'homme regardait le Monde comme s'il y était chez lui, et qu'il faisait à toute la Nature le don magnifique de sa spiritualité, alors s'est développé tout le mythe particulier aux sources. C'est la voix de la source, c'est son murmure constant qui a rempli le monde ancien des rumeurs de la vieille fable.

... Les sources sont devenues les fées..., êtres irréels et génies charmants dont la séduction tendre et la grâce susceptible ont su parfois triompher du temps et des siècles, et persévérer presque jusqu'à nous. Mais le plus souvent, hélas! le grossier paganisme des envahisseurs gaulois et romains a substitué, à ces diaphanes dieux de rêve et de vapeur, des dieux de pierre et de bois. On a bâti des temples aux déesses-mères; on leur a fait des corps de marbre, et on leur a prêté des vertus villageoises de gagne-petit et des miracles d'un sou. Plus tard encore, les saints viendront les déposséder pour reprendre à leur compte les petits métiers de la maison, guérir la teigne ou rafistoler les entorses. Et c'est ainsi que, jusqu'aux plus naïves superstitions dont les pèlerinages aux sources sont encore l'occasion, se poursuit, se continue la tradition qui se forma quand l'homme commença, auprès de la source, la plus vieille des amitiés et la plus ancienne des confiances de l'âme. Et depuis lors, jusqu'à nos jours peut-on dire, le villageois n'a cessé de voir ou de chercher le miracle dans cette apparition des eaux libérées de leur prison souterraine, et d'implorer une assistance qu'évoquaient les aspects et que semblaient promettre ces voix de délivrance.

Ces voix dans la campagne, ces voix dans la nature, elles parlent donc encore parfois!... Les âges et les siècles n'ont pas réduit au silence ces sources et ces fontaines; et la légende continue d'attacher la chaîne charmante de ses récits à tous les lieux solennels... Ces dieux de l'âme ancienne, ils sont encore blottis en tous les vieux coins de cette campagne, en tous les coins vieillots de l'âme populaire.

Mais ces dieux anciens, ces dieux de carrefour, dieux d'une poignée de terre, dieux d'une poignée d'eau, ils étaient dans la nature aussi perdus que nous le sommes encore, et reclus dans un peu de pierre ou de ténèbres. Ils n'étaient surtout pas la Nature. Les grands aspects généraux du Monde étaient encore muets devant l'homme. L'Océan n'était pas encore une immensité. Le Ciel n'avait pas encore d'infini. L'inconnu n'avait pas de mystère; le firmament n'avait pas de nom.

L'homme n'avait pas encore levé les yeux et découvert l'Univers; et il restait comme s'il était toujours l'animal sans front, baissé sur la terre.

Les grands aspects, les grandes choses, l'Espace et l'Univers, l'être et son éternité, le Ciel et son infini, l'âme et sa soif, le cœur et sa faim..., tout cela ne prendra de nom, ou de sens, ou de claire image, qu'à la lumière d'une religion de douleur!

... Nos campagnes n'ont vraiment réalisé leur valeur humaine, et épanoui leur esprit particulier, que sous l'influence de la foi et du culte chrétiens. A nos campagnes, minuscules comme une matinée de marche, c'est le christianisme qui est venu leur donner un sens total et des grandeurs de vie humaine, et qui les a investies d'une humanité complète et d'un devoir sans fin. Mais, réciproquement, pendant que l'Eglise s'organisait d'après les circonscriptions administratives du Bas-Empire, c'est la vie agricole qui a élaboré le rythme chrétien des jours, des saisons et des fêtes. C'est elle qui a fait vivre humainement l'Evangile surnaturel, associant au culte chrétien l'émouvante douceur des réalités de la terre et de la tâche humaine. C'est l'humble vie des champs qui a, de toute sa misère, aidé à mettre la résignation dans l'existence, le pardon sur les forts et la paix sur la mort.

Agriculture et christianisme se sont si bien associés l'un à l'autre, ils se sont si bien pénétrés et gagnés l'un l'autre, que tous les souvenirs levés par notre âme sur le douloureux passé paysan ont le même apaisement que des prières.

Mais cette grandeur ne s'est pas réalisée en un jour. C'est peu à peu, de substitution en substitution, et en mettant en marche toute une armée de saints, que le christianisme a réussi à déloger de leurs positions tous les vieux dieux, pour installer par après son règne de pure moralité.

Ces saints et ces saintes ne sont pas seulement venus conquérir et occuper les lieux consacrés. Ils ont pris possession aussi des saisons et des jours. Désormais, c'est sur la tradition chrétienne que l'année déroule l'ordre calme des travaux. Les blancs dimanches les interrompent et les distribuent semaine par semaine. Les saints et les saintes les surveillent et assurent la prospérité des denrées, la maturité des récoltes. Ils se sont réparti l'entière année agricole et toute sa production. L'année est devenue un pieu calendrier; et les jours en sont les feuillets d'un Evangile que tourne le geste du Soleil dans les cieux.

Cependant ces fêtes païennes qui célébraient le retour des saisons, la naissance du printemps, l'éclat des grands jours, le déclin du soleil..., toutes ces fêtes de la nature sont passées au service chrétien, et associent aux phénomènes du Monde les émois de l'Evangile. Et les bêtes aussi sont de ces fêtes de l'âme et de la terre. Elles prennent place au pied du Christ, puisqu'elles ont place dans nos campagnes. Noël est né de cela.

Mais c'est pendant toute l'année que le Christ et la Vierge sont venus prendre leurs habitudes dans nos champs familiers. Aux Rogations, le Christ est venu bénir les blés montés que déjà le rameau de Pâques fleuries protège en chaque champ!... Et à chaque carrefour, le calvaire dresse ses bras de douleur sur la croisée des terrestres chemins, en face des champs dépouillés comme une âme qui monte à Dieu. Le Christ et la Vierge sont partout dans cette campagne. La Vierge est la chapelle dans les bois, l'ermitage dans la colline, l'église dans le village. Elle est, dans l'air, le fil d'argent qui chancelle à d'invisibles souffles, légers comme de la lumière. Elle est, dans le firmament, ce pur regard d'étoile. La Vierge est toute cette terre de printemps!... Le Christ est toute cette terre de douleurs!... Dieu est cette paix!...

Car le christianisme n'est pas seulement venu substituer ses saints et ses saintes nés dans le martyre aux insensibles dieux de pierre et de bois qui siégeaient sur les lieux antiques et consacrés. A cette campagne, qui se nourrit et se mûrit de la lumière du Soleil, le christianisme est venu donner une sorte de sens et de grâce inspirés de cette claire douceur des cieux!...

Nulle religion n'a su être mieux à la convenance de cette vie, de ces labeurs ordonnés, de ces paisibles soins aux bêtes et aux plantes, de ces ouvrages rustiques, de ces douces tâches de la terre qui n'ont presque besoin de rien pour devenir pieuses comme des prières. La charrue qui ouvre le sol, les deux bœufs qui tirent à fond de tout leur grave courage, les alouettes qui mettent des chants perlés dans l'atmosphère, les petits oiseaux sans gêne qui viennent becqueter la terre fraîche sous le pied du bœuf, tout cela, n'est-ce pas déjà confiance simple, grâce franciscaine, gestes si purs et si doux qu'ils semblent mettre le Monde entier en paix? Et de siècle en siècle, l'humble tâche sans effroi s'est perpétuée de père en fils, sous le même Ciel, si haut, si clair, si simple.

Alors voyez le sens de cette antique vie! L'Eglise est le centre de ce calme petit monde, le seul qui soit l'univers en paix. Sous cette paix intérieure, est venu se calmer le passé. Mais ce passé continue encore; notre âme continue d'être ce murmure de toutes les lointaines voix de la route. Nous sommes chacun cet instant qui recueille tous les bruits de la vie sous le silence de la pieuse éternité. Notre âme est faite de toutes ces croyances qui se sont succédé en nous, nous ajoutant toujours, à ce qui était déjà dit, une confidence plus intime, une révélation venue de plus loin.

Ces croyances sont superposées et enfouies en nous comme les fertiles alluvions que la mer des âges dépose au fond des âmes. Et selon que, dans l'ascension de l'humanité, nous sommes en elle, ou la force qui monte à la sérénité, ou l'obscur génie qui retombe aux origines..., alors, ou bien nous puisons dans la boue primitive, ou bien nous sommes la lumière sous les cieux.

C'est avec cette âme emplie de toutes les vieilles vies que chacun de nous traverse le Monde avec une vie neuve. Nous sentons confusément que tout se tient derrière nous, et que nulle erreur ne fut introduite dans cette construction de l'humanité morale. Nous sentons que ce passé fut à chaque étape la vérité du moment et la foi suffisante. Mais nous sentons surtout que tout cela est un vaste mouvement qui nous meut encore et nous porte toujours. De tout cela sort la force qui nous presse. Et ce passé nous pousse comme s'il était ce qui nous appelle du terme des destinées.

Cette impulsion, qu'elle soit venue de l'arrière ou qu'elle soit la sollicitation de l'avenir, c'est la seule réalité de la durée et de l'Histoire; et, en dehors d'elle, tout n'est que fugace circonstance. La vie ne réalise le présent qu'en totalisant le passé pour préparer l'avenir. Nous continuons, à chaque pas, à chaque vie, d'être ce qui rassemble l'Humanité pour la porter en avant. Et notre mort même fait partie de cette marche à l'Eternité.

L'âme rurale est une richesse complète. Emplie de la nature, elle contient toute l'Histoire et toute l'Humanité. En elle se sont réunies toutes les vies du passé, toute l'ancestrale existence; et les morts rassemblés en elle y continuent d'aimer. Elle est la suprême et totale récolte des champs; et c'est sur ces humaines gerbes amassées qu'elle repose comme le voyageur du soir qui dort avec le manteau de la route plié sous sa tête.

... Ecoutons en nous cette rumeur!... Cette voix de foule dans les champs, c'est notre pensée... Cette assemblée des morts, c'est notre âme... O subtile et futile Psyché, vous n'êtes pas un mystère!... Mais vous êtes en nous les mille et mille vies qui tressaillent encore dans l'esprit comme si elles travaillaient encore à la terre!... Vies fortes et pures, vous n'êtes pas des souvenirs dans la tombe, une mémoire au néant!... Mais vous vivez en nous, et nous ne vivons que de vous!...

Pères misérables, est-ce être morts que de reposer comme vous? Mais vous qui veillez en nous, puissé-je avoir été votre implorant souvenir qui parle : la voix qui rappelle aux champs!...

CONCLUSION

L'âme rurale a en elle toutes les fondations; elle est riche de toutes les successions. Elle accumule sans détruire jamais. Elle contient toutes les origines et tous les résultats. Elle siège au-dessus de cet entassement de dépôts sacrés; et c'est du sommet de cette colline inspirée qu'elle contemple les voies nouvelles.

Au terme de notre promenade dans les chemins et dans les champs, dans les souvenirs et dans les âges de la campagne française, que notre dernier regard soit cette contemplation de la route qui continue!...

Elle continue sous les vieux ombrages, sur les fidèles tracés du plus ancien des âges. Cette campagne française, plus encore que de son sol, elle est riche de ses générations. Ce sont ces morts qui font la force de sa vie.

Cette campagne française, elle est, en effet, une humanité complète. Ce qui la défend victorieusement contre les grands pays qu'accable la production, c'est moins encore sa compositon matérielle et le régime de sa terre que les forces spirituelles de l'être. Car l'esprit est ici à l'image de cette terre où chaque lieu contient tout.

Les pays qui nous menacent n'ont souvent que des grandeurs superficielles et arithmétiques. Certaines de ces étendues ne sont emplies que de foules et non d'individus. L'homme n'a pas encore eu le temps d'y réaliser son être particulier. L'humanité n'y est qu'un contenu, incolore liquide dont les seuls reliefs sont pris sur les formes du vase commun. Et il suffirait de pencher un peu sous l'épreuve ces urnes continentales pour les vider.

Ici, en France, chez nous, chaque campagne est un monde complet d'existence terrestre, et qui suffit au cœur comme à la vie. Chaque être y est retenu à écouter ces choses qui parlent. Et toutes les générations vouées à ce sol accumulent en l'être leurs legs d'amour et de fidélité, accrus des labeurs de chaque vie, des espérances de chaque naissance, et des sérénités de chaque trépas. Nos regards et nos âmes sont ici attachés à des contemplations qui ont des millénaires de force fixatrice; et tous les lieux sont la beauté attachante qui s'exerce de générations en générations, et qui a des milliers et des milliers d'années de séduction et d'autorité sur les âmes.

Mais ce qui fait surtout notre fidélité, ce qui nous retient plus au sol que les sourires et les grâces du paysage..., plus que les souvenirs et les morts..., ce sont de vieilles habitudes devenues les vertus qui nous défendent, nous protègent du Monde entier, et nous assurent nos destinées. Ce sont des vertus recueillies à force de patience et de misère.

Au fond de toute notre âme paysanne, et comme cause qui la détermine essentiellement, il y a la modestie même de notre production, la médiocrité salutaire d'une terre qui n'a jamais donné trop ou donné trop peu. Le calme de nos vies vient de cette modération qui ne redoute ou n'espère ni l'excessive indigence ni la funeste abondance.

De là sont nées les deux vertus du paysan français : prudence et esprit d'épargne.

Vertus vieillottes, vertus de pauvres gens, vertus qui sentez le pain noir et la fumée des âtres, vous êtes les deux vigilantes et infatigables protectrices de nos foyers paysans et de nos campagnes, dont vous avez tant de fois déjà prévenu les crises, soulagé les détresses, réparé les désastres!...

Ces vertus sans éclat, ces vertus de salut, sont fruits de notre indigence. Elles ne sont au fond que l'économie morale enfouie dans notre âme par les épreuves et les privations. Elles sont l'infinie résignation de nos campagnes millénaires. Notre richesse spirituelle est une accumulation de misères. Notre force d'âme est trésor des douleurs.

L'antique et puissante structure de notre campagne française, le régime foncier de sa terre, la variété de ses sols, l'attachante beauté qui la pare, voilà des droits suffisants à triompher des pays qui nous menacent de leur colossale production!... Mais, bien plus que de cette assistance matérielle des choses, les victorieux recevront leur aide décisive des forces immatérielles. Le succès appartiendra à ceux qui ont à leur disposition non les sols neufs et les espaces d'un monde, mais l'antique expérience où s'accumule la sagesse et l'épreuve d'un immémorial passé de fidélité à la terre. Le dernier mot appartiendra aux résistances de l'âme plus qu'aux grandeurs du territoire. Lisez-le : il est écrit du caractère moral sur le socle antique de l'âme. Il est gravé déjà sur les âges de pierre, tel qu'il gît au fond de nos cœurs.

La terre qui vivra le plus longtemps, c'est celle qui a déjà toujours vécu. Ce vieux sol français, où tant de dépouilles et de souvenirs humains reposent avec éternité, cette terre antique, fouillée et dépecée, chargée de ses âges innombrables, a autant de destinées qu'elle a de passé; et elle porte autant de forces vives qu'elle a de morts en elle. Ce qui nous défend, ce qui nous assure l'avenir, c'est cette vieillesse. Notre petite terre des Gaules n'a de grandeur que son passé; mais son avenir mesure l'immensité des souvenirs. Ses réalités sont établies, non sur l'Espace, mais sur le Temps et la Durée; et, venues du plus loin des Origines, elles iront jusqu'aux fins humaines...

TABLE

Presses Pocket
8 rue Garancière
75006 Paris
tél. 329 12 80

IMPRIMÉ EN FRANCE PAR BRODARD ET TAUPIN
7, bd Romain-Rolland - Montrouge.
Usine de La Flèche, le 03-01-1984.
1530-5 - N° d'Editeur 2044, janvier 1984.

OUVRAGES DE LA COLLECTION *TERRE HUMAINE*

S. ABOU : Liban déraciné. *Autobiographies de quatre Argentins d'origine libanaise.*

J. AGEE et W. EVANS : Louons maintenant les grands hommes. *Alabama : trois familles de métayers en 1936.*

AMICALE D'ORANIENBURG-SACHSENHAUSEN : Sachso. *Au cœur du système concentrationnaire nazi.*

G. BALANDIER : Afrique ambiguë.

E. BIOCCA : Yanoama. *Récit d'une femme brésilienne enlevée par les Indiens.*

A. BLASQUEZ : Gaston Lucas, serrurier. *Chronique de l'anti-héros.*

R. BLYTHE : Mémoires d'un village anglais. *Akenfield (Suffolk).*

P. CLASTRES : Chronique des Indiens Guayaki. *Ce que savent les Aché, chasseurs nomades du Paraguay.*

G. CONDOMINAS : L'exotique est quotidien. *Sar Luk, Vietnam central.*

R. DUMONT : Terres vivantes. *Voyages d'un agronome autour du monde.*

J. ERLICH : La flamme du shabbath. *Le shabbath — moment d'éternité — dans une famille juive polonaise.*

E. GALEANO : Les veines ouvertes de l'Amérique latine. *Une contre-histoire.*

L. GONZALEZ : Les barrières de la solitude. *Histoire universelle de San José de Gracia, village mexicain.*

P. GOUROU : Terres de Bonne-Espérance. *Itinéraires d'un géographe dans le monde tropical.*

T. EL HAKIM : Un substitut de campagne en Egypte. *Journal d'un substitut de procureur égyptien.*

P. J. HELIAS : Le cheval d'orgueil. *Mémoires d'un Breton du pays bigouden.*

W. H. HINTON : Fanshen. *La révolution communiste dans un village chinois.*

F. HUXLEY : Aimables sauvages. *Chronique des Indiens Urubu de la forêt amazonienne.*

F. A. J. IANNI : Des affaires de famille. La Mafia à New York. *Liens de parenté et contrôle social dans le crime organisé.*

B. JACKSON : Leurs prisons. *Autobiographies de prisonniers et d'ex-détenus américains.*

R. JAULIN : La mort sara. *L'ordre de la vie ou la pensée de la mort au Tchad.*

T. KROEBER : Ishi. *Testament du dernier Indien sauvage de l'Amérique du Nord.*

J. LACARRIERE : L'été grec. *Une Grèce quotidienne de 4 000 ans.*

R. LANCASTER : Piegan. *Chronique de la mort lente. La réserve indienne des Pieds-Noirs.*

C. LEVI-STRAUSS : Tristes tropiques.

M. MAKAL : Un village anatolien. *Récit d'un instituteur paysan.*

J. MALAURIE : Les derniers rois de Thulé. *Avec les Esquimaux polaires face à leur destin.*

M. MEAD : Mœurs et sexualité en Océanie. *1) Trois sociétés primitives de Nouvelle-Guinée (région du Sepik). 2) Adolescence à Samoa.*

C. F. RAMUZ : La pensée remonte les fleuves. *Essais et réflexions.*

J. RECHER : Le grand métier. *Journal d'un capitaine de pêche à Fécamp.*

E. de ROSNY : Les yeux de ma chèvre. *Sur les pas des Maîtres de la nuit en pays douala (Cameroun).*

G. ROUPNEL : Histoire de la campagne française.

V. SEGALEN : Les immémoriaux.

M. SMITH et B. GIWA : Baba de Karo. *L'autobiographie d'une musulmane haoussa du Nigeria.*
J. SOUSTELLE : Les quatre soleils. *Souvenirs et réflexions d'un ethnologue au Mexique.*
A. SYLVERE : Toinou. *Le cri d'un enfant auvergnat (Pays d'Ambert).*
Don C. TALAYESVA : Soleil Hopi. *L'autobiographie d'un Indien Hopi.*
W. THESIGER : Le désert des déserts. *Avec les Bédouins, derniers nomades de l'Arabie du Sud.*
W. THESIGER : Les Arabes du désert. *Tigre et Euphrate.*
T. USHTE et R. ERDOES : De mémoire indienne. *La vie d'un Sioux, voyant et guérisseur.*

TERRE HUMAINE

CIVILISATIONS ET SOCIÉTÉS

Collection dirigée par Jean MALAURIE

Terre Humaine, depuis bientôt trente ans, s'est imposée en France et à l'étranger comme un carrefour privilégié de témoignages et un courant de pensée. Elle décrit les cohésions sociales et dénonce l'inhumanité de l'histoire contemporaine. Regards multiples sur des civilisations en mouvement, cette collection, qui confronte l'observateur avec l'observé, témoigne des rapports secrets entre l'homme et son lieu. **Terre Humaine,** indépendante de toute idéologie, s'interroge et questionne, contribuant, livre après livre, à une plus large intelligence de notre évolution humaine.

PARUS DANS PRESSES POCKET

Georges Balandier — **AFRIQUE AMBIGUË.**

« Une ceinture de feu flambe autour des tropiques », et, dans ce feu, l'Afrique se forge un avenir qui ne saurait se confondre avec le nôtre. De chapitre en chapitre, G. Balandier précise et dégage la signification de cette Afrique occidentale ambiguë — Sénégal, Guinée, Niger, Mali, Libéria, Côte-d'Ivoire, Nigeria, Congo, Gabon —, traditionnelle et révolutionnaire, fraternelle et menaçante.

Traduit en langues allemande, anglaise, espagnole, italienne, japonaise, portugaise.

Pierre Jakez - Hélias — **LE CHEVAL D'ORGUEIL** — Mémoires d'un Breton du pays bigouden.

Cette recherche du temps perdu breton, l'auteur l'a dédiée à la mémoire particulière de ses deux grands-pères — très particulièrement à celle d'Alain Le Goff — avec une vénération et une reconnaissance exemplaires.
Grâce à ce récit vécu, minutieux, il a ressuscité toute la vie d'une paroisse bretonnante de l'extrême ouest armoricain, Plozévet, bourg de Pouldreuzic, durant la première moitié de ce siècle et lui a rendu son honneur perdu avec Bécassine. Les messieurs des villes ne riront plus jamais des Bigoudens et a fortiori de tous les paysans. Le peuple prend conscience de sa différence; lui aussi écrit et témoigne. Ethnographie à contresens de l'ordre établi universitaire : « le Cheval d'orgueil » va de l'intérieur vers l'extérieur.
Le paysan devient enfin l'ethnologue de sa propre histoire. Un grand classique qui est à l'origine d'une nouvelle littérature.
Traduit en langues anglaise et russe.

Jean Malaurie — **LES DERNIERS ROIS DE THULÉ** — Avec les Esquimaux polaires face à leur destin.

Anthropogéographe, Jean Malaurie nous donne, en cette réédition revécue avec le recul du temps et vingt années d'expérience, un livre essentiel sur le peuple esquimau, dont il a partagé la vie rude au cours de missions répétées.
Ce livre est le symbole d'une de ces confrontations de cultures — la société archaïque la plus septentrionale du globe et l'une des plus puissantes bases nucléaires américaines — que connaît l'espace circumpolaire à l'heure de la découverte du pétrole et du gaz arctiques.
Traduit en langues allemande, anglaise, bulgare, danoise, espagnole, estonienne, islandaise, italienne, japonaise, polonaise, russe, serbo-croate, suedoise, tchèque.

Margaret Mead — **MŒURS ET SEXUALITÉ EN OCÉANIE** — 1) Trois sociétés primitives de Nouvelle-Guinée (région du Sepik). 2) Adolescence à Samoa.

Quatre sociétés océaniennes sont présentées mais dont chacune fonde l'ensemble de ses structures sur une valeur unique : celle-là, globalement, n'est que de douceur, celle-ci de violence, cette autre proscrit les passions et, chez la dernière, hommes et femmes ont échangé leurs traits de caractère. La richesse de connaissance de la célèbre ethnologue américaine dans un livre qui est un chef-d'œuvre d'intelligence et d'humour.

Jean Recher — **LE GRAND METIER** — Journal d'un capitaine de pêche de Fécamp.

« Le Grand Métier » est d'abord la mémoire d'une des professions les plus dures dans des mers et des régions cruelles entre toutes, celles de l'Arctique : Terre-Neuve, Groenland, île aux Ours, mer de Barents... Ce témoignage irremplaçable est aussi un livre politique : à la honte des pouvoirs publics successifs, la grande pêche française, jusqu'alors en tête de la pêche mondiale et forte d'une tradition de quatre cent cinquante ans, subit une crise si profonde que Fécamp, jadis forêt de mâts, désarme aujourd'hui ses navires.

Victor Segalen — **LES IMMÉMORIAUX.**

Les Immémoriaux, ce sont les derniers païens des îles de Polynésie. Largement illustré de dessins de Gauguin, de documents tahitiens, ce livre est complété par d'importantes annexes qui établissent à partir de quels faits et observations Victor Segalen a écrit un des rares romans ethnographiques que compte notre littérature.

L'un des livres capitaux du grand poète.

Traduit en langue allemande.

Jacques Soustelle — **LES QUATRE SOLEILS** — Souvenirs et réflexions d'un ethnologue au Mexique.

« Les Quatre Soleils » résument trente-cinq ans de recherches et de réflexions au Mexique, notamment sur les Lacandons, un des peuples les plus archaïques de l'Amérique centrale; ce livre déborde largement le cadre historique et géographique du pays.

L'auteur s'est efforcé de présenter des vues générales sur la naissance, l'évolution et le déclin des civilisations qui grandirent et disparurent comme les « quatre soleils » de la cosmogonie aztèque.

Traduit en langue anglaise, espagnole, italienne.

Adélaïde Blasquez — **GASTON LUCAS, SERRURIER** — Chronique de l'anti-héros.

Sans l'intervention de l'écrivain — Adélaïde Blasquez —, la voix de ce serrurier qui a failli mourir de silence et de solitude n'aurait pu se faire entendre et proclamer que, finalement, seules les joies et les difficultés de son métier ont donné un sens à sa vie. La vie d'un simple artisan à travers notre temps : le Front populaire, la Seconde Guerre mondiale, la captivité en Allemagne et l'après-guerre. Une étude anthropologique surgie de l'anonymat des hommes obscurs qui en définitive font l'histoire. Un livre exemplaire et qui a fait date dans l'écriture du Je-Nous-Ils.

Traduit en langue italienne.